大学生心理健康

刘海娟　主　编
赫子铭
曲　佳　副主编

知识产权出版社
全国百佳图书出版单位
—北京—

图书在版编目（CIP）数据

大学生心理健康/刘海娟主编. —北京：知识产权出版社，2020.7
ISBN 978 - 7 - 5130 - 7036 - 2

Ⅰ.①大… Ⅱ.①刘… Ⅲ.①大学生—心理健康—健康教育 Ⅳ.①G444

中国版本图书馆 CIP 数据核字（2020）第 114778 号

责任编辑： 常玉轩　　**责任校对：** 谷　洋
封面设计： 陶建胜　　**责任印制：** 刘译文

大学生心理健康

刘海娟　主　编

赫子铭　曲　佳　副主编

出版发行：	知识产权出版社有限责任公司	**网　　址：**	http://www.ipph.cn
社　　址：	北京市海淀区气象路 50 号院	**邮　　编：**	100081
责编电话：	010 - 82000860 转 8572	**责编邮箱：**	changyuxuan08@163.com
发行电话：	010 - 82000860 转 8101/8102	**发行传真：**	010 - 82000893/82005070
印　　刷：	三河市国英印务有限公司	**经　　销：**	各大网上书店、新华书店及相关专业书店
开　　本：	787mm×1092mm　1/16	**印　　张：**	19
版　　次：	2020 年 7 月第 1 版	**印　　次：**	2020 年 7 月第 1 次印刷
字　　数：	300 千字	**定　　价：**	58.00 元

ISBN 978-7-5130-7036-2

序

刘海娟老师邀请我为本书写序，我欣然应允！因为这本教材的编印出版，我也是一个见证者。

认识海娟已经有十几年了！作为北京高校的同行，矿大与清华比邻而居，海娟经常来参加清华大学的督导会，除了开会培训，还会有更多的交流，感觉她是一个认真而敬业的人。

记得在2016年北京高校心理素质研究会举办的一次专题会上，参会的心理咨询中心主任们讨论着学校兼职咨询师培养和管理的问题。由于高校专职心理教师人员严重不足，各校都聘用了部分兼职咨询师作为人力补充。兼职咨询师多来自社会，高校支付的咨询费用难以达到社会心理服务的标准，有经验的咨询师难以长期在高校做咨询，高校面临着兼职咨询师队伍不稳定的困境。海娟老师介绍了中国矿业大学（北京）的工作经验。中国矿业大学（北京）在2015年对全校的辅导员做了劳动部心理咨询师培训，有20多名辅导员通过了考试，选拔了其中6名辅导员进入兼职咨询师队伍，在工作之余开展咨询工作。虽然此举一定程度上增加了兼职咨询师队伍的稳定性，但同时也面临辅导员咨询师的专业能力不足、咨询中存在双重关系的问题，这些问题需要中心的管理层面给予考虑和解决。不管怎样，中国矿业大学（北京）在培养自己的咨询师队伍上，开始了一个新尝试。

2017年秋，海娟老师和我在一次交流会上见面，讨论到心理健康课程的建设问题。根据教育部和北京市的文件要求，大部分北京高校开设了必修课或者选修课，但都面临师资不足的问题。为了解决这个问题，海娟计划把辅导员作为心理课程授课师资的补充，其中作为兼职心理咨询师的辅导员们是重要的授课师资力量。可是辅导员参与授课的热情高，而心理学专业知识还需要积累。于是我向海娟推荐了由教育部思政司原司长杨振斌主持开发的在智慧树平台上运行的《大学生心理健康》慕课。海娟老师采纳了我的建议，在2018年矿大的教学中，以线上课程《大学生心理健康》和线下辅导员讲授课程相结合的方式开展了教学，圆满地完成了授课任务。

之后的见面或者网络沟通，关于课程的讨论一直在进行，大致围绕课程的授课效果、网络课程的互动性、课程素材的时效性、学生实际问题的解决等等。2019年秋，海娟提出想编一本校本教材，凸显线上课程与线下课程有机结合的特点，将心理专家优势和辅导员优势相结合。同时通过课程的编写，提升教学团队的专业素养和力量。这是一个非常好的想法，我表示了支持！

2020年注定是不平凡的一年，海娟团队在抗击疫情的同时完成了《大学生心理健康》的编写工作。这本教材在学习杨振斌主持开发的《大学生心理健康》慕课的基础上，建立了完整的理论框架，内容充实；纳入量表问卷，帮助大学生进行自我探索；还设计了课堂团体活动和推荐资源，贴近大学生的实际，实现了理论性、趣味性、实用性有机结合，在用于教学时具有灵活的选择性和良好的适用性，既可以结合线上教学使用，也可以单独作为教材使用。这本教材是海娟老师的团队这几年工作的积累和沉淀，是其宝贵经验凝结成的阶段性成果，有鲜明的学校特色，给兄弟高校心理健康教材提供了借鉴。

再次热烈祝贺！

李焰

清华大学学生心理发展指导中心主任

中国心理卫生协会大学生心理咨询专业委员会主任委员

2020年8月6日于清华园

目　录

第一章　适应与发展

案例

小王的烦恼

小王考上了心仪的大学，带着期待，怀揣梦想，他开始了自己的大学生活。

刚开学的时候，整洁美丽的校园环境让小王很高兴，原先只能在媒体上见到的大教授也出现在近距离的课堂上，来自五湖四海的同学格外热情友善。每天上课，小王会和室友一起早早地到达教室，准备上课。小王还加入了自己感兴趣的社团。对比高中的学习状态，小王觉得大学生活很丰富，很充实。

转眼两个月过去了，小王陷入了越来越多的烦恼之中。首先，现实中的大学和自己心目中的大学完全不一样。高中时，老师和父母都告诉他"上了大学就自由了、轻松了，不用像现在这样拼命学习了"。自己在影视剧中看到的大学生，或是男女同学在校园谈恋爱，或是好朋友们一起吃喝玩乐。现实却是高深的课程和作业，枯燥无味的社团活动，自己单身一个人……其次，小王来自南方，北方干燥的气候让小王身体感到不适，经常到医务室就医；课堂上教授上课的节奏也比高中快很多，课后也没有老师给予辅导，小王越来越听不懂课堂上讲授的内容，作业也落下了许多，他渐渐地开始逃课；有两位舍友每天晚上打游戏到很晚，导致小王不能按时休息，但是他怕让室友觉得自己不合群，所以也一直没有向室友说明；在社团活动中，小王发现同学们都多才多艺，自己却什么都不会……

高中成绩优异的小王，现在的成绩一落千丈；更让他苦恼的是，高中时他有明确的目标，就是考上理想的大学。现在上了大学，却不知道大学毕业后做什么，没有了目标，他也不知道如何过好大学生活。不夸张地说，现在真的是各个方面一团糟。

小王感到困惑，这完全不是自己心目中的大学生活，他不知道该如何走出这些困惑，重新回到积极的生活状态中。

案例中的小王，面对大学新的环境，遇到了很多困惑。其实，小王的遭遇，也正是很多大一学生在入学一段时间后会遇到的问题——大学是什么，有何特点？自我该如何调整以适应大学的生活？如何理解大学阶段在整个人生中的定位，大学阶段要处理好哪些问题？

这一章，我们将就上述问题展开讨论。

一、认识大学

高中时，我们每个人都有明确的奋斗目标——考上某某大学。为此，我们心无旁骛，每天披星戴月，将所有精力用在备战高考上。进入大学之后，我们首先需要知道的是，大学和高中到底有什么不同，大学生活又应该是什么样子的，它有什么特点呢？

（一）步入成熟的阶段

青年期是人生的黄金时期，年龄范围在十七八岁到三十五岁，大学生刚刚步入青年期，呈现出以下特点。

1. 生理发育和心理发展达到成熟水平

从生理上讲，青年期各身体系统的生理机能，包括心肺功能、体力和速度、免疫力和性机能等都达到了最佳状态，进入身体健康的顶峰时期。从心理上讲，青年期的认知能力、情感和人格方面都日趋发展，并开始形成稳定的人生观和价值观。

2. 进入成人阶段，承担社会义务

在我国，成人的法定年龄是 18 周岁，年满 18 周岁后，大学生开始享有成人的权利，也开始需要履行成人的义务，承担成人的责任。在寻求自我发展的同时，也要服务于社会的发展。

3. 成长期到成熟期的变化

高中时期，中学生处于青少年期，他们渴望自我独立，能够一定程度上决定自己的生活，但是在生活上、经济上等各个方面依然依赖父母、老师；他们渴望和异性的亲密关系，却又害怕这种亲密关系，甚至会去回避它；家长没有给予中学生完全的自主权，却又预期他们的行为像成年人一样……进入大学，大学生年满 18 周岁，生理和心理都更加成熟，开始独立，并逐步承担起一定的社会责任，实现从成长期到成熟期的转变。

4. 生活空间扩大

大学之前，学生的活动空间主要是学校和家庭。进入大学，除去学习外，大学生逐渐开始从事工作和社会交往，所以他们的生活空间也日益扩展。

5. 恋爱成为生活的一部分

进入青年期后，随着性意识的迅速发展以及生理和心理的成熟，青年人开始产生恋爱情感和结婚愿望，并走向婚姻现实。在我国，大学的恋爱不再像高中那样受到各种干预或者限制，而变成了很多大学生生活的一个重要组成部分。健康的恋爱关系，有助于个体进一步建立婚姻关系，对于个人的社会化有积极的促进作用。

（二）高度的独立性

1. 生活独立

在我国，高校普遍采用寄宿制管理方式，这就要求学生从生活到学习，都要学会自立。从幼儿园到高中，有相当一部分学生是走读式学习，即在家生活，只是每天按时到学校上课。在这种方式下，学生唯一的任务就是学习，其他事情都由父母操持。当学生进入大学，远离父母，清洁卫生、生活用品采购、时间日程安排等等，这些原先由父母安排的事情，突然变成全部由学生自己掌控。面对突如其来的巨大转变，在刚开始，部分学生面对生活方方面面的琐事，会变得手足无措，无从下手。但此时绝对不能放弃，可以通过电话或者网络，向父母求助，或者向身边的老师、同学求教，要尝试自己亲手去解决，而不是像以前一样，等着别人去给自己解决。这样日积月累，原先的生活“小白”逐渐会成长为一名生活达人。每个大学生，都要努力从“父母的孩子”成长为“自己的主人”。

2. 学习独立

如果用一句话形容初高中的学习特点，“你不是一个人在战斗”再合适不过——在学校，班主任、科任教师都盯着学生是否学会了，知识点是否真正掌握了；在家里，父母在监督学生是否完成了老师布置的作业，也时刻关注着学生的学习成绩是否下降了。虽然家长、老师一直在强调“你是给你自己学，而不是给我学”，但其行为只能让学生感受到学习是“为人所迫”。

进入大学，学习一下子“轻松”起来，老师只是在课堂上快节奏地讲授课程，不会关注是否每个学生都掌握了知识点，课下作业相较高中也减少很多；父母更是在千里之外，完全不知道孩子的学习情况，又谈何督促。所以，学生感觉由高中时的“圈养”一下子变成了“放养”，于是旷课，课上睡觉、打游戏，课下抄作业或者不写作业等不良行为成了部分大学生的现状。

面对大学这种“轻松”的环境，大学生要学会自主学习。学什么内容，什么时候学，遇到问题向谁求教，这些都是需要大学生自己去决定，自己去实践，而不能像以前一样等着老师、家长来给自己做决定。大学学习的核心就是让学生养成自主学习的习惯：在学习、生活中遇到各种困难，要学会自觉利用现有的丰富资源，利用先进的科技手段寻求解决困难的方法，或者主动向身边的人寻求帮助。学会自主学习远比学生在课程考试中拿高分有意义。自主学习的能力同时也是未来进入职场的重要能力。

（三）生活内容丰富

大学是一个专门学习知识的阶段，也是由学生向社会人过渡的一个阶段，因此，大学兼具学校和社会的特点，内容比中学时代丰富许多。

1. 学习依然是主要内容

相较于中学，大学学习的自主性增加，表现在学习方式、学习时间的自主选择，但并不代表可以不再学习。相反，学习的专业性更加深入、内容更加广泛、方法更加多样。大学的学习相较于中学阶段的学习，在表象上有很大的区别，但学习依然是大学的主旋律。

2. 积极参与第二课堂活动

第一课堂是指大学教学计划中安排的教学活动，第二课堂则是指第一课堂以外学生参与的学生社团组织活动、志愿服务、社会实践等活动。一名优秀的大学生，不仅要第一课堂成绩合格，还要积极参加各类第二课堂活动。

3. 学会处理人际关系

大学同学来自全国各地，甚至世界各地，文化、价值观、生活习惯等存在显著的差异；并且，同学之间在多方面存在利益竞争，如奖学金评定、党团评优、学科竞赛、文体比赛等。这些为同学之间的友好相处提出了严峻挑战。学会妥善处理大学阶段的人际关系，不仅有助于同学在大学阶段的顺利生活和学习，更有助于学生在未来立足于复杂的社会环境。

4. 正确对待恋爱关系

在一些同学看来，可以光明正大地谈恋爱，这可能是高中到大学的一个质的飞跃。这个阶段，大学生的生理和心理水平趋于成熟，随着性意识的迅速发展，青年人开始产生恋爱的情感需求。大学阶段，没有了父母的过度干预、大学教师对于恋爱的不反对态度、异性同学间的交流增多，都为大学阶段恋爱的生根发芽提供了合适土壤。因此青年人之间纯真的恋爱也是大学的一个重要标志。

美文欣赏

致青春：做一个和自己赛跑的人（节选）

2009 年，我度过了大学毕业二十周年纪念。对我来说，大学是一生中最美好的四年，很多事情后来再也难以复制。

在大学里，一定要珍惜和维系集体的友情。

舒婷曾经有一句话：“人到中年，朋友的多少和头发的多少成正比，友情之树日渐凋零。”但是在大学里结下的同窗情谊，往往可以贯穿一生。因为你们同在一个行当，未来的工作生活多有交集，且不涉及利益的纠葛。

是，我既不同意更不反对大学期间谈恋爱，但是千万不要因为提早走入二人世界，而错过了再也无法复制的集体生活——那种一大群人一起骑车踏青、一起踢球、一起喝酒、一起熬夜准备考试的记忆。

大学期间，还要锤炼出强大的心理素养。

千万不要为大学期间遭遇的小小挫折寻死觅活，哭闹撒酒疯。我也经历过，以为天塌下来了，后来才知道，简直不值一提。将来，社会迎接你的礼物，就是无数个打击，而你能做的准备，就是在校园里练就一颗坚强的心脏。否则，等不到成功到来的那天，你已经被挫折打垮了。

大学期间另一件重要的事，是一定要学会用自己的头脑思维，而不是人云亦云。

你们会发现，刚刚进入大学的时候，同学之间几乎没有差别，而四年以后，彼此差异却很大。是什么造就了这些差异呢？

首先是专业的设置。不同的专业与其说教给你们不同领域的知识，不如说是让你们学会用各自专业的角度去观察世界。比如我自己，在大学学业结束后，开始用新闻人的眼光去看待世界。法律系的同学有法律人的视角，理工科的同学有理工科的思维。

除了专业角度不同，还有一点使自己有别于他人的，是你的独立思考能力。一个人的价值和社会地位，跟他的不可替代性是成正比的。你是创造者，还是跟随者？这往往决定了未来你的前进速度和能够到达的高度。

当然，永远别忘了安静地做好眼前的事。

我知道现在有相当多的大学校园里，学生念书念得心猿意马，总觉得越早开始实践，未来的工作就越牢靠。还有，很多学校管理不严格，毕业实习和论文答辩形同虚设。我们上大学的时候，毕业实习是学校统一安排的，单位开出的实习鉴定也是一项很重要的成绩。现在呢，不少学生从大四起就处于“放羊”的状态，所谓实习也是蒙混过关。如果大学无法为社会提供合格的毕业生，社会又怎么能放心地接纳你们呢？

好的工作，和好的恋爱、好的婚姻类似，可遇不可求，是一个自然而然的过程。从一开始就很浮躁，带着功利心去赌，成功的概率很低，你确定你一定有好运气吗？不如踏踏实实做好眼前事，把四年后的事交给四年后去解决，好过程必有好结果。

（资料来源：白岩松．白说［M］．湖北：长江文艺出版社，2015.）

课堂活动

我心目中的大学

活动简介：通过小组讨论的方式，呈现大一新生心目中的大学

活动过程：

1. 以座位分组，每组 4 ~ 6 人，分组讨论，用 3 个词来概括你们心目中的大学最重要的特点；(5 分钟)

2. 每组选派一名代表，向全班同学介绍你们组选出的 3 个词，并向同学解释；(3 分钟)

3. 教师根据各组学生的讲解，进行总结概括。(5 分钟)

二、如何适应大学生活

皮亚杰认为，智力的本质从生物学来说是一种适应，有机体是在不断运动变化中与环境取得平衡的，它可以是一个过程，也可以是一种状态，

可以概括为两种相反相成的作用：同化和顺应。适应状态则是这两种作用之间取得相对平衡的结果。这种平衡不是绝对静止的，某一个水平的平衡会成为另一个水平的平衡运动的开始。如果机体与环境失去平衡，就需要改变行为以重建平衡。主体通过同化和顺应来实现与客体的平衡，这种不断“平衡—不平衡—平衡”的过程就是适应的过程。大学新生的学校适应是学生与校园环境互动的过程和结果，其主要内容包括学习适应、人际适应、角色适应、职业选择适应、生活自理适应、环境的总体认同等。

（一）适应的分类

生理适应：生物学意义上的适应，如感官对声、光、味等刺激物的适应。例如，人们从明亮处突然进入黑暗处，最初好像什么也看不到，过一会儿，人类的视觉感受性又恢复了。这就是从光亮处到光暗处，眼睛通过调节，杆体细胞比锥体细胞更敏感，从而使眼睛感受性逐渐提高的暗适应过程。

心理适应：指遭受挫折后借助心理防御机制来使人减轻压力、恢复平衡的自我调节过程。例如，人们遭遇亲人去世时，当时会变得非常悲伤、伤心，但一段时间过去后，人们会逐渐恢复到正常的心理状态。

社会生活环境适应：指为了生存而使自己的行为符合社会要求，努力改变环境以使自己能够获得更好的发展。例如，来自南方的同学到北方后，逐步适应北方寒冷干燥的冬日气候以及北方的饮食习惯。

（二）适应的理论观点

1. 熔炉观

有关适应的早期理论是由帕克斯（Parks）和米勒（Miller）提出的熔炉观。这种观点将新环境的文化与旧环境的文化视为一个连续体的两个端点，每个人都处于这个连续体的某个位置。如果受新环境的文化影响越大，个人在连续体上的位置也越向新环境文化这一端偏离，受到旧环境的文化影响自然也就越小。适应的过程就是个体位置由旧环境的文化一端向新环境的文化一端偏离的过程。按照该观点，适应的最终结果是新环境的文化完全取代旧环境的文化，个人被新环境完全同化。

2. 适应的二维模型

适应的熔炉观理论认为，个体最终被新环境的文化同化，这一观点引发了较多的争议。贝里（Berry）等人提出了适应的二维模型。该理论认为，适应的过程中，对于新旧环境的文化的接纳并非非此即彼，而是可以同时接纳，根据接纳程度的不同，可以分为以下四种类型。

整合型：同时重视两种文化，保留对旧环境文化的认同，同时接纳新环境的文化。

同化型：只重视新环境的文化，摒弃旧环境的文化。

分离型：固守旧环境的文化，不接纳新环境的文化。

边缘型：对两种文化都不认同。

（三）适应的阶段

适应的过程因人而异，一般将适应的过程分为蜜月期、危机期、恢复期、适应期四个阶段。

蜜月期：指个体由旧环境进入新环境的最初阶段，对新环境的接纳阶段。在这一阶段，新环境带来的新奇感要远远大于其他感受，个体会主动去体验新环境下的新鲜事物。这一阶段出现的适应问题较少。

来自南方的A同学考入了北京某所高校。初到学校，他就爱上了美丽的校园环境，被完善的设施所折服，课余时间，小A或是到操场和同学一起运动，或是到图书馆阅读，或是和同学一起开展社团活动。小A感觉大学生活非常美好。

危机期：指个体度过新环境下的蜜月期后，紧接着出现各种负面情绪，对新环境产生不适应的阶段。在这一阶段，蜜月期的热情已经冷却，个体逐渐显现出对新环境的不适应，表现为屡屡受挫、感觉自己不足并且存在极大的焦虑感，体验到极大的适应压力。

两个月后，小A感觉课堂上老师讲课节奏太快了，自己作业也没有按时完成，所以课上的内容完全听不懂；舍友晚上打游戏，不按时休息，严重影响他的睡眠，尽管小A向舍友表达过不满，舍友也表示会改正，但是实际效果并没有太多好转；北方的秋天干燥，多风，小A身体感到不适，到医务室就诊……小A仿佛一下子坠入了低谷，感觉自己这个不行，那个不会，完全无法适应大学生活，不知道接下来该怎么办。

恢复期：指个体渡过危机期后，自我调整，逐渐回归正常状态的阶段。在这一阶段，个体通过自我努力以及向他人寻求帮助，逐步解决新环境下遇到的各种困难，调节自身状态回归正常。

面对新环境下遇到的种种困难，小A向大学辅导员寻求帮助，辅导员帮他分析了他遇到的困难，并解释了出现这些困难的原因；高年级学长向小A分享了自己大学一年级的学习经历。在老师和同学的帮助下，小A调节状态，逐步解决遇到的困难，学习生活再次步入正轨。

适应期：个体经历危机期和恢复期后，由新环境引起的心理压力和其他负性体验恢复到正常状态。在这一阶段，个体完全适应新的环境，开始正常的生活。

大学的第一个学期结束了，小A逐渐适应了大学的生活和学习：每天与同学一起愉快地去上课、自习，课间积极参加体育锻炼和社团活动。在周末，还会和同学一起走出校园，游览北京的各个景点。小A感觉自己在这里的生活和学习很美好，他爱自己的学校，爱祖国的首都北京。

（四）影响适应的常见因素

了解哪些因素可能会影响适应过程，有助于个体快速对外部新环境做出合理的调节，加速对新环境的适应。适应受到众多因素的影响，根据具体来源，可将其分为外部因素和内部因素。

1. 外部因素

生活变化：进入新环境后，生活变化主要体现在生活环境以及生活习惯的改变。生活变化也是对个体最直观、最直接的影响因素，包括气候环境、饮食习惯、作息规律等。例如，开篇案例中来自南方的小王对北方环境的不适应，引起了身体不适。

社会支持：社会支持是指个体遇到困难时，周边的人，包括亲人、朋友、老师、同学等能够给予的帮助。进入大学，有很多同学从家庭来到千里之外的异乡，种种因素引发的不适应让同学们手足无措，但原有的社会支持力度因为距离的客观原因而显著减弱，进而给学生带来无助感。如果新环境能够提供足够力度的社会支持，再将旧环境的社会支持通过客观手段最大化，则有助于同学们快速地适应新的环境。

文化差异：新文化与旧文化之间的差异也是影响个体适应新环境的一个重要因素。这种差异越大，给个体带来的适应难度也就越高。我国地域辽阔，来自不同地方的同学集聚一个校园，甚至一个宿舍，地方文化的冲突自然不可避免。相比地域文化的差异，民族文化的差异更为显著。我国是一个多民族国家，在大学校园，不同民族之间同学的交流一定程度上会受到民族文化差异的影响。此外，出国留学的学生数量越来越多，而国家之间的文化差异更大，这就对留学生的适应提出了更大的挑战。

除了以上提到的一些因素外，常见的外部因素还包括新环境中面临的歧视、偏见问题以及进入新环境的时间等。

2. 内部因素

对新环境的评价：进入一个新环境以后，个体对该环境的一些主观评价对适应起着一定的作用。主要的评价表现为个体在接触新环境前对它的期望与进入该环境后所体验到的实际情况之间的差异。这种差异会给个体带来适应上的压力。对于大学生而言，对学校环境的期待以及对所选专业的期待所带来的落差是最为常见的。很多同学进入大学后，发现校园环境与自己心目中的大学有着明显差异，而所学专业的具体内容也不是自己之前所预想的，这样的巨大落差势必给学生带来巨大的适应压力。

人格：个体的人格差异也是影响适应的一个内部因素，具体表现在控制点以及外向性两个方面。对新环境的事物感到可控的个体适应起来会很顺利，相反，认为新环境的事物处处不可控的人，可能会在适应中体验到更多的不适。因此，由于外向性高的个体会更主动，积极同新环境中其他个体进行互动交流，因此在一定程度上相对于外向性低的个体而言更能顺利地适应新环境。

除了主观评价以及人格因素以外，其他常见的内部因素还包括性别、年龄、受教育程度、面对适应压力的调节策略，等等。

（五）适应的内容

1. 从考试到深造，适应奋斗目标的转变

初中时，学习的目标是考上重点高中；高中时，学习的目标是考上理想的大学。进入大学，很多学生一下子失去了自己的奋斗目标。大学生要树立远大目标，不要仅仅局限于最终的考试和学位，要从为世界进步、国家发展的高度来设定自己的目标，并且要不断深入学习，刻苦钻研，大胆创新，掌握真本领，从而去践行自己的目标。

2. 从感性到理性，适应思维方式的转变

大学进入成人阶段，大学生要学会理性处事。特别是遇到突发事件，要沉着冷静，理性思考，不能像中学时代一样感情用事，盲目冲动。

3. 从监督到自觉，适应学习方式的转变

自主性学习是大学的显著特点，因此大学生要由中学时代的被动式学习向大学阶段的主动式学习转变。要学会自我管理，做自己生活和学习的主人。

4. 从依赖到独立，适应生活方式的转变

大学生远离父母，原先除了学习，几乎所有的事情都由父母来处理。初入大学，大学生要积极尝试自己解决生活中遇到的各类事情，到后期，要掌握各类生活技能，做到真正的独立生活。

5. 从旧友到新朋，适应交往方式的转变

中学时代，一个班级的学生几乎都来自一个市，甚至一个县，语言、生活习惯、文化习俗、价值观念等没有显著的差异。进入大学，同学来自全国各地，大家都用普通话进行交流，但生活习惯、文化习俗、价值观念等存在或多或少的差异。大学生要有广阔的胸襟，积极接纳不同文化，与同学建立亲密的关系。

心理小测验

社会适应能力诊断量表

指导语：下面的问题能帮助你进行心理适应能力的自我判断。请认真阅读，并决定其与你实际情况的符合程度，然后从每个项目后面所附的三种备选答案中选出一个来。

(1) 我最怕转学或是转班级，每到一个新环境，我总要经过很长一段时间才能适应。

A. 是　　B. 无法肯定　　C. 不是

(2) 每到一个新的地方，我很容易同别人接近。

A. 是　　B. 无法肯定　　C. 不是

(3) 在陌生人面前，我常常无话可说，以致感到尴尬。

A. 是　　B. 无法肯定　　C. 不是

(4) 我最喜欢学习新知识或新学科，它给我一种新鲜感，能调动我的积极性。

A. 是　　B. 无法肯定　　C. 不是

(5) 每到一个新地方，我第一天总是睡不好，就是在家里，只要换一张床，有时也会失眠。

A. 是　　B. 无法肯定　　C. 不是

(6) 不管生活条件有多大的变化，我也能很快习惯。

A. 是　　B. 无法肯定　　C. 不是

(7) 越是人多的地方，我越感到紧张。

A. 是　　B. 无法肯定　　C. 不是

(8) 我的成绩多半不会比平时练习差。

A. 是　　B. 无法肯定　　C. 不是

(9) 全班同学都看着我，心都快跳出来了。

A. 是　　B. 无法肯定　　C. 不是

(10) 对他（她）有什么看法，我仍能同他（她）交往。

A. 是　　B. 无法肯定　　C. 不是

（11）我做事情总是有些不自在。

A. 是　　B. 无法肯定　　C. 不是

（12）我很少固执己见，常常乐于采纳别人的意见。

A. 是　　B. 无法肯定　　C. 不是

（13）同别人争论时，我常常感到语塞，事后才想起该怎样反驳对方，可惜已经太迟了。

A. 是　　B. 无法肯定　　C. 不是

（14）我对生活条件要求不高，即使生活条件很艰苦，我也能过得很愉快。

A. 是　　B. 无法肯定　　C. 不是

（15）有时自己明明把课文背得滚瓜烂熟，可在课堂上背的时候，还是会出差错。

A. 是　　B. 无法肯定　　C. 不是

（16）在决定胜负成败的关键时刻，我虽然很紧张，但总能很快地使自己镇定下来。

A. 是　　B. 无法肯定　　C. 不是

（17）我不喜欢的东西，不管怎么学我也学不会。

A. 是　　B. 无法肯定　　C. 不是

（18）在嘈杂混乱的环境里，我仍然能集中精神学习，并且效率较高。

A. 是　　B. 无法肯定　　C. 不是

（19）我不喜欢陌生人来家里做客，每逢这个时刻，我就有意回避。

A. 是　　B. 无法肯定　　C. 不是

（20）我很喜欢参加社交活动，我感到这是交朋友的好机会。

A. 是　　B. 无法肯定　　C. 不是

[评分规则]

（1）凡是单数号题（1、3、5…….），选“是”扣2分，选“无法肯定”得0分，选“不是”得2分。

（2）凡是双数号题（2、4、6……），选“是”得2分，选“无法肯定”得0分，选“不是”扣2分。

（3）将各题得分相加，即得总分。

［结果解释］

35—40 分：心理适应能力很强。能很快地适应新的学习、生活环境，与人交往轻松、大方。给人的印象极好，无论进入什么样的环境，都能应付自如，左右逢源。

29—34 分：心理适应能力良好。

17—28 分：心理适应能力一般，当进入一个新的环境，经过一段时间的努力，基本上能适应。

6—16 分：心理适应能力较差，对学习、生活环境依赖性强，一旦遇到困难则易怨天尤人，甚至消沉。

5 分以下：心理适应能力很差，在各种新环境中，即使经过一段相当长时间的努力，也不一定能够适应，常常困惑，因与周围事物格格不入而十分苦恼。在与他人的交往中，总是显得拘谨，羞怯，手足无措。

如果你在这个测查中得分较高，说明你的心理适应能力较强。但是，如果你得分较低，也不必忧心忡忡，因为一个人的心理适应能力是随着年龄的增长、知识经验的丰富而不断增强的。只要你充满信心，刻苦学习，虚心求教，加以锻炼，你的心理适应能力一定会增强。

（资料来源：郑日昌．大学生心理诊断［M］．山东：山东教育出版社，1999.）

三、大学学习与发展

相信每一名学生在小时候都有一个“我长大了想当一名……”的梦想，这个答案或是科学家，或是人民警察，或是白衣大使……大学阶段是人生中系统接受教育的最后阶段，也是为实现个人理想的最后冲刺阶段，这一阶段的学习与发展对大学生整个人生的发展起到了重要的作用。

（一）大学的学习是广义的学习

1. 开始新阶段的学习

在我国，中学教育很大程度上还处在应试教育背景下。为了让中学生认真学习，考入理想的大学，相当一部分中学教师和家长，为中学生勾勒了错误的大学画面——“现在努力学习，考上大学就轻松了，不用学习了。”影视剧以及文学作品为了艺术效果，过度渲染大学时的课外生活、恋爱等，而忽视了对大学的准确描述。互联网和信息技术的不断发展，使一些错误的观念，如“不挂科的大学是不完美的”“选修课必逃，必修课选逃”“60 分万岁”等得到了广泛的传播，甚至被一些学生视为真谛。以上原因，使得相当多的中学生进入大学时，认为“大学是轻松的，不应该像高中时那样拼命学习”。更有学生认为“大学就是混个学历，不需要学习”。以上诸多错误的观念，让学习在大学开始前戛然而止。

孔子说：“吾十有五而志于学，三十而立，四十而不惑，五十而知天命，六十而耳顺，七十而从心所欲，不逾矩。”这就是一个不断学习、不断成长的过程。学习是终身的事业，而非某一阶段的任务，不应该到了哪个阶段而终止。

大学生要树立正确的观念，将大学看作学习专业知识、探索科学前沿的新的学习起点，以饱满的热情和认真的态度投入新的学习征程中来。

2. 端正学习态度

进入大学，一些同学受影视剧中的错误理念影响，以及部分学长学姐错误的引导，认为“大学学习很轻松，只要考试前突击复习就可以了”“大学要全面发展，不要那么看重学习成绩”“大学学的东西在工作中根本用不到，没必要学”……于是这些同学放松对自己的要求，上课不听讲，课下也不认真完成作业，更有同学开始旷课。

时间匆匆而过，在某一天，这些同学忽然发现，身边的同学拿到了奖学金，考过了各种技能证书，掌握了编程技术……自己却一事无成。进入大学时，这些同学的成绩并不比别的同学差，智力也处于同样的水平，造成最后如此显著差异的原因正是错误的学习理念所致。

大学是人生最后一个系统接受教育的阶段，每个学生都应该端正学习态度，珍惜大学的时光，虚心向名师、大师求教，广泛利用校园资源，努力学习专业知识，认真开展科学研究。这样，在大学毕业时，才能掌握真正的技能，为社会发展贡献自己的力量。

3. 学会自主学习

前文论述了自主学习是大学的显著特点，最直观的表现就是学习过程不再有老师、家长全程监督，是否去听课，是否完成老师的作业，什么时候去学习，全部由自己做主。

大学课堂，教师讲课节奏普遍较快，不会面面俱到，甚至有些老师讲述的内容都不在课本上，但是在最后的考试中依然会出现这些知识点，有同学不会做，但仍有同学拿了满分。其实，这样的任课教师，不仅是教会你这些知识点，更是要教会你如何在大学自主学习：老师没讲到的知识点，你可以到图书馆去查资料，去网络上寻找答案，也可以向师兄师姐寻求帮助，更可以向老师求教，你要想办法去学习这些知识点，而不是像中学时那样，等着老师教你。

所以，大学阶段不单单是要学到知识，更重要的是要养成自主学习的习惯，这个习惯也是将来社会职场人员所看重的技能。

4. 不断丰富学习内容

有些同学只看重专业课程的学习，对于非专业课的学习不屑一顾，对那些课外知识更是嗤之以鼻。

现代学科的不断发展，已经使得各个学科交叉在一起，不可能完全分离，比如物理、化学、力学等学科都需要依靠计算机程序来分析计算或者呈现直观的效果，如果一个物理系的学生只专注于物理学科的学习，而不注意对计算机程序的学习，那么他的学习必将会遇到很大的困难。

除去各个学科知识的学习，课外知识的学习也同样重要。在信息化社会，不同信息相互交叉，每天呈现在人类眼前的信息数以亿计，相较于只拥有一技之长的“1”字型人才，兼具广阔知识面的“十”字型人才更具有优势。

因此，大学阶段的学习不能局限于某一门或者某几门学科，大学生应该广泛涉猎各个知识门类。

5. 树立终身学习的理念

以往，人们认为学生的任务是学习，学生生涯的结束也就意味着学习的结束。现在，人类进入信息时代，海量的信息每天进行着更新，科学技术的发展也日新月异，人们如果不保持学习，很快就会被社会的发展所淘汰。因此，每个人都要树立终身学习的理念，活到老，学到老，才能紧紧地跟住时代发展的脚步。

（二）大学阶段的心理发展任务

如前文所述，大学阶段是学生的生理和心理逐步成熟的阶段。这个阶段的同学对于生理的成熟能够自我感知，而且有比较全面的科学认知，但是对于心理的成熟，并不是那么明白。我国心理教育起步晚，学生在中学阶段没有接受系统的教育，而大学环境相对之前的生活环境发生显著变化，如果没有经过理论学习，没有他人的正确引导，心理的成熟过程会遇到挫折。因此，大学阶段进行心理发展的学习非常有必要。

美国著名发展心理学家爱利克·埃里克森（Erik H Erikson）将人生发展分为八个阶段，每个阶段都有显著的特征和心理冲突（见表 1.1）。如果妥善地解决了这些冲突，那么个体就会顺利度过该阶段，向下一阶段发展。如果无法解决冲突，则会停滞于当前阶段。

表 1.1　埃里克森的心理社会性发展模型的八阶段

生命阶段	心理社会冲突	特　征
0～1 岁	信任 vs 不信任	当婴儿受到温暖、持续的照顾时，他就能建立起信任感；缺乏照料或照顾不够则产生不信任感。
2～3 岁	自主性 vs 羞怯和怀疑	当鼓励儿童探索自我和环境时，自主感得以发展。当儿童的探索受到抑制时，羞怯和怀疑产生。
4～5 岁	自发性 vs 内疚感	当鼓励儿童进行各种各样的尝试时，他们的自发性就得到促进，如果父母嘲笑孩子或过度批评他们，就会使他们产生内疚感。
6～12 岁	勤奋 vs 自卑	当儿童受到表扬时，他们就会获得勤奋感。当他们所做的努力被认为是不充分的或差劲的，他们就会产生自卑感。
青春期	同一性 vs 角色混乱	处于这个阶段的个体要面临的一个关键问题是“我是谁”，拥有可靠和整合特性的个体被认为是达到同一性的，无法建立稳定和统一特性的个体将面临角色混乱。
成人早期	亲密 vs 孤独	建立一种承诺和亲密的人际关系，这个过程出现失败将导致孤独。

续表

生命阶段	心理社会冲突	特　征
成人中期	生殖 vs 停滞	个体是社会中能够进行生产的成员，为社会作出贡献，为未来创造人口。这可以通过工作、志愿努力和抚养孩子来实现。与之相反是停滞，它的特征是个体过度关心自己的幸福或认为生活是无意义的。
成人后期	完整 vs 绝望	完整是指当个体回头看自己所经历的生活时会有满足感，这使他能够有尊严地面对死亡。如果遗憾成为主导，那么个体会感到绝望。

（资料来源：周莉，刘海娟．大学生心理健康教育（第二版）［M］．北京：中国人民大学出版社，2015.）

埃里克森提出自我同一性的概念，这是一个描述自我一致的心理感受的术语，指的是对自我有一个恒定的认识，体验到自我的完整性，在过去、现在和将来的自己之间做好整合，给个体明确的价值观、目标和信念以及生活的方向、目的和意义，包括自我肯定（我是谁），以及找寻自己的人生目标（我要往哪儿去）。

大学生处于由青春期向成人早期过渡的阶段，一方面，对个人角色感到迷茫：希望独立，并且在客观环境上实现了独立，但在经济、行为决策、心理成长等方面又不得不依赖家长、老师；渴望同异性建立亲密关系，但又不知如何建立，进而回避；渴望摆脱长辈的限制，但又将长辈的限制看作对自我的关心；家长、老师以孩子的角色来对待大学生，但又以成人的标准进行评判……另一方面，对自己未来的成长感到困惑：我到底喜欢什么样的专业，我是否继续深造，我将来应该从事哪方面的工作……

因此，学生在大学期间的成长过程，也是个体自我同一性的探索过程。

（三）大学里的自我探索

在后面的章节，本书将从原生家庭、恋爱关系、职业生涯规划、情绪管理、人际关系、大学学习和心理危机几个方面进行系统的学习，帮助同学对自我进行探索。下面做一下简要的介绍。

1. 我是谁——原生家庭探索

“我是谁?”“我是个什么样的人?”“是什么促成了我现在的样子”……每个同学都会有类似的问题。进入大学，我们对这些问题进行分析，从而来全面认识自己。在这个探索过程中，首先需要进行分析的就是自我的原生家庭。

核心家庭指由一对夫妇及未婚子女（无论有无血缘关系）组成的家庭，这是家庭最基础的存在方式。本书中提到的“核心家庭”对于大学生来说是他们的原生家庭，但是对于大学生的父母来说，则是“再生家庭”。

原生家庭对大学生和其父母之间的亲子关系有着直接的影响，一些特殊的影响因素包括：父母把自己在原生家庭中的关系平行转移到自己的再生家庭中；父母的教养方式；家庭角色的错位；重男轻女的思想以及被遗弃或被寄养。

此外，原生家庭对大学生的影响还体现在：大学生的幸福感、人际关系、职业生涯规划、婚恋观念等。

2. 爱是什么——恋爱关系探索

大学阶段，大学生的生理和心理水平趋于成熟，随着性意识的迅速发展，青年人开始产生了恋爱的情感需求。

恋爱实质上是一种依恋关系，是最亲密的一种人际关系。

大学生要有一个正确的恋爱观。有同学因为大学对恋爱的“解禁”，为了满足一种新奇感，去追求恋情；有同学看到身边的同学恋爱了，觉得空虚，也去追求恋爱。这些为了恋爱而恋爱的爱情，势必不能长久，往往只是昙花一现，给彼此双方带来伤害。

大学生既要敢于表达自己的爱，同时面对对方的表白，要根据自己内心的想法，诚实地去接受爱或者拒绝爱。

一旦进入恋情，双方需要珍惜感情，真诚相待，共同成长。但是，爱情不是生活的全部，有同学恋爱了，只顾着在一起玩耍、生活，而忽略了学习，导致学业成绩亮红灯，这就得不偿失了。也有同学恋爱了，就完全沉浸在二人世界，而忽略了身边的其他朋友，也忽略了社团、班级等集体，这也是不可取的。

大学阶段即使不进行恋爱，也要学会与异性相处。班级同学、上课教师，必然存在异性，大学生要学会如何与异性相处，尝试增加与异性的交往。通过交往了解异性，掌握相关经验，这不仅有助于大学阶段的个人发展，对将来的恋爱和婚姻也有帮助。

3. 我的未来不是梦——职业生涯规划探索

对于绝大多数同学来说，大学的结束，也是职场生活的开始。但是，对于自己职业生涯的规划，应该从进入大学就开始，因为这是一个认知、学习、探索、决策的过程，甚至需要循环往复，多次修正。因此，越早进行规划，对于自己的职业生涯的理解也越深刻。

职业生涯规划与职业发展相关，但不等同于找工作。职业生涯是指一个人一生中所有与职业相联系的行为与活动，以及相关的态度、价值观、愿望等连续性经历的过程，也是一个人一生中职业、职位的变迁及工作、理想的实现过程[2]。

职业生涯的规划首先要有准确的自我认知，对自己的兴趣、性格、技能和价值观进行细致的分析和探索，寻找自己真正喜欢并且擅长的行业，甚至具体职业。其次，对外部的世界进行探索。个体需要了解宏观世界的工作现状，如整体的市场供求关系、求职者的整体情况、工作形式的变化、新兴职业的发展等；再次是了解自己目标行业甚至职业的具体信息，如工作的时间、地点和环境，工作的内容和职责，工作需要的知识、技能和素质，薪酬待遇和福利等。最后，根据前两方面的探索结果，对职业发展做出决策。

职业生涯几乎贯穿整个成人阶段，并非仅大学这一阶段，随着年龄的增长，个体的发展需求变化以及职业情况变化，个体需要进行新的职业生涯规划。所以，职业生涯是一个长久的、不断动态变化和多次重复的过程。

4. 走进内心世界——情绪管理探索

大学生刚刚离开父母独自生活，处理事情的经验有限，能力不足，遇到事情容易向极端方向发展，造成不良后果。例如，和同学发生矛盾，情绪激动，大打出手；或是和恋人分手，过分伤心，情绪极度低落，甚至产生轻生的想法；或是一次考试成绩不理想，从而自暴自弃，学业荒废……因此，大学生要学会管理自己的情绪，做情绪的主人。

当代心理学家把情绪定义为一种躯体和精神上的复杂的变化模式，除面部表情的表现外，还包括生理唤醒、感觉、认知过程以及行为反应。部分心理学家将人的基本情绪分为四类：快乐、悲哀、愤怒、恐惧。

（1）情绪的功能

情绪的唤醒功能：情绪反应引起生理唤醒，适度的生理唤醒可以使人的绩效水平达到最佳状态，从而高效地完成工作、任务等。

情绪的社交功能：当人暴怒时，其他人会避而远之；当人微笑时，其他人则愿意靠近。此外，当人处于积极情绪中时，更愿意与他人交流；当人情绪低落时，则会回避与他人的交流。因此，情绪对人类的社交有着巨大的影响。

情绪的认知功能：情绪会影响注意力、对自我和他人的知觉，甚至我们的解释、回忆、社会判断、创造力等。积极、愉快的情绪会产生更有效率、更富创造性的想法，如果在大学生活中保持良好的情绪，有助于人际关系的处理和学习效率的提高。

（2）情绪的错误认知

负性情绪是不好的。当一个人悲伤时，身边的人会安慰“不要哭，不要悲伤”，人们都认为悲伤这种负性情绪是不好的。其实，当人们遭遇挫折、遭遇不幸时，产生负性情绪是正常的生理和心理反应。此时，正确做法是接纳这种负性情绪，而非去压抑这种情绪。

应该压抑情绪。传统教育认为，随着年龄的增长，个人要学会压抑情绪，不要随便表露自己的情绪。特别是对于男性，因负性情绪等引起的哭泣、倾诉等表达方式被视为懦弱。压抑情绪虽然短期内有助于维护个人形象、保持人际关系等，但情绪长期压抑会严重威胁人的身体健康，容易使人患上偏头痛、胃溃疡、癌症等疾病，甚至可能导致各类精神疾病的发生。

（3）负性情绪的调整

对于负性情绪，一定要合理地宣泄出来，切不可长期压抑。可以通过哭泣、向亲人朋友诉说、击打非破坏性的物品（如抱枕、沙袋等）来使不良情绪得到宣泄。另外，转移注意力也有助于负性情绪的调整。最常见的就是，遇到不良情绪时，去参加擅长的体育或者文化活动。最后，有规律的、持久的深呼吸也有助于平和情绪。

5. 人群中的我——人际关系探索

人是社会性动物，人际交往是人的一个必要需求。1996 年，意大利著名的洞穴专家毛利奇·蒙泰尔将自己置身于一个很深的洞穴中，在这个洞穴里，有足够他吃一年的食物和其他必需的生活用品，还有电影碟片供他观看，有健身器材让他锻炼。但是，这个洞穴中只有他一人，他无法和外界进行交流。经过一年与世隔绝的生活，1997 年从山洞里出来后，毛利奇·蒙泰尔变得目光呆滞、脸色惨白、语言不畅，记忆力和语言表达能力都显著退化。这个实验显示了人际交往的必要性。

大学校园是一个小社会，大学生面对着寝室关系、同学关系、师生关系、异性关系等多种人际交往关系。北京市曾对大学生心理问题产生的根源作了 3 次大规模的跟踪调查，结果显示，人际关系不良或交往不良成为诱发大学生心理问题的主要原因，占 40% 以上。与周围的人友好相处，与各种各样的人进行沟通与交流是一种能力，是一种大学生需要积极进行锻炼和学习的能力。

大学生内心敏感、细腻且害怕遭到拒绝和伤害，不会轻易表露自己的需求；同时，很多大学生在与人交往时，倾向于以高中时的好友为标准来衡量对方，从而经常感到失望甚至失落。在这种情况下，很多人尽管心怀渴望，但不愿主动采取实际行动，总希望他人先主动；即使已经开始交往，但是对对方的高预期也会经常导致自己失望。

另外，与高中生相比，大学生的人际交往利益冲突增多。大学是一个舞台，让很多大学生有了展示自己的机会，同时也蕴含着竞争。奖学金评定、综合素质测评、党团评优、文体竞赛、学生干部竞选，等等，这许许多多的评比中都蕴含着竞争。有竞争就有胜出者，同时也有人暂时落败。因此，大学生的种种利益冲突导致了人际关系的紧张化。

那么，大学生应该如何处理校园人际关系呢？首先，要学会倾听，特别是与人争执时，相互的叫嚷解决不了任何问题，冷静的倾听是处理矛盾的第一步。其次，要懂得换位思考。同学间发生矛盾，如果一直站在自己的角度去看待问题，难免会钻牛角尖；相反，如果彼此换位思考，各退一步，问题也就会迎刃而解。

因此，学会处理人际关系是大学生的一门“必修课”。

6. 学生“职业”——大学学习的探索

进入社会，在职场上每个人有着自己的角色以及相应的职业，在大学里，学习依然是学生的第一“职业”。大学期间，认真完成各项学业要求，是大学生的职责所在。

根据学习效果，大学的学习可以分为言语信息的学习、智慧技能的学习、认知策略的学习、态度的学习和运动技能的学习。可见，大学的学习种类多，内容多。大学学习具有以下特点。

（1）专业性：大学是职业教育阶段，大学生的学习是将来走上工作岗位，适应社会需求所进行的学习活动，每一位大学生在步入大学后都要根据自己的兴趣爱好以及特长选择一个确定的专业方向进行学习。各专业间在教学安排、课程设置、教学内容以及培养目标上存在较大差异，大学生一旦选定了专业，确定了主攻方向，必须对该专业的知识进行深入的了解和掌握，以满足学校培养专门人才目标的需求。

（2）多元性：首先是学习课程的多元性，除基础课程和专业课程的学习外，与专业课程相关的学科以及人文、艺术等学科也是学习的科目；其次是学习途径的多元性，课堂教学依然是主要的途径，但课堂外学习的途径和形式，例如参加专题性讨论、社会调查、参观考察、查阅文献资料等丰富多彩的教学和教辅活动，甚至是参加各种组织活动、社团工作等，所取得的学习效果同样显著。

（3）探索性：大学所学课程中，许多理论和内容处于学科最前沿，发展的前沿尚处于探索阶段。大学生具有思维敏捷，创新意识强，不易受传统思维束缚的优势。创新是民族进步的灵魂，是引领发展的第一动力。目前，我国已将科技创新已经上升为国家战略。这都决定了大学的学习不仅要学到传统的理论知识，更要向未知领域进行探索和创新。

现实中，迟到早退、逃课旷课、抄袭作弊等行为在大学校园屡见不鲜，造成这些错误的原因在于大学生的学习认知观念上存在问题，如缺乏对大学学习正确的认知、缺乏对学习目标的明确认知、缺乏对学习困难的积极认知、缺乏对学习原因核实的认知和受外部因素影响的错误学习认知。此外，在学习过程中，大学生还易出现学习情绪低落和学习情绪焦虑的问题。

面对以上问题，大学生在学习过程中要树立合理的学习目标，激发自己的学习动机，制订合适的学习计划，合理分配学习时间，调节焦虑情绪。

7. 直面困难——心理危机的探索

“人生不如意十之八九”。人的身体偶尔会出现感冒、发烧、咳嗽等不适，心理也同样会出现不适。大学生在学业、人际关系、个人情感、就业升学等方面存在压力，如果不正确应对这些压力，则有可能发展成为心理危机，甚至心理障碍。

心理危机是指个体在遇到了突发事件或面临重大的挫折和困难，当事人自己既不能回避又无法用自己的资源和应激方式来解决时所出现的心理反应。大学生常见的心理危机有学业危机、情感危机、同学关系危机等。出现心理危机并不可怕，因为心理危机具有普遍性。只要个体积极寻求帮助和心理危机干预，通常都会走出危机。并且通过危机事件的经历，使得自己的心理进一步成熟和发展，能够及时调整，应对变化，体现出心理危机的机遇性和动力性。

如果个体长期处于心理危机状态，长时间得不到调整，便会引发心理障碍，导致自伤或伤害他人等过激行为的发生。大学生常见的心理障碍有抑郁症、焦虑症和强迫症等。后续章节会详细介绍这三类心理障碍。

应对心理危机和心理障碍，最重要的是要正确看待心理咨询。心理咨询在我国起步较晚，很多人认为只有得了心理疾病才有必要去进行心理咨询，一些情绪问题就去做咨询，纯属矫情。其实，许多心理危机和心理障碍都是由一点点的心理不适逐渐积累导致的。所以，当个体出现心理不适，又无法自主调节时，进行心理咨询是正确的选择。目前，我国绝大部分高校都开设了心理健康教育课程，并设立了心理健康咨询中心，为大学生的心理健康发展服务。大学生对于常见的心理问题要有正确的认知，出现心理不适、心理危机甚至心理障碍时，要积极到学校心理健康咨询中心寻求帮助，尽快走出心理阴影。

推荐资源

1. 电影《三傻大闹宝莱坞》，（印度）拉库马·希拉尼导演，2011

推荐理由

（1）有梦就去追：法罕、拉加和兰彻都考上了印度著名的学府帝国工业大学。这所大学是工程师的摇篮。兰彻对所学内容极度热爱，而且很有天赋，所以学起来得心应手，并且成绩优异。法罕却并不喜欢所学专业，只是父亲希望他成为工程师，他的爱好是动物摄影。在兰彻的帮助下，法罕最终说服父亲，转行从事动物摄影工作，而且取得了成功。兰彻喜欢皮娅却不敢承认，在两位挚友的帮助下，他鼓起勇气向皮娅表白。这启示我们：每个大学生心里都有自己的梦，趁年轻，就要勇敢去追。

（2）真挚的友谊：院长让拉加在退学和诬陷兰彻中二选一，拉加无奈选择跳楼；兰彻为了让拉加通过考试，违背自己的原则，到院长办公室偷试题；法罕、拉加听到有兰彻的消息，不惜装病让起飞的飞机返航，以便去寻找兰彻……这些故事情节，无不展现着三人间坚如磐石的友谊。大学，最可爱的人就是那些陪你一起疯狂的"狐朋狗友"，最珍贵的就是彼此间的这份友谊。

2. 李开复写给大学生的七封信

李开复，1961 年出生于中国台湾，1988 年获得卡内基梅隆大学计算机博士学位。1990—2009 年，他先后在苹果、微软、谷歌三家世界科技巨头公司担任要职。

2000 年起，李开复先后给中国大学生写了七封信，共计 7 万多字。在这七封信中，李开复以自己在大学、苹果公司和微软公司的一些经历和往事为案例，从大学的方方面面给予中国大学生诚恳的建议：学好数学、英语基础课程，充分利用图书馆和网络，做事情要积极主动，要学会自律，注重团队能力，提升自身修养、培养人格魅力，要诚实守信……

距离这些信的发表已经十几年过去了，但是这七封信对现在的大学生依旧有着积极的指导意义。

参考文献

[1] 宗惠. 积极心理资本视角下大学新生适应性教育研究——以安徽某大学为例[J]. 红河学院学报，2020，18（1）：111－114.

[2] 周莉. 刘海娟. 大学生心理健康教育. 2版. [M]. 北京：中国人民大学出版社，2015.

[3] 李春茹. 悦纳·完善·成长 大学生心理健康教育 [M]. 重庆：西南师范大学出版社，2017.

第二章　原生家庭

案例

婷婷今年大三，长得漂亮，学习成绩较好，老师、同学对她的评价都很高。婷婷很满意自己目前的状态，但目前有一个最大的困惑，那就是不知道如何与男朋友好好相处。明明自己对其他朋友都很宽容大度，但是一面对自己的男朋友就会斤斤计较，因为一点小事就控制不住自己的脾气，大吵大闹像个疯子，自己都无法忍受。

婷婷的家在一个小县城，家里有个比自己小 7 岁的弟弟。母亲对婷婷很严格，什么都要求她做到最好。虽然婷婷从小一直成绩不错，但是很少得到妈妈的表扬。父亲平时忙于工作，对婷婷关心较少。和婷婷相比，父母对弟弟的关爱更多一些，也不要求弟弟有多优秀，弟弟想学街舞，父母也支持。而婷婷只能学习，有其他兴趣爱好都是浪费时间。婷婷觉得是因为别的亲戚家都有儿子，弟弟的出生让父母在亲戚那里找回了面子，所以父母更偏爱弟弟一点。

婷婷的父母有时会吵架，甚至有时会动手。母亲爱唠叨、脾气急，父亲常常冷漠无回应，在难以忍受时就会爆发，最严重的一次把母亲的头都打破了。父母提过几次离婚，但都因亲戚的劝解而无疾而终。现在婷婷寒暑假在家时，说话做事都要小心谨慎，生怕惹了父母不高兴，令二人又吵架。

婷婷对男朋友的评价是阳光、温暖，和女同学的关系也很好，乐于助人。正是因为这样，婷婷对他反而特别担心。经过自己闹了几次后，虽然男朋友现在很少和女同学接触了，但是婷婷还是不放心，她感到没有安全感，没办法不去怀疑。婷婷和男朋友说过以后工作要去离自己家比较近的地方，工资有一半要给父母，对此男朋友没有什么意见，婷婷觉得男朋友是为了不和她吵架才没多说什么，心里肯定是不同意的。一想到男朋友有话不和自己说，婷婷就又忍不住生气。现在婷婷一方面觉得男朋友迟早会因为自己太作而和自己分手，另一方面又怕男朋友真的和她分手，自己承受不了……

一、原生家庭

近年来，提到原生家庭，似乎首先涌入脑海中的是一连串的家庭情感热文标题：“原生家庭的阴影和伤害”“父母对我的情感忽视”“代际创伤挥之不去”……

原生家庭在一个人童年时带来的阴影可以影响一个人的一生，正如心理学家荣格所说：“原生家庭对家里子女的影响越深刻，子女长大之后就越倾向于按照幼年时小小的世界观，来观察和感受成年人的世界。”然而需要注意的是，讨论原生家庭的目的在于自我探索、自我疗愈、促进成长，而非为了单方面地指责和控诉。愿意讨论原生家庭的问题，这是一种觉悟和进步，证明人们想弄清楚这其间的关系，以图在今后的生活中减少受到原生家庭问题代际传递的影响。

以下是一些著名心理学流派关于原生家庭的理论主张。

（一）经典精神分析理论

精神分析的创始人西格蒙德·弗洛伊德（Sigmund Freud）是较早探索家庭动力对一个人的影响的先驱之一。他首先引入了“心理障碍是未解决的童年期问题之后果”这一观点，强调童年经历对一个人后来成长的影响。

弗洛伊德的精神分析学说主要研究潜意识对一个人的影响，“性”和“攻击”是人性深处的驱动力。弗洛伊德认为一个人的心理如果出现问题，多是因为其“性”的发展在早年遇到了障碍。这个障碍会潜伏在人的潜意识里，当他在成长的道路上遇到压力大的事件而无法应对时，这些被压抑在潜意识里的“性创伤”或“性需求”就会以症状的方式出现，从而影响他的健康和生活。

弗洛伊德把一个人的心理发展分成五个阶段：口唇期（1岁之前）、肛门期（1～3岁）、性器期（3～6岁）、潜伏期（6～11/12岁）和生殖期（12岁以后）。前三个阶段是人格发展的重要阶段，为成人后的人格模式奠定了基础。弗洛伊德认为，一个人的人格在6岁之前基本形成，童年时期的经历会影响并决定他人生的发展。如果儿童在前三个阶段没有得到满足或被过度满足，那么个体之后的发展阶段就不可能顺利进行，他可能会停滞在某一阶段，或即使发展到后面的阶段，在某种情况下仍可能会退行到前面的阶段。因此，即使一个人随着年龄的增长经历成年后的各个阶段，但他的人格可能仍然在所停滞或所退回的那个心理阶段，并按照该阶段具有的人格特点行事。尤其是在3～5岁的俄狄浦斯阶段没有得到很好处理，就会发展成为恋父或恋母情结，这个情结会在很多方面影响一个人未来的人生发展。例如，有些大学生容易在亲密关系中受到挫折，他们总是喜欢上已经有对象的同学，并在这种三角关系中一次次地体验到拉扯和争夺的痛苦。他们的性心理发展很可能固着在了俄狄浦斯期，如果这是一个男生，他可能会有一个在家庭中“消失”的父亲和一个找不到丈夫诉说自己的感受、而将热忱转向儿子的母亲，这导致儿子和母亲关系过度紧密，在长大后的亲密关系中体验到重复的竞争感和被阉割的焦虑。

（二）客体关系理论

经典精神分析流派重点关注的是3岁以后心理发育的一些规律，客体关系理论更关注的是0～3岁的心理健康发展。梅兰妮·克莱（Melanie Klein）是客体关系流派的主要代表人物，她通过对婴儿与第一个重要客体（即母亲）建立关系的观察，提出内在客体关系是从最早、最原始的母婴人际互动的形式中演化出来的。当个体遭受的创伤性事件和创伤性养育的时间越早，成年后的精神障碍和疾病越严重。3岁后经历过心理创伤的人，长大后可能发展为某些神经症个体。如果把正常的人理解为相对健康的人，那神经症就是拥有仅次于正常人的心理功能和自我功能。但如果创伤发生在3岁之前，则他们往往会在成人后发展为心理障碍者，在自我功能、人格结构、症状表现方面都比神经症要更为严重。

另一位客体心理学理论家玛格丽特·马勒（Margaret Marhler）提出分离－个体化理论，她指出0～3岁的婴幼儿在成长过程中逐渐形成人我界限，在心理上与父母分离，逐步断绝与父母共生的融合，最终脱离父母。成功分离和个体化的结果就是形成了分化很好的自我，而不能实现个体化则导致个体情绪的依附过于剧烈。马勒把人从出生到3岁间共分为四个期，也就是以下四个过程（见表2.1）。

表2.1　马勒分离－个体化理论

	年龄	特　征
自闭期	0～2个月	婴儿多数时间在睡觉，和外界没有交流和沟通。患有自闭症的孩子往往就是他的心理发育期固着在了自闭期，没有发展下去
共生期	2～6个月	孩子和母亲是共生的，孩子会觉得母亲是附属的自我，母亲的存在就是自己的存在，不能把自己和母亲分开
个体化分离期	6个月～2岁	更独立、更个体化，可以区分母亲和自己
客体永恒期	2～3岁后	维持客体稳定形象，把和同一个人有关的愉快与不愉快的感情整合起来，形成内在客体

马勒指出，分离－个体化是持续一生的过程，是青少年脱离与父母的情感连结，并追求自主的过程。大学生正处于分离－个体化的关键时期，既想追求自主及自我感，又害怕与父母所代表的家庭分离，容易体验到矛盾的情感。顺利完成这一阶段，青少年便获得独立与自我认同，减少对外在的支持和依赖，提高对外在世界的适应能力，建立稳定的人我界限。而如果早期分离－个体化没有得到发展，在日后的人生不同发展阶段都会遇到困难，例如大学离家求学、毕业就业、结婚生子和亲人离去等，都会使个体不断重复分离－个体化的矛盾和冲突，造成情绪问题、学业适应问题和人际困扰等消极影响。因此，了解分离－个体化的发展是大学生面对的重要人生课题。

（三）依恋理论

依恋，一般被定义为婴儿和其照顾者（一般为母亲）之间存在的一种特殊的感情关系。依恋研究的重大进展来自玛丽·爱因斯沃斯（Mary Dinsmore Salter Ainsworth），她认为依恋关系中个体间的重要差异在于依恋的安全性或不安全性，母亲必须将能量足够安全地投入照顾婴儿中，母亲与孩子之间的安全依恋被认为是在童年和成年期建立健康客体关系的先决条件。爱因斯沃斯在1978年设计了陌生情境测验，并根据测验结果将婴儿的依恋关系分为三类。

1. 安全型依恋（Secure）

这类儿童与母亲在一起时能舒心地玩玩具，并不总是依附母亲，当母亲离去时，明显地表现出苦恼，当母亲回来，会立即寻求与母亲的接触，很快平静下来并继续玩游戏。童年期具备安全型依恋的个体能够对亲密关系感到相互依赖和安心，乐观、好交际。

2. 不安全依恋——回避型（insecure - avoidant）

这类儿童在母亲离去时并无紧张或忧虑，母亲回来，他们亦不予理会或短暂接近一下又走开，表现出忽视及躲避行为，这类儿童接受陌生人的安慰与母亲的安慰没有差别。回避型的个体喜欢独立、自立，漠视亲密关系，回应冷淡。

3. 不安全依恋——矛盾型（insecure - resistant）

母亲回来，寻求与母亲的接触，但同时又显示出反抗，甚至发怒，不能再去玩游戏。矛盾型的个体害怕被抛弃，容易不信任他人，猜忌多疑。

现实生活中还有一些儿童的行为不符合以上三种类型的任何一种，且这些儿童曾有被虐待与被忽视的经验，这些儿童被归于破裂型依恋（insecure - disorganized），此类儿童会对母亲表现出冷漠。

成人依恋的研究表明，不安全依恋的个体更容易患抑郁症，或更易出现抑郁症状。大学生群体中的抑郁情况越来越普遍，部分原因可能是，早年不安全的依恋经验中发展出的消极自我工作模式，使他们在面对困境时容易夸大困难的威胁程度，认为对事件无法控制或无法改变，在人际关系中也感到无力和无助，难以采取积极的应对方式。而安全的依恋关系则被视为一个可以帮助大学生成功应对生活压力的内在资源，早年积极的亲子互动和主要照料者敏感的抚育态度使这样的同学建立了对外界以及对自我的信任感，幸福感水平也更高。

（四）沟通分析理论：三个自我状态与人生脚本

1. 自我状态理论

对原生家庭研究有重要贡献的另外一位心理学家是艾瑞克·伯恩（Eric Berne）。他是一位美国心理学家，是沟通分析（或称交流分析）学派的创始人。伯恩认为，人的内在有三个自我状态，这三个自我状态分别是父母自我状态、成人自我状态和儿童自我状态。这三种自我状态分别表现在个体对外在事情或自己内在状态所持的不同感知、想法和行为方式上，并以早年时期的情绪与经验为基础。

父母自我状态是个体从父母那里学习而来，并整合到自己人格里的那些部分。因为它主要来自父母，因此个体会在不知不觉中表现出和父母相同的行为、动作、语言和态度等。父母自我状态包括批评和养育两方面，可能的表现有控制、专制、好为人师、指责、批评和要求，也可能会表现为爱、照顾、包容和关怀等。

成人自我状态是指一个人的行为、思考、感觉的方式是针对此时此地发生的事件的反应，并且是能够考虑后果的成熟、客观和有逻辑的反应。其可能的表现有理性、尊重民主、平等、有原则、有弹性、现实等。

儿童自我状态是一个人以自己过去（特别是年幼时）的方式思考、感觉并表现的部分。其可能的表现有直接表达需求、自我中心、冲动、感情用事、单纯、喜怒无常、直率、哭泣、无理取闹、不负责任、任性，也可以表现为活泼、有创造力、追求自由、自然、纯真和有生命力等。

每个人都有这三种自我状态，只是比例不同，这些不同便形成了每个人的风格。适应良好的人会让自己根据情境的不同而呈现不同比例的自我状态，并且维持三者间的平衡。在人际交往或与他人沟通时，个体会在不同的场合或人群中使用不同的自我状态去应对或反应。这些应对风格或模式的不同是个体在成长过程中所形成的，通常取决于一个人早年经历的家庭环境。

2. 人生脚本理论

伯恩的另外一个与家庭动力有关的学说是人生脚本理论。伯恩认为，每个人都有自己的人生脚本，这个脚本在每个人的6岁之前就已经写好了，而且很难更改。在6岁之后，人们通常就按照这个写好的脚本来演绎自己的人生故事。

按照伯恩的说法，个体的人生脚本就是“潜意识对一生的计划”，后来又补充为“是童年时针对一生的计划，被父母所强化，从生活的经验中得到证明，经过选择而达到高潮”。人生脚本理论认为，每个人早已在孩童时代就为自己的一生写好了剧本，这个剧本不只是对世界整体概括性的看法，而是有明显的开场、剧情和结尾，人的一生都按照这个剧本的剧情不断上演。

伯恩认为，童年期之前的儿童通常是非常弱小的，活下来离不开父母的养育。所以，儿时的生活脚本通常是父母或者直接养育人赋予和强化的，并通过父母传递的信息来形成对自己、他人和世界的看法与决定。如果幼年时父母忽视或者抛弃他们，这对儿童来说无疑是天大的灾难。为了得到更好的抚育，儿童能做的就是让父母开心，满足父母的要求，并且得到父母的认可。这样的儿童不会无视父母的要求，因为如果他们看到父母因为自己而不开心或不满意，可能就面临被父母抛弃的风险，因此他们对父母的要求通常会言听计从。儿童对父母的这些要求内化到他们的内心世界所形成的行为规范，会影响个体一生的“人生脚本”。

二、亲子关系

上一部分重点讲解了原生家庭，在这一节将引入另外两个概念，即核心家庭与再生家庭。核心家庭指由一对夫妇及未婚子女（无论有无血缘关系）组成的家庭，这是家庭最基础的存在方式。本章提到的“核心家庭”

对于大学生来说是他们的原生家庭，但是对于大学生的父母来说，则是“再生家庭”。再生家庭是指一个人长大成人之后重新建造的、自己“当家”的家庭。

（一）父母的原生家庭

对孩子来说，核心家庭就是他的原生家庭，但对父母来说，核心家庭则是他们的再生家庭。我们要探讨核心家庭里的亲子关系，就必然要探讨亲子关系是如何受到父母各自原生家庭的影响。莫瑞·鲍温（Murray Bowen）是最早期的家庭治疗先驱之一，他提出的家庭系统理论强调了跨代传递过程对个体的影响。再生家庭中的父母在其原生家庭里也有自己的父母，他们在原生家庭中也是孩子，他们原生家庭中的亲子关系会影响到他们在再生家庭中的亲子关系。通常影响的方式是，把自己在原生家庭中与父母的关系平行转移到再生家庭中与孩子的关系。例如，父母为孩子的自我发展提供的安全感依赖他们自己童年期是否觉得安全。

1. 原生家庭对父亲的影响

在多数传统文化里，人们对男孩是比较偏爱或重视的，因为男孩通常被视为家族的传人，是可以为家族传宗接代的人。男孩在家庭中会更多地感受到父母的爱，也会感受到更多的压力：他或者被父母极度宠爱，或者被严格要求，很少被忽视。

如果父亲在其原生家庭中是被溺爱长大的，在家庭中的地位高人一等，他的需要曾是被无条件满足的，那在自己的再生家庭中，他将依然希望并认同自己是中心，配偶、孩子或者家里的其他人都得围绕着他来运转。哪怕对于自己的孩子，他也会要求孩子满足自己的需求。他与孩子的关系可能是单向的索取关系或是反哺的逆向关系，他会要求孩子做一个完美的孩子，也可能会对孩子提出许多无理的要求，而不顾实际情况或孩子的感受。

如果父亲在其原生家庭里曾被他的父母严格要求，必须处处比别人强来满足父母的期望，当他有了自己的孩子，他就有可能向孩子寻求补偿，满足自己在父母那里失去的童年。他可能把自己的孩子推到父母的位置上，让孩子做家里的“小大人”，可能会向孩子诉苦、让孩子来调解家庭中的冲突或矛盾。这样的孩子被称为“亲职者”，也就是承担了父母的父母角色，会牺牲自己的感受去照顾、安慰和满足父母的情感需求。亲职化的孩子可能会经历构建关系的困难，不知道如何真正和人建立健康、亲密的情感联系。

如果父亲生的是女孩，如何对待女孩也取决于他所在家庭的性别文化。如果在父亲的原生家庭里，性别文化是男女平等，那么他对待女孩的方式可能与对待男孩没有什么差别；而如果他的原生家庭里存在性别歧视，他本人也可能会认同重男轻女的观念。

2. 原生家庭对母亲的影响

依据家庭的性别文化，如果母亲的原生家庭存在性别歧视，那么母亲从出生起就在家庭中处于被拒绝的位置，她在家里是不受重视甚至被嫌弃的，尤其是当她有兄弟时，这种感受会更强烈。她会羡慕哥哥、弟弟在父母那里得到的关爱，为了给自己赢得成长空间和父母的关注，她可能会努力让自己变得优秀。

在组建自己的再生家庭时，为了在伴侣关系中获得优势，在原生家庭中被拒绝的母亲可能会选择比自己年龄小一些、性格被动和内向一些、能力弱一些的男人。如果她生了男孩，她可能会在两个方面展开竞争：一是和丈夫竞争对儿子的控制权，二是和儿子竞争自己的重要感和价值感。在和丈夫竞争对儿子的控制权时，她通常会独自掌控儿子的教育权，把丈夫排除在外。她会一边抱怨丈夫游离于家庭和孩子之外，一边又不允许丈夫参与对儿子的管教。而当丈夫的教育理念和自己背道而驰时，她还会坚信丈夫的教育理念或方式会毁掉孩子的未来。在她眼里，丈夫无论是管还是不管孩子，都会影响孩子未来的发展，丈夫俨然成了加害者，儿子成了受害者，她自己却不得不当一名拯救者。这样一来，她在家庭中的地位便十分稳固，也能牢牢地把控住儿子。而面对儿子时，这种抗拒、戒备或内在的敌视仍然挥之不去。这类母亲会和儿子展开竞争，其方式就是牢牢地把儿子握在自己的手中，不给儿子任何超越或胜出自己的机会。母亲可能会在生活中对儿子过于溺爱以至于让儿子失去独立生活的能力，通过让儿子依附自己来获得身为母亲的价值感，或通过不断贬低、否定、指责来让儿子感到自愧不如。当然，曾经因为性别被歧视的自己在再生家庭里有了一个儿子，会增加母亲的价值感，她也可能会用过度满足孩子需要的方式来表达自己的感激。

当她生的孩子是女儿时，她可能会把女儿看成另一个自己，然后用早年母亲对待自己的方式来对待女儿。在生活上以及在学业上，她会给女儿制定很高的标准，希望女儿优秀和完美，给女儿很大的压力。作为她的女儿，可能会面对母亲不断的要求、批评、指责和否定，不论如何努力都不能让母亲感到满意。在这样的环境中，女儿可能会有挫败感、无力感、无用感，出现自我否定、自我怀疑和自我强迫。

（二）父母的教养方式

每一位父母都有各自养育孩子的方法，这些方法的差异源自他们自己拥有什么类型的父母和他们有什么样的成长经历。美国心理学家戴安娜·鲍姆林德（Diana Baumrind）认为可以把父母教养方式归纳为两个维度：其一是父母对待孩子的情感态度，即接受－拒绝维度；其二是父母对孩子的要求和控制程度，即控制－容许维度。在情感维度的接受端，家长以积极、肯定、耐心的态度对待孩子，尽可能满足孩子的各项要求；在情感维度的拒绝端，家长常以排斥的态度对待孩子，对他们不闻不问。在要求与控制维度的控制端，家长为孩子制定了较高的标准，并要求他们努力达到这些要求，在要求与控制维度的容许端，家长宽容放任，对孩子缺乏管教。

根据这两个维度的不同组合，可以形成四种教养方式：权威型（接受＋控制）、专断型（拒绝＋控制）、放纵型（接受＋容许）和忽视型（拒绝＋容许）。父母的教养方式对大学生身心发展和社会性发展有重要的影响，专断型、放纵型和忽视型的教养方式会对孩子的心理健康发展产生不良的影响，往往会引发孩子的不安全感、依赖性或恐惧感，从而导致心理问题的发生。

1. 权威型

这是一种理性且民主的教养方式。权威型的父母认为自己在孩子心目中应该有权威，但这种权威来自父母对孩子的理解与尊重，来自他们与孩子的经常交流及对子女的帮助。父母以积极肯定的态度对待孩子，及时热情地对孩子的需要、行为做出反应，尊重并鼓励孩子表达自己的意见和观点。同时他们对孩子有较高的要求，对孩子的表现奖惩分明。

这种高控制且在情感上偏向于接纳和温暖的教育方式，对孩子的心理发展有许多积极的影响。这种教养方式下的孩子能够发展出独立性强的特点，善于自我控制和解决问题，自尊感和自信心较强，喜欢与人交往，对人友好。

2. 专断型

专断型父母则要求孩子绝对地服从自己，希望子女按照他们为其设计的发展蓝图去成长，对孩子的所有行为都加以保护和监督。这一类也属于高控制型教养方式，但在情感方面与权威型父母有显著的差异。这类父母常以冷漠、忽视的态度对待儿童，他们很少考虑孩子自身的需求与意愿，对孩子违反规则的行为表示愤怒，甚至采用严厉的惩罚措施。

这种教养方式下的学前期儿童常常表现出焦虑、退缩和不快乐，在与同伴交往中遇到挫折时易产生敌对反应。对青少年来说，在专断型教养方式下成长与权威型教养方式下成长的人相比，自我调节能力和适应性都比较差。但有时，他们在校的学习表现比放纵型和忽视型的学生好，而且在校期间的反社会行为也较少。

3. 放纵型

放纵型父母和权威型父母同样对孩子抱以积极肯定的情感，但缺乏控制。父母放任孩子自己做决定，即使他们还不具有这种能力，例如任由孩子自己安排饮食起居，纵容孩子贪玩、看电视。父母很少向孩子提出要求，如不要求他们做家务，也不要求他们有良好的行为举止；对孩子违反规则的行为采取忽视或接受的态度，很少发怒或者训斥孩子。

这种教养方式下成长起来的儿童大多很不成熟，他们随意发挥自己，往往具有较强的冲动性和攻击性，而且缺乏责任感，合作性差，很少为别人考虑，自信心不足。

4. 忽视型

这类父母对孩子既缺乏爱的情感和积极反应，又缺少行为方面的要求和控制，因此亲子间的互动很少。他们对孩子缺乏最基本的关注，对孩子的行为缺乏反馈，且容易流露厌烦或不愿搭理的态度。如果孩子提出物质等方面易于满足的要求，父母可能会对此做出应答；然而对于那些耗费时间和精力的长期目标，如培养孩子良好的学习习惯、恰当的社会性行为等，父母很少去完成自己的职责。

这种教养方式下的孩子与放纵型教养方式下的孩子一样，具有较强的攻击性，很少替别人考虑，对人缺乏热情与关心，在青少年时期更有可能出现不良行为问题。

自我探索

父母教养方式问卷（PBI）

父母的教养方式对每个人的成长和发展至关重要。在我们的成长过程中，父母对待我们的方式都给我们留下了深刻印象。父亲和母亲对你的教养方式可能相同，也可能不同。以下列出的是父母可能存在的对待你的各种态度和行为，阅读下列句了，与自己的情况进行对比，“非常不符合”请在括号里填“0”，“比较不符合”请填“1”，“比较符合”请填“2”，“非常符合”请填“3”。请回忆你 16 岁之前母亲或父亲的表现，如果你双亲不全，可以只回答父亲或母亲一栏。

1. 用友好温和的语气和我说话。　父（　）　母（　）

*2. 没有给我足够的帮助和关怀。　父（　）　母（　）

3. 允许我做自己喜欢的事情。　父（　）　母（　）

*4. 情感上对我冷漠。　父（　）　母（　）

5. 了解我的问题和担忧。　父（　）　母（　）

6. 对我很疼爱。 父（ ） 母（ ）

7. 喜欢让我自己做决策。 父（ ） 母（ ）

8. 不希望我长大。 父（ ） 母（ ）

9. 试图控制我做的每一件事情。 父（ ） 母（ ）

10. 侵犯我的隐私。 父（ ） 母（ ）

11. 经常对我微笑。 父（ ） 母（ ）

12. 不明白我需要什么和想要什么。 父（ ） 母（ ）

13. 让我决定自己的事情。 父（ ） 母（ ）

*14. 让我觉得自己是不重要的。 父（ ） 母（ ）

15. 在我心烦意乱的时候可以宽慰我。 父（ ） 母（ ）

*16. 不经常和我交流。 父（ ） 母（ ）

17. 试图让我觉得我离不开他/她。 父（ ） 母（ ）

*18. 父/母觉得没有他/她在身边，我就不能照顾好自己。 父（ ） 母（ ）

19. 给我足够的人身自由。 父（ ） 母（ ）

20. 允许我自由外出。 父（ ） 母（ ）

21. 对我保护过度。 父（ ） 母（ ）

*22. 从不赞美我。 父（ ） 母（ ）

23. 允许我随心所欲地穿着。 父（ ） 母（ ）

计分标准：本量表包含三个维度，分别是关爱（题 1、2、4、5、6、11、12、14、15、16 和 22）、鼓励自主（题 3、7、13、19、20 和 23）和控制（题 8、9、10、17、18 和 21）。标记＊的题目反向记分后，计算三个维度各题目的总分。

关爱得分大于 29 分为高关爱，小于 19 分为低关爱；控制得分大于 8 分为高控制，小于 2 分为低控制。父母教养方式根据关爱维度和控制维度的得分进行区分：权威型教养方式为高关爱和高控制，专断型教养方式为低关爱和高控制，放纵型为高关爱和低控制，忽视型为低关爱和低控制。

（资料来源：杨红君，周世杰，楚艳民，等. 父母养育方式量表（PBI）中文版的初步修订［J］. 中国临床心理学杂志，2009（4）.）

（三）家庭角色错位

在一个核心家庭里（这里特指大学生的原生家庭），基本的角色有父亲、母亲和孩子。角色的作用就是要求每个人都能符合角色的要求，做角色要求做的事。在一个家庭中，如果父亲像父亲，母亲像母亲，孩子像孩子，那么这个家庭就处于一种良性的秩序之中。通常状态下这样的家庭不会出太大的麻烦，亲子关系也能经营良好。但是，在亲子关系里，也会见到一些角色错位的情况。最常见的亲子关系角色错位是父母角色错位以及父母角色缺失。

1. 父母角色错位

父母角色错位是指家庭中父母像孩子，而孩子像父母。孩子像父母就是我们通常说的“小大人”“小老头”：孩子会拥有一些与他实际年龄不相符的、像成人一样的感受、观念和价值观，他们说话的口吻像大人，想法与观点也像大人。他们会去评判父母、指挥父母和控制父母，让父母按照他们的意志行事。他们表现得就像他们的爷爷奶奶一样，有时会说“我不喜欢你们了”“我不要你们了”这样的话。他们可能会插手父母的事务，如父母之间如何相处、父母如何处理他们的感情、父母能不能离婚和再婚等。其实“小大人”是一种角色上的越位，他们的角色已经越过了他们父母的位置，即孩子越到了祖父母或外祖父母的位置上。

孩子之所以能够越位，是因为父母没有在自己的位置上。通常这样的父母在他们自己还是孩子的时候，他们在自己的父母那里也曾是“小大人”，他们也会越位到自己祖父母或外祖父母的位置。他们在自己的原生家庭里没有机会做“孩子”，等他们有孩子的时候，他们就让自己的孩子来做“大人”、做“父母”，以此来补回他们在父母那里失去的童年。当他们要做孩子的时候，他们的孩子就没有做“孩子”的机会，而被迫要做父母的“父母”。

当父母让自己的孩子做“父母”时，孩子就会失去自我发展的机会，亲子关系就会变成反向的关系。一旦没有明确的代际层级，成年人和孩子就很容易交换角色，角色的错位会带来成长的混乱。当孩子有了再生家庭的时候，他们又会重演他们在自己原生家庭里这一幕，而很难建立健康、清晰的边界，让家庭成员既保留个性，又不以丧失家庭归属感为代价。

2. 父母角色缺失

在家庭里，还有一种角色错位就是父母本身的缺位，这种缺位可能是实际发生的，也可能是心理上的。实际发生的是指父母不在了，如去世、失踪等所造成的永久失去；也可能是分居、离异等所造成的空间上的分隔。心理上的是指父母都在孩子身边，没有物理和时空上的分离或分隔，但父母没有发挥相应的功能。

当父母的功能缺失的时候，孩子就会来补上这一功能，他们感到被父母所需要，但通常是以担心被抛弃和不安全感为代价的。孩子把自己变成父母来补偿父母功能的缺失，这也是他们自己拯救父母的一种方式。因此，在一个父母功能不全的家庭里，孩子就可能会越位到父母的位置，替代父母做一些事情。他们“骨子里”仍然是孩子，却在行为上表现得像父母，因为这部分功能是“装”出来的，是靠不住的，他们遇到难以承受的挫折时容易被打回原形。

当父母缺位的时候，一个人也可能会让自己“像”父母，来替代父母；或者他会在现实生活里去寻找具有父母特征的人，通过和他们联结或建立关系来象征性地拥有父母。比如孔子 3 岁的时候，父亲就去世了，而父亲的缺失给孔子带来了一生的影响。孔子创立了儒家学说，创办了我国最早的私立教育，后来还周游列国，这些都是在象征性的层面上去寻找父亲。

（四）重男轻女

2020 年年初，我国国家统计局公布的数据显示，我国男性人口 71527 万人，女性人口 68478 万人，男性比女性多 3049 万人，其中农村“剩男”问题更为突出。在我国的传统文化中，男孩常常被强调为“家族的传人”，女孩是“要嫁出去的人，是别人家的人”，所以女孩通常被排除在家族的传人之外。不仅如此，男孩还被当作养老送终的“工具”，在老一辈人的观念中，这个作用是女孩无法承担的。所以，男孩被家族视为非常重要的传人。

本章前面讲到了父母原生家庭中重男轻女思想对父母的影响，这种影响也会通过父母传递给下一代。在这种文化的影响下，一对夫妇对第一个孩子的性别期待很自然会是男孩，在这种性别期待中降生的女孩可能就会不符合父母的期待。一般情况下，这样的女孩子在家庭中受重视的程度会比较低、得到的关爱会比其他孩子少很多。

如果孩子感知到自己的性别并不符合父母的期待，他/她就可能努力改变自己以满足父母对自己的性别需求。例如，父母希望有个男孩，结果生的是女孩，那么这个女孩可能会把自己的衣着和发型打扮得像个男孩，也可能把自己的性格变得像男孩。除了改变自己以满足父母的性别需求，不符合父母性别期待的孩子也可能对自己产生拒绝或不接纳，包括不接纳自己的外貌、身高、体重、性格、能力、智力，等等。当一个人不接纳自己时，他接下来要做的可能就是伤害或虐待自己，认为自己不够好，感到自己的存在是错误的、无价值的。这将影响孩子在未来成长过程中的性别发展和性格特征，同时也会造成孩子的自我伤害。

在我国计划生育政策实行时期，性别期待对夫妇来说就更加强烈。因为对他们来说只能有一个孩子，如果他们企盼一个男孩，而所生的却是个女孩，则这个女孩就极有可能要承受性别歧视的后果。即使在非计划生育政策年代，性别期待仍然会发生。如果第一胎是个男孩，那么夫妇大都会希望第二胎是个女孩；如果第一胎是个女孩，那么第二胎就希望是个男孩。有这种性别期待的家庭，如果生了两个男孩或两个女孩，那么男孩中的第二个男孩、女孩中的第二个女孩就会面临性别被轻视的风险，在这样的情况下，孩子把自己的性别朝异性方向发展的风险就会增大。

（五）遗弃或寄养

在人们的普遍观念中，新生命的到来都值得庆贺和珍惜，但是现实生活中，有的孩子一出生就是不被父母期待的。可能是母亲意外怀孕，也可能是采取了措施仍然没有终止妊娠等情况，最后孩子在父母极不情愿的氛围中出生。孩子一生下来就面临着父母的拒绝，之后的人生也可能会受到这种拒绝的影响，这样的孩子会认同被父母拒绝，导致自我拒绝，从而带来深深的自我伤害。例如，他们认为自己不值得被爱，在未来的关系中倾向于放弃自我，花费很多精力寻找被认同和被爱的感觉，从而没有精力去发展个人的决断力，没办法独立设定目标，更无法向外发展个人的社会功能，有可能会把自己的人生弄得困苦不堪。

更有甚者，在他们出生后，父母无法把他们留在身边，可能被遗弃或是被送养，这就会导致这类孩子没法和自己的亲生父母生活在一起。他们将在收养的家庭里成长，他们中的某些人可能永远也无法知道自己的亲生父母是谁。这会导致孩子存在严重的被遗弃感，他们通常无法和自己的父母建立起一种安全稳定的联结。这种被遗弃感会影响他们的存在感和自我价值感，他们会丧失权利感和资格感，甚至会觉得自己不配享受生命，他们可能会用迫使自己变得优秀的方式来证明自己的存在感和价值感。因为缺乏和父母的情感联结，他们经常感到无力和无助，用自我拒绝和自我伤害的方式来表达对父母抛弃自己的愤怒，表达自己因被抛弃所产生的对父母的拒绝。

课堂活动

画出你的家庭图谱

活动说明：

家庭图谱是心理治疗的一种重要技术，它由一系列的文字和符号组成，能够反映家庭结构和展示家庭关系。在绘图过程中，用正方形代表男性，圆形代表女性，在图形内标出该家庭成员的年龄、职业、疾病等重要信息，图案之间的线条代表家庭成员的关系类别和远近程度，线条连接表示夫妻、兄弟姐妹或者亲子关系。实线代表关系亲近，虚线代表关系疏远，曲线代表关系纠结，线条多代表情感投入多，线条少则代表情感投入少。

活动时间：30 分钟

活动材料：白纸、笔

活动地点：教室

活动要求：

1. 画出你的家庭图谱，至少包含3代直系亲属。

2. 写出每个人的具体情况，并详细画出亲属之间的亲疏关系。

3. 分析图谱中的每位亲属，思考其带给你哪些影响。

4. 向同学介绍你的家庭，并试着用上面学到的理论分析你的家庭关系。

三、原生家庭对人的影响

家庭是社会和文化的缩影，同时也是一个有生命的系统。家庭系统的生命力主要体现在后代的发展水平与活力上。而后代的发展品质取决于其父母的品质，父母的品质取决于其夫妻关系的品质，而夫妻关系的品质则取决于夫妻双方和他们父母关系的品质。原生家庭就是以这样代际传承的方式影响着家族中一代又一代的人。这一部分主要探讨原生家庭对当代大学生的影响。

（一）原生家庭对大学生幸福感的影响

和谐的家庭关系为人的一生提供源源不断的力量。和谐家庭包含多方面的因素，在本书中则是指和谐的亲子依恋关系、良好的父母教养方式、令人满意的婚姻关系等。

安全型亲子依恋关系可以让人充满安全感：有较高的自尊水平，相信自己是美好的、值得被爱的；比较勇敢，愿意承担责任；遇到困难时，可以从家人、朋友处获得支持和帮助。

良好的教养方式一般指权威型父母的教养方式，权威型父母对孩子有较高要求的同时，对孩子的需求也有较高的反应性。既设定规则，也给予关爱和理解，因此权威型父母教养下的孩子通常会拥有较强的能力和才干，同时也会比较幸福和成功。

令人满意的婚姻关系是指父母对婚姻的满意程度。有研究显示，年幼的孩子在家庭中虽无法确切了解父母的互动情况，但是可以明确感知父母对婚姻的主观感受。父母的积极情绪给传递给孩子，可以促进孩子心理适应水平的发展。父母对婚姻越满意，大学生的心理幸福感水平、自尊水平就越高，心理健康水平也就越高。

（二）原生家庭对大学生人际关系的影响

有研究显示，大约有40%的大学生感到有人际关系困扰，而大学生的人际关系困扰与其个体分化水平有着密不可分的关系。自我分化水平较高的大学生，在处理问题和面对选择时能更好地坚定自己的立场，平衡自我与他人之间的距离，情感反应平静而不过激，不太容易因他人而放弃自己的立场、做出违背内心的妥协，因此他们在与人交往中困扰较少。低年级大学新生刚离开父母，来到一个陌生的环境中，急需在同伴中建立友谊。而在这个过程中，少了家长的庇护，那些自我分化水平低的同学容易有过度依赖和情绪化的倾向，容易在与同伴的交往中引起对方的反感，从而体验到更多的人际困扰。

另一个影响大学生人际关系的关键因素是亲子依恋类型。安全依恋类型的学生有积极的自我模型与他人模型，心理健康水平较高，在现实生活中有较强的应变能力，有积极的自我肯定意识和面对困难的勇气。因此在人际网络构建方面，他们更有同情心、更自信、更有活力，在学校和群体活动中更受欢迎，有更强的社会技能、更好的同伴关系和更亲密的朋友。与安全依恋相对应的是不安全依恋类型，这类学生在大学生中所占比例不多，但他们的困扰不容忽视。这类学生面对的问题包括以下几个方面：渴望得到他人的认同及肯定，容易在交往中感到紧张与焦虑；崇尚独立，排斥人际关系发展，对他人的客观评价漠不关心；缺乏自尊与自信，有曲解他人的倾向，在人际交往中敏感、多疑。

（三）原生家庭对大学生职业规划的影响

对于很多大学生而言，职业选择并不完全是在理性分析下做出的决定，经济状况、就业形势及家庭的支持与期待都会对大学生追求职业兴趣带来影响。但从心理层面讲，家庭因素对大学生职业规划的影响则更为深刻和隐蔽。

家庭是一个人社会化的最初环境，对人们的早期社会化有着重要影响，而个体的社会化则会影响其职业选择。家庭在影响个体社会化的过程中，影响了个体的自我认知、个性特质和行为习惯，而这些因素最终都会影响个体的职业选择。一般情况下，家庭系统稳定，父母婚姻满意度高的孩子，有更多的机会按照自己的兴趣和爱好去选择职业，因为父母会给他们更多的包容和支持，他们本人也更具勇气和冒险精神。

另外，父母的期待和家庭经济状况也是影响大学生择业的重要因素。对于我国的大部分父母来说，公务员、教师、医生等职业更具吸引力，而自由职业以及一些新兴职业则不被看好。父母的观念会在日常交流中潜移默化地影响孩子，大学生在选择职业时也会优先选择那些父母认为好的职业，或是为了避免家庭冲突，在选择时完全是为了迎合父母的职业期待。家庭经济状况也会影响大学生择业，如果家庭贫困或是家里有需要照顾的家庭成员，那么大学生在择业时也会把薪酬的高低作为首要因素来考虑。

（四）原生家庭对大学生婚恋观念的影响

大学生对于恋爱和婚姻的态度也会受到原生家庭的影响，这种影响首先来自父母的婚姻状态。如果父母的婚姻是稳定的，那么孩子也会对婚姻充满信心，未来其婚姻的稳定性也较高；如果父母的婚姻是冲突不断的，或是有婚外情、离婚、再婚等情况，那么孩子也会有很高的概率再现父母的婚姻模式。

其次，当一个人在父母那里没有建立好安全的依恋关系，那么他在建立、经营和保持亲密关系的时候可能就会遇到困难。在不安全的依恋模式里，婚姻关系会面对更多的猜忌、矛盾、冲突，离婚的概率也相对高一些。如果一个人早年时和自己异性父母的关系是冲突的、紧张的、对抗的，那么当他在组建自己的家庭之后，他和配偶的关系也可能会复制和异性父母的关系模式，这种冲突和不稳定可能导致婚姻的解体。

当一个人早年不断经历更换抚养人、经常搬家、更换学校、父母离婚、再婚等，那么他在保持亲密关系的稳定方面可能会出现困难，这是因为他在早年经历了许多分离。而在一段关系中投入越多，分离时痛苦越多，个体为了避免太过痛苦，就会养成在关系中不要投入太多感情的习惯。经历过多早年分离的个体在长大后的关系中，往往会为了避免被抛弃而先主动抛弃对方，这样就不会有等待被抛弃的焦虑。所以，这类人在组建家庭之前，可能会不断地更换恋爱对象，进入婚姻之后也可能会外遇不断，然后反复离婚、再婚。

另外，有些青年拒绝结婚或者拒绝生育，其内在原因可能有两种，一是为了陪伴父母；二是对父母的内在拒绝，由于内心对父母的不满意，所以拒绝为这个家庭传宗接代。

四、与原生家庭握手言和

上帝，
请赐予我平静，
去接受我无法改变的；
请赐予我勇气，
去改变我能改变的；
请赐予我智慧，
去分辨这两者的区别。

——雷音霍尔德·尼布尔（Reinhold Niebuhr）

从出生到成年之前，人都在努力地调整自己的行为模式来适应周围环境，以保证自己能生存下去。大学生往往在考上大学、离开家庭之后，开始自主思考“我是什么样的人”“我为什么会成为这样的人”。这些问题可以从个体的家庭环境中得到部分解答：出生的方式、被喂养的方式、抚养人的特点、性别、家庭成员情况、父母的婚姻状况……所有这些，成就了今天的自己。

我国有句俗话叫“家家有本难念的经”，每个家庭都有自己要面对的困难。面对家庭的不完美，抱怨并不能让人们生活得更好，但是“反思”

可以。美国第一代家庭治疗大师维吉尼亚·萨提亚提出这样的观点：问题家庭都有可能变得和谐，导致家庭的问题不是与生俱来的，而是后天获得的，后天获得的就可以去解决。人都有自己的原生家庭，其中的大多数在未来都会组建自己的再生家庭，也会生儿育女成为父母。如何斩断自己原生家庭的宿命，让自己成为更优秀的父母，对于大学生来说更有探究意义。

（一）提升自我分化水平

在分离个体化理论中，个体的分化水平是指从对父母的依赖中脱离出来成长为独立个体的能力。大学生从离开家迈进大学校园那一刻起，客观上就已经成为一个要对自己的行为负责的独立个体，而主观上何时能成长为独立自主的社会人则因人而异。总体来说，大学生应努力加快这一进程。

大学生想从家庭中分化出来，首先要认清自我，而认清自我就必须先承认自己在家庭中的关系角色。要区分在家庭中哪些是父母的事务，哪些是自己的事务，孩子不应成为父母的“父母”角色，承担安抚父母情绪的工作。自我分化水平较低的家庭被更多的联结所束缚，经常有较高程度的焦虑，父母对子女过度关注或忽略时，子女可能发生各种各样的症状，包括彼此间没有界限、无法表达需要等。而自我分化水平高的家庭提倡自主性，因此较不易焦虑，父母能够将自己的子女看待为独立的个体，子女合理的需要可以得到足够的保护。父母和孩子各司其职，不互相纠缠，这样的家庭更有利于孩子在成年之后从家庭中分离出来。

大学生从家庭中分化出来还需发展自我同一性，即想清楚自己是谁，要成为什么样的人，想从事什么样的职业，要达到怎样的成就，要找怎样的配偶，组建怎样的家庭，将来做怎样的父母……这些都需要大学生自己仔细思考并完成。这些方面做得越好，个体的自我同一性就越高，那么他的分化就完成得越顺利。一个人的自我同一性水平取决于他对自己的接受程度，如果个体达不到令人满意的自我同一程度，可能源自他对自我的不接受，而这通常则源于对父母的不接受。

倡导大学生的分化与独立，并不是说大学生与原生家庭或父母不再联系，而是既要有自己思想上的独立，又要与原生家庭保持情感和爱的联结。这就是要求大学生在联结与分离、归属与个性化、融合与自主性之间寻找到一个合适的平衡点。如果个体能与原生家庭保持这种稳定、平衡的关系，那么这种关系在将来也会移植在自己的婚姻关系里。

（二）察觉并努力修复童年创伤

弗洛伊德曾说过："如果没有能够消化好创伤，那些被压抑下去的东西注定会变成当下的经历被重复出来。"童年创伤如果无法得到正常修复，生活就容易陷入恶性的强迫性重复之中，人就会在生命的每个阶段不断重新经历那些创伤和痛苦。

1. 什么是强迫性重复

生活中，人们常常不由自主地与某些特定的人发生或爱或恨的关系，这是因为在潜意识中，人们借着这些或快乐或痛苦的深度情绪互动过程，希望有机会去医治过去所受的心理创伤，弥补过去的遗憾，满足童年对自己特别重要却未能得偿的一些心理需求。心理学上将这种现象称为强迫性重复，它是指一种盲目的冲动，重复早期的经验与情境，无关乎能否得利，也不管引起的是快乐或痛苦。不管这种行为危害多大，或多么具有毁灭性，个体总是被迫一再重复它，而自己的意志根本无能为力，控制不了这种强迫性。

幼年生活中的心理创伤会驱使一个人不自觉地、强迫性地在心理层面退回到遭受挫折的心理发育阶段，在现实中重复童年期痛苦的情结和关系。这实际上是一种试图治愈童年创伤的本能努力，想要"掌控"过去的创伤，想要"重写历史"。例如，有的人受不了母亲太强势，什么事都要控制，长大后便娶了个很爱管事的妻子，然后开始第二回合的心理战争，试图从妻子身上重新寻得自己追求了一辈子的尊重、心理空间与独立自主的权利。有的人受不了父亲太过懦弱，不能保护自己，成长后不知不觉地就嫁了个懦弱的"阿斗"，潜意识中希望通过自己的努力，使这个阿斗变得坚强，能带给自己从父亲身上未能得到的安全感。但是，这种努力与过去一样，总是以失败而告终，结果失败又会激发下一次的努力，如此循环往复，形成强迫性的重复。

有的女孩童年不幸，有一个虐待孩子、抛弃家庭或酗酒的坏爸爸，她们成年后找的男朋友也常是没有责任心、酗酒或有暴力行为的。为什么她们在经历了悲惨的童年生活后，在自己终于可以自由选择生活环境时，竟然又选择了小时候曾竭力想逃离的环境呢？这是因为她们心里充满着自责：童年时认为“爸爸是个好人，如果我更乖更听话一些，他一定就会像别人的爸爸一样好”；到恋爱时仍旧感到“我不能离开他，他是一个天性善良的人，我要更爱他一些，他一定会变好的”。这既让她们无法敏感地察觉问题并且及时抽身，也纵容了另一方的恶劣行为。

“自责”让受害者感到对自己的命运有一定的掌控力，从而回避了彻底的无能为力。通过把所遭受的创伤归因于“我自己有问题”，个体得以感受到“只要我自身的问题解决了，创伤就不会再出现”，以及“这个世界还是存在某种公正的”——它们是受害者希望感的来源。那些受过创伤的个体，出于修复幼年创伤的心理动力，容易靠近施害者相似的人，又由于习惯性的自责而选择不离开，在强迫性重复中，悲剧不断升级，形成新的创伤。

2. 如何修复童年创伤

第一个步骤是察觉并接受创伤的存在。接纳曾经的创伤，正视创伤的存在，而不是否认或逃避。只有当接受了创伤的存在后，个体才能够对此进行一些修复和调整。可以试着去思考这几个问题来帮助大学生认清自己经历过的童年创伤。比如：你从小最需要的，而最没有得到满足的一些心理需求是什么？你从小常常有的一些负性情绪是什么？你在哪一方面特别有情感过敏？你的一个强烈的经验感受、一个影响一生的决定是什么？

第二个步骤是与过去的自己建立连接。以一个成年人的身份，去保护小时候的自己，让当时的那些消极体验和感受能够得到表达。可以设想这样的场景：你回到了童年，看到了那个小小的、受伤无助的自己，你会做些什么？你可以拍拍他的头，说“这不是你的错”。你可以告诉那个小小的自己，“现在你已经长大了，拥有足够的力量来保护自己了，不再担心被伤害了”。此时，个体就和过去的自己建立起了连接，从而修复在过去创伤经历中受到伤害的幼小自我，重建安全感与自我效能感。

第三个步骤是阻断创伤，选择支持性的资源。支持性资源可能是相爱的男、女朋友，也可能是最信任的朋友，或者能带来稳定支持的人。可以选择向信任的支持性资源坦白过去所受过的创伤，当个体无法控制自己情绪的时候，他们能够提供安慰和帮助，个体的人际关系也会进入一个新的阶段。

当然，这种改变的尝试并不容易，它需要一个过程。童年的创伤已经造成，不管是父母有意还是无意的过错导致了它的发生，这个事实已经无法改变。与其说和父母和解，去原谅父母曾经所做的一切，倒不如说是作为现在的自己，去改变曾经的自己。

（三）发现来自原生家庭的馈赠

前面章节讲述了原生家庭可能会带给人们的各种不良影响和伤害，但是原生家庭带来的只有伤害吗？面对家庭，个体常常只看到不好的一面。有些时候，将那些自己身上不喜欢的、不接纳的部分归罪于“原生家庭”，似乎是个体逃避自我攻击的一个绝佳出口。而我们更需要看到的是那些成长过程中不断传承的家庭生命信念，那些好的、被自我认可的部分早已融入生命，内化成为自己的一部分。比如潜移默化根植于脑海中的优秀价值观念，下意识的引人称赞的行为反应，让他人感到舒服自在的交往模式，都是铸就每个大学生成长成才的星星之火，也是黑暗时刻支撑自我的信念和力量。

在新冠病毒突袭的2020年，钟南山院士以84岁的高龄冲在抗击病毒的第一线，与全国人民一起战“疫”，令人万分敬佩。如果我们去了解钟老先生的家庭，就能更好地理解他的高尚和坚韧。钟南山出生于一个医学世家，他的父亲名叫钟世藩，于新中国成立初期从美国留学归来，创办了我国最早的临床病毒实验室，在兢兢业业做科研的同时，还是一个尽职尽责的儿科医生。退休后70岁高龄的钟世藩，为了把自己几十年来宝贵的临床经验分享给后人，花了4年时间，艰难地写下了40万字的《儿科疾病鉴别诊断》。正是父亲这种大公无私的奉献精神，影响了钟南山，成就了现在的钟南山。

我国著名文学翻译家、文艺评论家以及美术评论家傅雷在家庭教育方面也值得当代大学生学习。傅雷的长子傅聪是国际顶级钢琴家，在其留学波兰的11年间，父子通信200余封。傅雷要求傅聪的是：首先是做人，其次是艺术家，然后是音乐家，最后才是钢琴家。其中强调最多的就是“做人”，要始终保持一颗纯净的赤子之心。另外，傅雷要求傅聪必须做到的就是爱国和独立思考。虽然远隔万里、长久不能相见，但是傅雷还是像我国大部分不善表达感情的家长一样，对孩子更多的是批判、教育和引导，而称赞、关怀、问候比较少。但是傅聪理解父亲，在父亲的教育引导下，他和父亲像朋友一样交流思想，最终成长为国际知名的钢琴大师。

同学们可以认真地分析下自己的家庭，也许我们没有那么出色的父母，但是善良、朴实、正直、热心、温和、谦逊、节俭……也同样是值得我们骄傲并传承下去的美德。勇于面对原生家庭的影响，试着用欣赏的眼光来多角度地看待、理解自己的家庭和父母，通过整合对父母的爱恨，重新审视过去，并承担起独立发展、不断完善自我的责任，才能通往治愈的未来。

课堂活动

我的原生家庭

活动简介：想想父母有哪些特点，思考自己身上的特点与父母的关系。思考自己与家庭的关系，并想想自己是否可以感恩并学习他们的优点，包容和理解他们的缺点，从而与父母和谐相处。

1. 写下你最欣赏的父亲、母亲的三个优点

父亲的优点：

（1）________________

（2）________________

（3）________________

母亲的优点：

（1）______

（2）______

（3）______

2. 写下你最不喜欢父亲母亲的某些方面

不喜欢父亲的方面：______

不喜欢母亲的方面：______

3. 和同学一起谈谈自己身上的优缺点与父母的关系

4. 和同学谈谈做完这个活动后你有什么感触

思考题

1. 思考一下，原生家庭带给你的消极影响和积极影响分别是什么？为什么？

2. 如何提高自己的自我分化水平？

推荐资源

1. 书籍：《这不是你的错》

［美］马克·沃林恩（Mark Wolynn）著，田雨馨译，机械工业出版社

推荐理由

这本书详细地向我们介绍了如何治疗我们曾经受到过的家庭创伤，全书共分三部分，什么是家庭代际创伤，如何找到家庭代际创伤，如何治疗家庭代际创伤，这些都是有根据的，并且是循序渐进的。很多时候，我们对父母的感受，就是我们通向自身的一扇门。我们可以选择从原生家庭开始追溯我们心灵创伤的源头，但更重要的是，我们要在追溯的过程中，接纳生命的不完美，驱逐内心深处不属于自己的恐惧和焦虑，找回真正的自我。相信这本书可以帮助你发现埋藏在家庭里的爱，这份爱才是治愈一切的良药。

2. 电影：《生命之树》

导演：泰伦斯·马力克，主演：布拉德·皮特、西恩·潘

推荐理由

故事发生在20世纪50年代的美国中西部，电影通过讲述一个典型美国家庭的故事表达了创作者对生命的看法。杰克的父亲粗暴严厉，母亲性格怯弱，哥哥的死给他的家庭带来巨大改变。成年后的杰克发现自己在现代社会生活中丧失了灵魂。他开始重拾童年记忆，试图与父亲和解；更开始探寻生命的原初意义，拷问信仰的存在。在影片末尾，杰克找到了生命的真谛。本片探讨了童年的影响；人对自然、时间、永恒的思考，辅以优美的古典配乐和诗性的画面语言，表达了对造物主的敬畏与追寻。其中描述宇宙诞生的30分钟画面尤为惊艳。

3. 电视剧：《我们这一天》

导演：约翰·里夸、格伦·费卡等，主演：丹·福格尔曼、唐纳德·托德等

推荐理由

这是一部豆瓣评分在9.4以上的美剧，它是一部家庭剧，讲述了一个家庭的故事，父母的人生，三个子女的人生，单独成篇，又错综交织。在结构上犹如多米诺骨牌，和真实的生活一样，家人之间，爱人之间，牵一发而动全身，是牵绊，也是依靠。从这部剧能看到家庭中的每一个人，父母的努力和困境，孩子的心灵和感受。没有家人是完美的，没有人是“不爱”家人的，但“爱”不是天生就会，“爱”不是你的自以为是，“爱”是双方的感受，“爱”需要真诚的道歉，需要学习，需要改进，需要看见。这部剧像“生活中所能遇到的全部情感的大百科全书”，相信你会被它治愈。

参考文献

[1] 严玲. 大学生心理健康教育. 2版. [M]. 北京：高等教育出版社，2016.

[2] 蔺桂瑞. 大学生心理健康与自我成长 [M]. 北京：北京出版社，2011.

[3] 张曼华. 普通高等教育“十三五”规划教材 大学生心理健康教育. 2版. [M]. 南京：江苏凤凰科学技术出版社，2018.

[4] 吴薇莉. 受伤的太阳：大学生与家庭情感困扰 [M]. 北京：高等教育出版社，2008.

[5] 黄春香，李雪荣. 儿童依恋，国外医学 [J]. 精神病学分册，1997 (10).

[6] 沈家宏. 原生家庭——影响人一生的心理动力 [M]. 北京：中国人民大学出版社，2018.

[7] 傅雷，朱梅馥，傅聪. 傅雷家书 [M]. 南京：译林出版社，2018.

第三章　爱情之路

爱是一种能力，也是一种艺术，只有掌握了爱的艺术，具备了爱的能力，才会正确地面对和处理爱情。

——弗洛姆

喜欢是想靠近，爱是离不开；

喜欢是一朝一夕，爱是从心动到古稀；

喜欢是渴望分享快乐，爱是甘愿共同承受痛苦；

喜欢是喜欢她（他）的闪光点，爱是愿意包容她（他）的不足；

喜欢是以你喜欢的方式对她（他），爱是以他（她）喜欢的方式对他（她）。

——匿名

案例

小美入大学不久，在北京读书，她是一个性格活泼，外貌美丽的女孩。小强是小美的同学，两人来自不同专业，都在学生会任职，在工作中，他们常常互相帮助，交流想法，发现彼此拥有很强的默契，通过长期的接触和了解，互生情愫。

遗憾的是，小美在高三快毕业的时候已经有了男朋友，男朋友现在在南京读大学。平日里，只能通过视频和电话联系。小美觉得他们之间的共同话题越来越少，内心的天平已经逐渐倾斜，她想要找个合适的时机向男朋友提出分手，你觉得接下来会：

A. 小美与男朋友顺利分手，与小强确定了恋爱关系。兼顾学生会工作的同时，两人经常一起约自习，泡图书馆。相处中，发乎于情，止乎于礼。毕业的时候，小美成功保送到了北京大学攻读硕士研究生，小强也顺利考取了北京一所高校的研究生。

B. 小美与男朋友顺利分手，与小强确定了恋爱关系。兼顾学生会工作的同时，两人经常一起约自习，泡图书馆。相处了一年多后，小强含蓄表达想要关系更进一步的意愿，小美原本是很保守的女生，但是怕小强误解自己不够爱他，便和他偷尝了禁果，结果没想到，很快便发现自己怀孕了。痛苦不堪，不知道如何是好。

C. 小美与男朋友顺利分手，与小强确定了恋爱关系。随着相处时间的不断增加，小美渐渐发现，小强并不像刚开始相处时感觉那么好。会经常因为一些小事发生争执，小美觉得很累。偶尔会想起前男友。

D. 小美与男朋友的分手并不顺利，男友并不同意，“我那么爱你，你怎么能和我分开？而且我为你付出了这么多，你不能这么没有良心！”三番五次闹分手之后，男朋友便威胁小美，如果她再敢提分手，就去她学校找她，死给她看。小美非常害怕，她觉得对男朋友已经没有任何爱意了，只有恐惧。

在你身边，是不是也有上述案例的影子？你尝试过爱情的滋味吗？哪一种爱情是你希望拥有的呢？

爱情，一个亘古不变的话题，是每个人在漫漫人生旅途中，需要去体验和追寻的。它的美好令人们向往，它的伤痛却又几近让人们绝望。恋爱，是一种能力，更是一门艺术和学问，处于大学阶段的同学们，由于缺乏丰富的人生阅历和人生经验，对爱情的认识难免存在局限性。爱情是青春中的一门必修课，每个人都要通过学习，破解爱情的密码，懂得包容与体谅，让爱情之花在灿烂的青春中绽放。

一、爱是什么

（一）爱的成长

爱是一种成长，是一个发展的过程。每个人的一生都是在爱的关系里成长的，先有了父母的爱，然后有了同伴的爱，最后去建立异性的爱。

生物疗法始创人亚历山大·鲁宏说："人的个性以及人格的形成是从身体的语言看心理的问题，就像树的年轮，是一圈又一圈地发展出去的。婴儿的一圈，代表爱与享受；孩童的一圈，代表创作与幻想；少年的一圈，是玩耍及嬉戏；青年的一圈，是情爱及探索；而成年人的一圈，则象征现实与责任。"

每个人从出生时享受父母的照顾和宠爱，想要什么就能得到什么，到离开父母去上幼儿园，开始尝试与伙伴建立人与人之间的关系，都是在为未来成为一个成人铺平道路。每个人的成长从家庭逐渐走向社会，从与家人的亲密关系建立走向与陌生人的关系连接。

著名的发展心理学家爱利克·埃里克森提出可将人的一生分为既连续又各不相同的八个阶段（见表3.1），这八个阶段是以不变的序列发展的；每一个阶段都有其特定的发展任务；如果个体没有很好地完成他所处阶段的任务，就可能会出现发展危机，也会对接下来的阶段发展造成影响。每个阶段任务的顺利完成是人格健康发展的前提。

表3.1 埃里克森心理社会发展模型八阶段

生命阶段	心理社会冲突	特征	核心问题
婴儿前期	信任 vs 不信任	当婴儿受到温暖、持续的照顾时，他就能建立起信任感；缺乏照料或照顾不够则产生不信任感。	我能相信他吗？
婴儿后期	自主性 vs 羞怯和怀疑	当鼓励儿童探索自我和环境时，自主感得以发展。当儿童的探索受到抑制时，羞怯和怀疑产生。	我能独自行动吗？
幼儿期	自发性 vs 内疚感	当鼓励儿童进行各种各样的尝试时，他们的自发性就得到促进。如果父母嘲笑孩子或过度批评他们，就会使他们产生内疚感。	我能成功地执行自己的计划吗？
童年期	勤奋 vs 自卑	当儿童受到表扬时，他们就会获得勤奋感。当他们所做的努力被认为是不充分的或差劲的时，他们就会产生自卑感。	与别人相比，我是有能力的吗？

续表

生命阶段	心理社会冲突	特　征	核心问题
青少年期	同一性 vs 角色混乱	处于这个阶段的个体要面临的一个关键问题是“我是谁”，拥有可靠和整合的特性的个体被认为是达到同一性的，无法建立稳定和统一特性的个体将会面临角色混乱。	我到底是谁？
成人早期	亲密 vs 孤独	建立一种承诺和亲密的人际关系，这个过程出现失败将导致孤独。	我为某种关系做好准备了吗？
成人中期	繁衍 vs 停滞	个体是社会中能够进行生产的成员，为社会作出贡献，为未来创造人口。这可以通过工作努力和抚养孩子来实现。与之相反是停滞，它的特征是个体过度关心自己的幸福或认为生活是无意义的。	我留下我的痕迹了吗？
成人后期	完整 vs 绝望	完整是指当个体回头看自己所经历的生活时会有满足感，这使他能够有尊严地面对死亡。如果遗憾成为主导，那么个体会感到绝望。	我的生命最终是有意义的吗？

例如，一个人在婴儿时期有足够的爱和关怀他就会拥有信任感，到了幼儿期，他可以去信任、去训练、去创造、去勇敢地尝试，获得更多的自主感，也更容易在童年期收获勤奋和自信，发展到青少年期他就能够做到自我认同，内外一致。“我能做，我也允许我做不好；我知道我喜欢什么，不喜欢什么；我知道可以表达什么，我不能表达什么。”反过来，如果他的成长中充斥着不信任、羞怯、内疚和自卑，那么到了青少年期就容易出现自我混乱，“我想做但是我做不好；我想和别人建立关系但是不知道该如何建立；我不知道该怎样表达我的需求。”甚至有的人一生都在追寻——“我是谁?”

大学生所处的阶段，正是从青少年期到成年早期的过渡。在这个阶段，生理发育和心理发展达到了成熟水平，开始接触成人社会，承担社会义务，生活的空间也变得更加丰富多样。同时，随着性意识的迅速发展，青年人开始产生了恋爱的情感需求和结婚的愿望，并且开始为建立家庭生活做准备。同学们在当前阶段的主要任务是学会建立亲密关系，尝试获得亲密感，避免孤独感。在与他人建立亲密关系的时候，就是把自己的同一性（自我的同一性是指个体尝试把与自己有关的各方面结合起来，形成一个自己决定，协调一致、不同于他人的独具“统一风格”的自我）与他人的同一性融合为一体，融合的过程势必会伴随着自我牺牲或损失，不过也只有这样才能在恋爱中建立真正亲密无间的关系，从而获得亲密感。

（二）爱如依恋

同学们在上一章学习了依恋理论以及依恋类型，它主要描述的是儿童与养育者之间亲密关系的建立，从另一个角度来讲，恋爱可以看作个体与恋人建立依恋关系的一个过程。

依恋理论之父约翰·鲍尔比、菲利普·薛佛等人提出，“依恋每一个被证实的特征在爱情上都有类征，爱情大部分被证实的特征在婴儿身上也有类似被证实的、似乎可能征。”对于婴儿和成人来说，爱包括眼神交流，支持，触摸，哭泣，坚持，苦恼时从对方（父母、情人或者配偶）那里获得安慰的愿望，分离或失去时的愤怒、焦虑和悲痛，以及重聚时的幸福与喜悦。

对于恋爱与依恋关系的研究，研究者们也做了大量的调查，无论是对社会成员进行的测试调查，还是对大学生进行的典型研究中，研究者们发现，婴儿的安全、焦虑、回避型的依恋类型可以从成年人和恋人交往的不同方式上得以体现，并且，被试对其浪漫爱情关系的描述与他们的依恋类型呈现系统性相关。

儿童与成人的依恋类型具有共同特点。其一，两者都会在养护者/伴侣在身边及能够回应自己时，感到安全；其二，两者都有亲密而私人性质的身体接触；其三，当不能亲近养护者/伴侣时都会感到不安全；其四，都会与养护者/伴侣分享自己的发现；其五，都会爱抚养护者/伴侣的面部，并且都显示出相互间的迷恋和专注；其六，都会进行“身体交谈”。

把自己归于安全型依恋的个体将他们的爱情关系描述为友好的、温暖的、信任的和支持的。他们强调亲密是这些关系中的核心特征；并且，他们相信爱情的存在以及长时间维持强烈爱恋的可能性。回避型的人将他们的浪漫关系描述成缺少温暖、友好互动以及情感卷入。他们相信爱会随着时间推移而消退，而小说和电影中描述的那种浪漫之爱实际上是不存在的。相反，报告自身是焦虑类型的人将他们的浪漫关系描述成魂牵梦绕、激情、强烈的身体吸引、结合的愿望或者与伴侣融为一体，并且容易很快坠入爱河，甚至也许是饥不择食的。他们将爱人的特征描述为靠不住的、不支持的，他们报告了与伴侣之间强烈的嫉妒和愤怒的较量，伴随着被拒绝和抛弃的忧虑。这三类描述如下。

安全型：我发现自己比较容易与他人接近，并且与他们相互依赖时感到舒适。我不担心被遗弃或者与人过于亲近。

回避型：当接近他人时，我感到有些不舒服；我发现完全信任、依赖他人是困难的。与任何人过于接近时，我都感到紧张，他人经常希望我在自感舒适的基础上与其更加亲密。

焦虑型：我发现他人难以像我希望的那样接近我。我经常担心伴侣不是真的爱我或者不愿意与我在一起。我很想亲近我的伴侣，但这有时会把人吓跑。

如果让同学们选择，你们希望和哪种依恋类型的人发展一段恋爱关系呢？我想答案不言而喻。通过研究也确实发现，安全型依恋的人拥有较长的爱情和婚姻关系，会成为恋爱和婚姻的最佳人选，他们比焦虑型的人更自由、更舒展，也比回避型的人更温暖、更亲密。

那么，如果因为一个不甚快乐的童年导致了回避型或者焦虑型的依恋关系出现，难道要用一辈子来背负这个心理暗示的包袱吗？情况并非想象的那样糟糕，心理学家坦率承认：只要你身处在爱与信任的人际关系中，你的依恋类型模式就有可能发生改变，你的人际交往状况也会有新的局面，即使这些爱与信任在你小时候是缺乏的。请不要否认自己对爱与信任的需要，每个人都需要它们。剩下需要做的就是，认清自己，认清爱人，努力做出适当的改变，把爱情、生活和婚姻中的关系向安全依恋型发展。

（三）爱是一种最亲密的人际关系

如果用金字塔来表示人与人之间的人际关系，那么从最底层的点头朋友，到最上层的恋人，距离越来越近，关系也越来越亲密（见图 3.1）。其实，交朋友的过程简单来讲就是你允许别人走进你的世界，同时你也愿意走进别人的世界。当然对不同类型的朋友，每个人的信任度以及暴露程度有差别。

图 3.1　人际交往金字塔模型

点头朋友：在路上远远地看到了，打声招呼的熟悉程度可以称得上是点头朋友。乐于交往的人点头朋友很多，但也有些人，不愿意和别人交往，看到熟悉的人，为了避免交流会绕道而行。

普通朋友：在点头朋友的基础上会继续发展成普通朋友，见面会相互寒暄。一般地，普通朋友相处中，会互相分享一些不涉及个人过多隐私的故事，可是有些开放度不够高的人，对于普通朋友却还是什么都不愿意说。

要好朋友：人们在普通朋友中筛选出了要好的朋友。和要好的朋友在一起可以谈天说地，也会有一些金钱上的往来，例如，去食堂没有带饭卡的时候，会让对方帮忙刷个卡，这也体现了对对方的信任。可是有些人却连要好的朋友都没有，这时候他就会感觉到孤独，也会意识到自己的人际关系可能存在某些问题。

知己：要好朋友再往深层次发展，就会成为知己。彼此暴露较多，可以分享秘密，有福同享，有难同当。当然一个人一生中，知己的数量不会太多，有的人只有一个，有的人有四五个，知己朋友的多少也决定着你对别人信赖多少。

恋人：恋爱是最深刻的、最生动的、最活泼的人际关系。只有在信任的基础上，才有可能从知己关系再进一步发展成为恋人。在一个健康的恋爱关系中，面对爱的人，人们愿意勇敢地敞开自我，把真实的自己暴露给对方，可以感到有安全感，自信，自爱，坦然，自由。

曾经有这样一个案例，一个女孩说特别爱她的男朋友，每次要见他之前都很紧张，要反复思考见了他说些什么，怎么说，怕自己惹他不高兴。很明显，在这样一段感情中，她没有足够的自信，怕失去对方，那么在恋爱关系中，她就变得畏首畏尾，没有安全感，那么也就没办法很好地去建立亲密关系。所以，每个人都要充分利用爱的教育性的功能，通过彼此之间关系的建立和维护来学习亲密关系的交往。

通过人际交往金字塔模型，可以看出，爱情的建立往往需要友情的铺垫，但友情的发展结果不一定是爱情。心理学家戴维斯认为，爱情和友情并不是截然分开的，爱情以友情为基础，但爱情还包括诸如性冲动、排他性、专一性等关于激情和责任的元素。也就是说，友情可以因不同的兴趣爱好或在不同的情境中建立，友情可以一对多，但爱情一定是一对一的。

那么怎样去评估彼此是否已经拥有了确立恋爱关系的条件了呢？大家可以利用下面九个必要条件来判断。

- 是否是你和他的二人世界
- 是否彼此都给予了爱的回应
- 是否互相拥有渴求的期盼
- 是否可以分享和分担
- 与对方相处是否特别快乐
- 在爱中是否为对方着想，两人共同在爱中成长
- 相处中是否有深刻的融洽，时常有相互的共鸣、同感
- 相处时是否有坦然的安全感、信任感（像小孩，可以展现真我）
- 是否在一起很开心，渴望对方成为生命、生活中的一部分，渴望结婚

（四）爱的三角理论

很多人面对情感，分不清什么是好感、喜欢和爱。美国耶鲁大学的心理学家罗伯特·斯滕伯格提出了著名的“爱的三角理论”，他认为，虽然人类的爱情复杂多变，但基本上包含三个主要成分，即激情、亲密和承诺，缺一不可。斯滕伯格对每一个成分都给出了清楚的诠释，并且用三角形来表示爱情的结构（见图 3.2）。

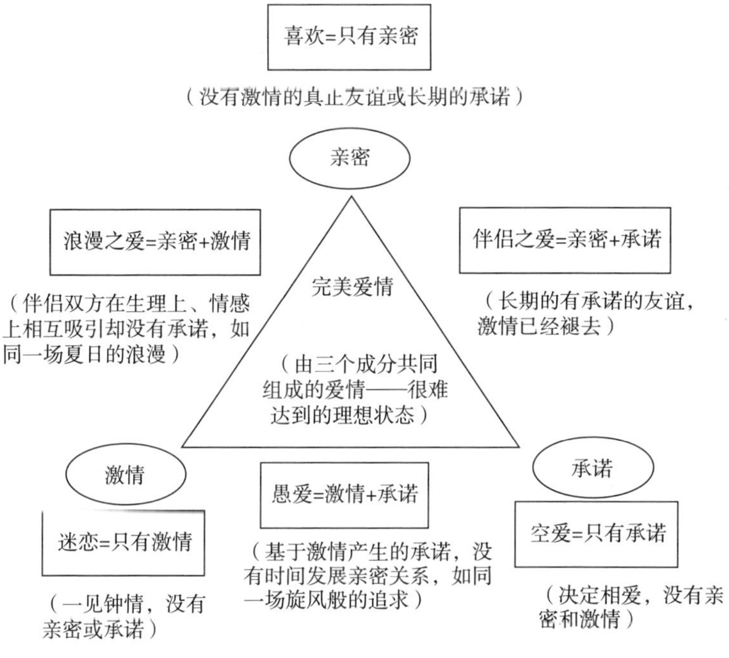

图 3.2　罗伯特·斯滕伯格爱的三角理论

激情是爱情的主要驱动力，以生理冲动和肉体的强烈欲望为特征。激情被唤起常常是由于人对性的渴望，当然也包括想从对方那里得到其他强烈的心理需要的满足，或者想对恋人表达热烈的情绪和情感。在许多情况下，受到激情促动的恋人会表现出较强的占有欲，甚至可能会发展到近乎自私的沉迷状态。正如人们经常看到的那样，在恋爱初期，情侣之间会过度地占有对方，甚至达到无法忍受彼此分离的地步。在这个阶段，任何其他关系对于双方来说都不重要。斯滕伯格解释说，恋人之间一定会先经历不断增强的外表吸引，但是，这一段时间过后，如果发展得很好，他们的激情与欣喜就会转化为成熟的爱情。在进入亲密关系之前，单纯的激情常常体现为以自我为中心。

亲密主要包括热情、理解、交流、诚实、支持和分享等心理现象，是爱情的情感部分。在亲密感的作用下，两个人便成为“最好的朋友”和“心灵的伴侣”，相互之间愿意分享内心的秘密，深深地渴望彼此的亲近。而这种亲密的关系又能给恋爱的男女带来巨大的力量和安慰，使他们对爱情产生更大的信念和动力，去培育更加绚烂的爱情花朵。一颗真心期盼着交换另一颗真心，亲密关系可以促成这个重要交换的实现。反之，如果两个人之间没有亲密的关系，爱情之花就会凋谢甚至枯竭。爱情中的满足感与亲密感有着最直接的关系，缺乏亲密关系是爱与婚姻的头号劲敌。在没有亲密感的情况下，即便双方产生了激情，或是已经生活在了一起，也不能相互深入了解，不能真正地融合在一起，仍然会使人感到孤单和寂寞。

承诺是爱情的认知部分，包括两层含义，一是做出将自己投身于一份情感（去爱一个人）的决定；二是努力地爱护和维系这份情感。如果相恋的双方彼此有了承诺，就会担当起爱情的责任和义务，直面无法看见的未来，坚定不移地去爱对方，直到生命的结束。做一个形象的比喻，承诺就像湍急江水中的一座小岛，不管出现什么样的水势，爱情或婚姻遇到何种考验，都有一个安全避险的港湾，无数的成功实例向人们证明，长久的爱情和健康的婚姻，都是建立在相互承诺之上的。对待爱情，持有承诺的人一定会这样说：“我因你是谁而爱你，不因你的行为和我的感觉而爱你。”但如果没有承诺和责任，爱情就会脆弱无力，不堪重负，在受到击打的时候全面崩溃，昔日的亲密和激情也会荡然无存。

根据爱情三个要素间的不同组合，可以把爱情分为以下七种类型。

喜欢：两个人之间只有亲密，没有激情和承诺。在一起感觉很舒服，但是缺少激情，也不一定愿意厮守终生。例如友谊，显然，友谊并不是爱情，喜欢也不等同于爱情。不过友谊还是有可能发展成爱情的，尽管有人因为恋爱不成连友谊都丢了。

迷恋：两个人之间只有激情体验，没有亲密和承诺，认为彼此有强烈的吸引力，除此之外，对彼此了解不多，也没有想过将来。例如，初恋或者一见钟情，是一种受到本能牵引和导向的青涩爱情，充满了激情，却少了成熟与稳重。

空洞的爱：两个人之间只有承诺。缺乏亲密和激情，如纯粹地为了结婚的爱情。此类“爱情”看上去丰满，却缺少必要的内容，金玉其外，败絮其中，例如形式婚姻。

浪漫的爱：两个人之间有亲密关系和激情体验，没有承诺。这种“爱情”崇尚过程，不在乎结果。这其实是一种及时行乐的爱情观，恋人间十分重视现在的感觉，但是不考虑未来。

伴侣之爱：两个人之间有亲密关系和承诺，缺乏激情。这里指的是平淡如水的婚姻，只有权利、义务却没有激情。伴侣常常会有“牵你的手，就像我的左手拉右手”这样平淡的感觉。

愚昧之爱：两个人之间只有激情和承诺，没有亲密关系。没有亲密的激情只是生理上的冲动，而没有亲密的承诺不过是空头支票。当激情控制了大脑时，人们会出现不经思考的冲动行为，它开始时热情似火，但在相处中可能会慢慢地发现彼此的不协调。

完美爱情：同时具备三要素，包含激情、承诺和亲密。只有在这一类型中，才能看到爱情的庐山真面目。在斯滕伯格看来，前面列举的六种都只是类爱情或非爱情，本质上都不是爱情，只有第七种才是爱情，而人们在现实生活中碰到的类爱情和非爱情的情形实在是太多了，以至于把同时具备三要素的爱情当作一种超现实的理想状态。

爱情三角理论是对于爱情种类划分的一个理想模型，实际中体验的爱情往往三部分的因素都会有，只是所占比例不同。激情因素主导的爱情，开始的轰轰烈烈，但往往持续时间较短。承诺较多的爱情，使爱情的持续时间较长，但是是否拥有亲密和激情，是衡量爱情质量的重要指标。

爱情是值得期待的，正因为对美好事物的不停追求，每个人才有机会获得那珍贵的礼物。思考一下，在同学们的恋爱关系中，满足爱情三要素吗？你们的爱情又属于哪一种呢？

（五）爱是一种能力

心理学家艾瑞克·弗洛姆认为，爱是人的一种主动能力，一个突破那种将人和其他同伴分离之围墙的能力，一种使人和人相联合的能力。爱使人克服了孤独和分离的感觉，允许人成为他自己，保持完整性。

爱的能力有很多个层面，它包括识别爱的能力、表达爱的能力、接受爱的能力、拒绝爱的能力、解决爱的冲突、面对失恋的心理承受能力以及保持爱情长久的能力。

1. 识别爱的能力

在爱意萌生的过程中，很多人会时常感到困惑："他这么尽心尽力帮助我，一定是爱上我了吧！"殊不知，在他眼里，只是出于对朋友的关心与帮助。"她和我在一起，是爱我的人还是爱我的钱呢？这份爱纯粹吗？"人们在建立恋爱关系的过程中，总会伴随着误解与担忧，如果拥有识别爱的能力，就会避免不必要的尴尬，也会让爱情更加长久美好。每个人都要理智地面对求爱，分清好感、喜欢、爱情的关系。客观评估情感状态，不盲目、不回避、不勉强。

2. 表达爱的能力

（1）如何表达爱慕之情

爱的表达不仅关乎爱情的甜蜜程度，也决定了一段恋爱关系的始末，每个人无时无刻不在用自己的方式向对方表达爱意。曾经有个大学生为了追求心爱的女孩，在操场点燃 521 支蜡烛，受到了学校的处分，女孩也觉得很尴尬，与男生保持了距离。而有些人害怕承担求爱失败的后果而选择不表达，这都体现了在爱的表达能力上的欠缺和不足。表达爱慕之情要循序渐进，先了解对方的性格特点、行为风格、兴趣爱好等，然后试探对方的心意或者通过中间人试探其想法，最后再表白，成功率可能会提高很多。

（2）爱的五种语言

每个人都是独立的个体，表达爱的方式也各不相同，而这些不同往往会为恋人带来误会、隔阂与争吵。矛盾的关键点就是你表达爱的方式是对方想要的吗？你的"爱语"她懂了吗？一般地，可以用以下五种"爱的语言"来表达爱。

A. 肯定的言辞

每个人都希望被他人肯定，恋人之间更是如此。伴侣间真诚的欣赏与鼓励是表达“我爱你”的有效方式之一，也是爱情保鲜的重要秘诀。其实，你用什么样的眼光看待恋人，恋人就会成为什么样的人，这也是心理学中罗森塔尔效应的一种体现。

B. 服务的行动

服务的行动是指通过为对方做一些事情来表达爱。例如，恋人懂得关心和体贴，在你忙于学习的时候，他会默默地去食堂为你买饭，出行时帮你背重重的行李，天冷的时候嘱咐你多穿衣服、注意身体。

C. 精心的礼物

这是最容易学到的爱语之一，礼物的价值并不是用金钱来衡量的，即使是一些小礼物也有着十分重要的含义，它只是在传达一种信息——“我的心里一直有你”“虽然我没有经常陪伴你，但你对我来说是重要的”。有时自己亲手制作或者是花费心思准备的礼物更有意义。相信他会深深地被触动，感受到你的爱。

D. 有意义的时刻

与恋人在一起并不是指你与他肩并肩坐在一起，各自玩着手机或做自己的事情，而是指你与恋人在一起交流，分享内心深处的渴望、快乐、焦虑以及生活中的点点滴滴，专注倾听对方的话语，体验彼此的关心与爱。也许你们每天在一起的时间并不长，但这是你们一起度过的美好时光。

E. 身体的接触

人生来就有被人爱抚的需要，恋人间的拉手、拥抱或者是依偎都能传递爱的信息。和所爱的人有适当的身体接触，有时胜过千言万语。例如，一些恋人喜欢静静地偎依在一起看书学习，有些恋人喜欢手牵手在公园漫步。当对方心情沮丧或者受伤的时候，不妨给他一个温暖、结实的拥抱。

在爱的五种“语言”中，使用哪一种“语言”才能让所爱的人感受到爱呢？这需要双方相互了解、沟通与探索。只有熟知对方爱的“语言”，用对方喜欢的方式表达爱，才能真正拥有表达爱的空间，让恋情被更多的爱滋养。

心理小测验

测测你的爱语

这份测试题包括了30对陈述句。在每一对陈述中，你只能从中选择一个最符合你的愿望的句子，并在右边的一栏中，在与这句陈述句相对应的字母上画圈。完成后统计所圈的英文字母各有几个，填在最后的横线上。

项目	内容	选项
1	我喜欢收到写满赞美与肯定的小纸条。	A
	我喜欢被拥抱的感觉。	E
2	我喜欢和在我心目中有特殊地位的人独处。	B
	每当有人给我实际的帮助，我就会觉得他是爱我的。	D
3	我喜欢收到礼物。	C
	我有空就喜欢去探访朋友和所爱的人。	B
4	有人帮我做事，我就会觉得被爱。	D
	有人碰触我的身体，我就会觉得被爱。	E
5	当我所爱、所景仰的人揽着我的肩膀，我就会有被爱的感觉。	E
	当我所爱、所景仰的人送我礼物，我就会有被爱的感觉。	C
6	我喜欢和朋友或所爱的人到处走走。	B
	我喜欢和在我心目中有特殊地位的人击掌或手牵手。	E
7	爱的具体象征（礼物）对我很重要。	C
	受到别人的肯定让我有被爱的感觉。	A
8	我喜欢和我所喜欢的人促膝长谈。	E
	我喜欢听到别人说我很漂亮、很迷人。	A
9	我喜欢和好友及所爱的人在一起。	B
	我喜欢收到朋友或所爱的人送的礼物。	C
10	我喜欢听到别人接纳我的话。	A
	如果有人帮我的忙，我会知道他是爱我的。	D
11	我喜欢和朋友与所爱的人一起做同一件事。	B
	我喜欢听到别人对我说友善的话。	A
12	别人的表现要比他的言语更能感动我。	D
	被拥抱让我觉得与对方很亲近，也觉得自己很重要。	E

续表

项目	内容	选项
13	我珍惜别人的赞美，尽量避免受到批评。	A
	当朋友和所爱的人帮助我完成工作，我会觉得被爱。	D
14	当我和人聊天或一起做事时，我会觉得与他很亲近。	B
	朋友和所爱的人若常常与我有身体的接触，我会觉得与他很亲近。	E
15	我喜欢听到别人称赞我的成就。	A
	当别人勉强自己为我做一件事，我会觉得他很爱我。	D
16	我喜欢朋友和所爱的人走过身边时，故意用身体碰我的感觉。	E
	我喜欢别人听我说话，而且兴趣十足的样子。	B
17	当身边的人照顾我，帮我完成各种事务时，我觉得他是爱我的。	D
	我很喜欢收到朋友和所爱的人送的礼物。	C
18	我很喜欢听到别人称赞我的外表。	A
	别人愿意体谅我的感受时，我会有被爱的感觉。	B
19	在我心目中有特殊地位的人碰我的身体时，我会很有安全感。	E
	服务的行动让我觉得被爱。	D
20	我很感激在我心目中有特殊地位的人为我付出那么多。	D
	我喜欢收到在我心目中有特殊体地位的人送我的礼物。	C
21	我很喜欢被人呵护备至的感觉。	B
	我很喜欢被别人服务的感觉。	D
22	有人送我生日礼物时，我会觉得被爱。	C
	有人在我生日那天对我说出特别的话，我会觉得被爱。	A
23	有人送我礼物，我就知道他有想到我。	C
	有人帮我做家务，我会觉得被爱。	D
24	我很感激有人耐心听我说话而且不插嘴。	B
	我很感激有人记得某个特别的日子并且送我礼物。	C
25	我喜欢知道我所爱的人因为关心我，所以帮我做家务。	D
	我喜欢和在我心目中有特殊地位的人一起去旅行。	B
26	我喜欢和最亲近的人亲吻。	E
	有人不为了特别理由而送我礼物，我会觉得很开心。	C
27	我喜欢听到有人向我表示感谢。	A
	与人交谈时，我喜欢对方注视我的眼睛。	B

续表

项目	内容	选项
28	朋友和所爱的人所送的礼物，我会特别珍惜。	C
	朋友和所爱的人触碰我的身体，那种感受很好。	E
29	有人热心做我所要求的事，我会觉得被爱。	D
	听到别人对我表示感激，我会觉得被爱。	A
30	我每天都需要身体的接触。	E
	我每天都需要肯定的言词。	A

总计：

A：________________（肯定的言词）；

B：________________（有意义的时刻）；

C：________________（精心的礼物）；

D：________________（服务的行动）；

E：________________（身体的接触）。

解读与使用：

你在哪一项爱之语得分最高，它就是你的主要爱语。假如有两个爱之语得分相同，你可能就是“双声带”，有两个主要爱语。如果你的第二名与第一名相差无几，表示两种示爱方式对你都很重要。任何一种爱之语的最高分数都是 12 分。

（资料来源：［美］盖·查普曼. 爱的五种语言［M］. 北京：中国轻工业出版社，2006.）

3. 接受爱的能力

有的同学遇到别人的追求，自己内心也非常渴望这段感情，但就是不敢接受。为什么不敢接受呢？可能她的父母亲一直在爱中争吵，在爱中分离，所以她不信任爱；也可能她曾经遇到过一段失败的感情，所以封闭了自己的心门，当有人向她表达的时候，她很难去接受沉甸甸的爱；也可能是给予了自己过低的评价，觉得自己配不上这份感情，不敢去接受。所以只有勇敢地敞开自己，随心而动，坦诚、自然地去爱，去接受爱，才能更好地享受爱。

4. 拒绝爱的能力

对于很多人而言，被表白是一件很幸福的事情，可当对方不是你爱的人的时候，这种表白就会成为一种负担。负责任地接受与拒绝爱都是对他人的尊重，喜欢是一种感觉，不喜欢却是一种事实。有的同学很招人喜爱，如果她不懂得拒绝，就会纠缠在多个恋爱的关系里面；还有一些自恋程度较高的女性，当别人爱自己的时候，会陶醉在被别人爱的感觉里，舍不得拒绝，这样的爱情对自己和对他人都是极其不负责任的；有的时候，你不忍心拒绝是怕伤害别人，实际上，你的不忍心只会让对方越陷越深，错误的接受比拒绝带来的伤害更大。同时你也要相信对方，他（她）也会拥有接受被拒绝的能力。

拒绝爱时，要尝试换位思考，维护对方的尊严，感谢对方对自己的欣赏，尊重对方的感情，还要态度明确、表达清晰，而不能模棱两可，要言行一致，而不能似是而非。

5. 解决爱的冲突

恋爱中的双方来自不同的原生家庭，成长于不同的生活环境，拥有不同的性格和气质，在一起相处，冲突是必然存在的。有很多恋爱中的人害怕冲突，不知道怎么解决，或者没有能力去面对冲突，所以在爱之前每个人都需要学习一些技巧去解决爱的冲突。

如果换一个角度，冲突可以被理解为一种沟通方式，只不过这个方式令人不太舒服，而且往往效果也不佳。人们经常会发现，冲突持续到最后，大家都已经忘了冲突的起因是什么，而是困于冲突带来的连锁反应，比如冲突上升到“你根本就不爱我，从来都没有为我考虑!”“你怎么能这样？根本就不是当初认识的你了!”所以在冲突发生的时候，务必争取做到就事论事，首先解决情绪问题。有效的沟通，是解决冲突最有效的途径，而争吵、冷战、任性都不利于问题的解决，爱需要双方用建设性的方式解决问题。

6. 保持爱情长久的能力

两个人从相恋、到建立稳定的恋爱关系，再到走向婚姻的红地毯，一定会经历认识、了解、理解、冲突、和谐的过程。如何通过双方的共同努力，用心经营爱的花园，让爱情保鲜是每一对恋人需要学习的功课。

课堂活动

爱人的样子

每个人都曾幻想过理想爱人的样子。也许高大威武，也许温柔腼腆，通过男女生的不同视角，看看理想中爱人的样子。

活动目的：让同学们了解男女生在爱情中最看重对方的特点是什么，了解对彼此的期待，通过获得这些特点来提高使爱情保持长久的能力。

一般说明：

时间：20 分钟

材料：白纸若干，签字笔若干

地点：教室，团体咨询室

活动流程：

1. 以宿舍为单位进行分组，为每组同学发一张 A4 纸。(2 分钟)

2. 就两个问题展开讨论：(10 分钟)

(1) 你认为男生最喜欢的女生有哪些特点？

(2) 你认为女生最喜欢的男生有哪些特点？

3. 对所写出的品质按照重要程度进行排序。(3 分钟)

4. 分享，男女生在对这些重要特点的认知上，是否存在较大差异？(5 分钟)

二、如何将恋爱进行到底

(一) 恋爱开始前的探索

对于理想中的他（她），很多人都曾憧憬和幻想过，在恋爱开始前，每个人都要对自己做很多的探索，只有明白我是谁，我喜欢谁，才有更大机会获得自己想要的恋爱经历。

1. 我是谁

在恋爱开始之前，要首先了解自己。知道自己的性格、脾气、价值观、优点、缺点、对恋爱的期待以及想要体验什么样的恋爱关系，表达爱的语言是什么等等。例如，有的同学喜欢追求新鲜刺激，可能会十天半个月换一个男（女）朋友，有的则是以结婚为目的的恋爱，会非常谨慎地对待一份感情。明白我是怎样的，才不至于在面对一份感情的时候不知所措。

2. 我喜欢什么样的人

不同的人都有不同的择偶标准，有的很在意外貌，有的更注重内涵，有的宁愿坐在宝马车里哭也不愿意坐在自行车后座笑，有喜欢性格沉稳的，有喜欢外向的，有希望对方事业第一，有期待对方以家庭为重。很多学者针对择偶条件做过不同的研究。比如基于进化论视角的择偶偏好上的性别差异，男性在选择伴侣的时候，更看重伴侣的生育性特征（年龄，外貌，身材/体重，健康等），女性更看重伴侣的资源性特征（教育、职业/收入，房产与车辆，户口，原生家庭经济状况等）。在这里列举几条必要的择偶标准作为参考：人品个性、核心价值观、经济实力（潜力）、家庭背景、爱好/习惯，感情史。

当然也许会出现，当遇上某个人，发现所有的择偶条件都抛诸脑后了，即使是这样，面对缘分，大家还需要更加理智。

（二）恋爱的情感发展阶段

美国心理学家苏珊·坎贝尔将恋爱关系的发展分为五个阶段，分别是浪漫期、权力争夺期、整合期、承诺期和共同创造期，这五个阶段并不是简单的线性关系，而是螺旋向上的发展周期。每个人在恋爱中都要保持自己的边界，保持个人边界感和恋人融为一体的过程势必伴随着冲突的发生；冲突、争夺过后，形成共同接受的价值观和情感上的真正亲密；随后才能进入创造期。在发展过程中，哪个阶段走不下去都可能导致恋爱关系的结束。

1. 浪漫期

恋爱初期，人们会时常把对方幻想成自己想要的样子，或者在对方面前，表现出他（她）所期待的样子，让彼此对这段关系的认可度极高，觉得自己充满能量，对生命充满热情，愿意去做不寻常的事，每一刻都觉得新鲜，整个人生都被照亮了。

但是，在浪漫期中的双方彼此其实并不了解，常常会被幸福冲昏头脑，人们只看到了对方身上的优点和长处，忽略了缺点和不足。缺乏理智，也缺乏真正的亲近和共鸣。

2. 权力争夺期

当恋爱双方开始互相了解，慢慢发现对方并不那么符合自己的期待，就会觉得非常失望。开始相互指责并且试图控制改变对方，这个阶段，充满了紧张、争执和矛盾。权力争斗的最终结果分为两种情况，一种是关系恶化并导致冷漠，直接造成关系的破裂，或者表面上维持住了关系，但却产生了很深的隔阂；另一种是在争夺中认识到双方的不同，更加了解彼此，逐渐进入整合期。

3. 整合期

每一个人的成长都值得尊重和支持，整合就是对他人有真实的认知和接纳后产生的结果。在这个阶段，双方开始以真诚的兴趣和好奇去倾听并了解对方，不断加深磨合，共同成长，建立新的互动模式，关系开始走向真正的亲密。即使观点不同，仍能好好相处，这是逐渐接纳自我和他人的过程。

如果在权力争夺期没有好好过渡，在整合期仍然会存在很多问题导致关系的破裂。

4. 承诺期

在这个阶段，即使权力争夺的问题依然存在，但彼此对自己和关系做出了坚实的承诺，表达了要继续在一起的意愿，无论是对对方还是对恋爱的关系都充满信心，一种更深刻的、新的亲密感与信任感产生了。

5. 共同创造期

由于信任双方的承诺，无论在一起遇到任何困难，都会共同努力一起解决，达到了创造的时期。在这个阶段，伴侣之间的互动都是流畅的，和谐的，这种状态时常受到别人的憧憬和羡慕，一个新的浪漫期就这样出现了。循环再次开始，彼此的关系也在循环中不断地重生、发展。

（三）爱的分手

谈恋爱就是透过谈、透过交往来了解通过交往的过程来权衡“我是不是适合你，你是不是适合我”。如果适合，恋爱双方就比较容易在一起，如果不适合，也许就会分开，面对失恋。所以，每个人在心理层面上要有这样的预判，恋爱不是一定要一谈到底的，分开也是一种选择，选择去更好地面对新的生活。

当恋爱的寒冬来临的时候，恋爱中的人们要尽早察觉，及时发现，尽快处理。通常情况下，恋爱中的情侣在分手前会经历大致九个阶段：

一方失去了对恋爱关系的兴趣：主要表现为对恋爱对象开始敷衍，不耐烦，不包容，不情愿去做之前习以为常的事情，行为上疏远对方。

失去兴趣的一方开始主动或者被动地注意其他人：开始尝试主动结识更多异性，潜意识里想要寻找一位比现在的伴侣更优秀的人，如果恰巧有人表示好感，则更容易被动地陷入其他人的追求和互动中。

恋爱双方试图努力解决问题：这是一个过渡阶段，双方察觉到感情出现了问题，尝试通过努力解决。如果成功解决，恋爱关系还会继续，如果不成功，则会出现新的问题。

恋人共处的时间更少：经历过渡阶段后，双方为了避免尴尬，在一起的时间会更少，有时候会莫名其妙开始吵架，彼此都在等待对方主动向自己解释，很少主动承认错误。

彼此的差异会再次浮现出来：由于双方相处时间的减少，恋爱中的两人更多地关注自己，不再委屈自己迎合对方的喜好，这种差异也使得彼此认为对方根本不适合自己。

恋人考虑分手：过去的美好已不在，种种的不合适，相互猜忌，矛盾频发，甚至一方已经有了潜在的新伴侣，恋爱双方此时便有了分手的念头。

双方沟通，努力“避免分手”：被动分手的一方出于对自己在这段感情中的投入，可能会尝试再次与对方进行感情的沟通，避免分手的发生，而这其中往往带有很多勉强的成分，恋爱双方心怀愧疚，即使勉强答应，也可能不会太长久。

恋爱的一方或双方试图再次关注他人：双方对彼此都产生了非常不满意的情绪，分手的念头越来越强烈，开始冷处理，并主动尝试寻找新的潜在伴侣。

与其他潜在的替代伴侣交往：对自己恋爱的对象彻底失去兴趣，与潜在伴侣交往密切。

当经历过以上九个阶段后，恋爱关系就基本上走向灭亡了。这个时候会有一方主动的提出分手，那么怎么分手才能不伤害对方呢？

1. 提出分手的一方

(1) 顾及对方尊严，主动承担责任

恋情的结束，往往双方都有责任。在提出分手的时候，人们总是喜欢把责任推给对方，用指责批判的态度，否定对方的付出甚至否定整个人，这样会给对方造成更大的伤害。提出分手的时候，要顾及对方的感受和尊严，理由充分，客观、公正，尝试把主语从“你”换为“我”，主动承担责任。

(2) 让对方参与，谨慎决定

曾经遇到过这样的案例，男生在毫无征兆的情况下与女生提出分手，女生哭诉：“昨天还好好的，在一起吃饭，怎么今天突然就说分手了？我不接受！”太急的决定双方都很难承担，相爱和分手都是两个人的事，必须要让对方知晓参与，共同做出决定。

(3) 什么时候分手？要选择合适的时间和地点

根据你对恋人的了解，选择合适的时间和地点提出分手，这也是对对方的一种尊重。例如，对方明天有一场非常重要的考试或者面试，那么今天最好不要向对方提出分手。如果对方非常要面子，那么可以选择不在很开放的场合提分手，同时也要保证自己的安全。

（4）分手要果断

分手要果断，不要出尔反尔，拖泥带水。如果今天分，明天复合，后天又分，如此往复，只会彼此消耗，长痛不如短痛。做好了决定就不要回头。

（5）分手初期最好不用见面

美国罗格斯大学人类学家海伦·费舍尔通过功能性核磁共振研究发现，在分手初期，每个被分手者的反应正如戒毒者、戒烟者的症状：在最初的数天到数周，只要一想起曾经的恋人，大脑的几个关键部位就会兴奋起来，这些脑区包括与爱恋有关的中脑腹侧背盖区，与渴望和成瘾有关的伏隔核、眶额叶和前额叶皮质，与痛楚和伤有关的岛叶和扣带回前部。费舍尔相信，这是因为分手激活了大脑的成瘾中心，使他们难以放弃恋人。

所以分手后不见面，是为了让这种“上瘾”逐渐消退，如果反复见面，就会增加反复的刺激，更难走出失恋的伤痛。

2. 被分手的一方

（1）接受现实，保持冷静

避免纠缠对方，不应对彼此的关系存在幻想，而应该让自己更快地接受现实，冷静的面对结局。

（2）允许自己去表达

面对分手，伤心难过是必然的，要允许自己悲伤，比如可以号啕大哭，可以尝试转移注意力，做自己喜欢或让自己感到放松的事情，必要的时候寻求社会支持，向亲友诉说，或者找老师，做心理咨询等，不要死撑。

（3）短时间内隐退

如果不能专注自己的学业或者工作，就要给自己时间去修复，千万别逼迫自己还保持从前的状态，这个时候要降低在其他方面对自己的要求。

（4）反思与自我成长

要反思自己在这段恋爱中的经历，思考分手的原因，认识到自己的不足，将悲伤化为完善自我的动力，迎接未来的生活。

正如微博上曾有人说过：失恋只是过去消失了而已，未来还有很多的美好在等着我们。别人不爱我们的时候，我们更要爱自己。

心理小测验

你的恋爱心理是否成熟？

请认真阅读以下各项，根据自己的真实情况作答。

1. 你认为恋爱是为了：

（A）找到一个情投意合的伴侣

（B）成家过日子

（C）满足性的需要

（D）刺激、有趣、好玩

2. 你喜欢的异性是：

（女性选择）

（A）英俊潇洒，有男性魅力

（B）有钱、有势、有能力

（C）人品好

（D）爱自己的，其余的无所谓

（男性选择）

（A）漂亮性感，有女性魅力

（B）贤惠能干，善于理家

（C）温柔体贴，人品好

（D）只要有爱，其余的无所谓

3. 你和恋人确定恋爱关系是因为：

（A）条件般配

（B）我比对方优越

（C）对方比我优越

（D）没想过

4. 你希望恋爱这样开始：

（A）一见钟情

（B）青梅竹马

（C）在工作（学习）中逐渐开始

（D）经人介绍

5. 让爱情更深一点儿的良策是：

（A）极力讨好、取悦对方

（B）尽力使自己变得更加完美

（C）欲擒故纵

（D）爱情是缘分，无计可施

6. 当恋人暴露出一些缺点和不足时，你会：

（A）委婉告知并帮其改进

（B）震惊意外、对其加以指责

（C）嫌弃动摇，怀疑爱情

（D）无所谓

7. 当一位比你目前恋人更加优秀的异性对你表示爱慕之情时，你会：

（A）离开恋人，接受其爱

（B）将其爱慕之情淡化为友情

（C）瞒着恋人与其交往

（D）为迟到的爱后悔痛苦

8. 当你倾慕的异性另有所爱时，你会：

（A）一如既往地待他，等其觉悟

（B）参与竞争，力争夺取

（C）抽身止步，成人之美

（D）整日后悔痛苦

9. 恋爱中的波折矛盾是：

（A）必然又必需的

（B）对恋爱的否定

（C）无聊的

（D）束手无策的痛苦经历

10. 由于种种原因，你的恋爱失败，对方提出分手，你会：

（A）千方百计抓住他

（B）到处诋毁对方的名誉

（C）说声再见，各奔前程

（D）矛盾痛苦，不知所措

11. 进入大龄单身贵族队列，你的恋爱态度会：

（A）一如从前，宁缺毋滥

（B）放弃追求，随便凑合一个

（C）重定更现实的择偶标准

（D）不谈爱情

【计分方法】

1. A. 3；B. 2；C. 1；D. 1

2.（女性选择）A. 2；B. 1；C. 3；D. 1

（男性选择）A. 2；B. 2；C. 3；D. 1

3. A. 3；B. 2；C. 1；D. 0

4. A. 2；B. 1；C. 3；D. 1

5. A. 1；B. 3；C. 2；D. 0

6. A. 3；B. 2；C. 0；D. 1

7. A. 2；B. 3；C. 1；D. 0

8. A. 2；B. 1；C. 3；D. 1

9. A. 3；B. 0；C. 2；D. 1

10. A. 2；B. 0；C. 3；D. 1

11. A. 1；B. 2；C. 3；D. 0

【结果解释】

26 ~ 33 分，成熟型。你的恋爱心理非常成熟，懂得爱的真谛，向往爱又能在现实中实现爱。就像一名竞技状态良好的运动员，你能够在爱情面前轻松舒展，游刃有余，更可贵的是即使直面失败也有良好的心态。你的恋爱和婚姻一定很美满幸福。

18 ~ 25 分，准成熟型。你渴望爱的垂青，然而屡屡失误，一时难以如愿。你需要校正恋爱指针，太过浪漫的人往现实方向调一调，太现实的人多一些浪漫温馨的情调，幸福快乐已在眼前了。

9~17分，待成熟型。恋爱婚姻是人生的一门必修课，要想取得好成绩，单凭热情是不够的，还要专心修习，从理论到实践，再从实践到理论，一点一滴，终会水滴石穿。

3~8分，青涩型。爱情对你而言是迷宫，是八卦阵，或者是苍凉的荒漠。让心情轻松些，爱的光线会缓缓照射进来，那时你才能体会到温暖。

（此问卷仅作为了解自己使用，如有疑问，请咨询专业人员）（田宝伟. 心理学的帮助：心理学通识读本［M］. 北京：高等教育出版社，2011：228－230.）

课堂活动

分手大师情景模拟

面对分手与被分手，每个人都有独特的表达方式，哪种方式更能降低对对方的伤害呢?

活动目的：通过生动的分手场景模拟，让同学们体会分手的艺术，了解如何分手才能更好地减少对对方的伤害。

一般说明：

时间：30分钟

材料：白纸若干，彩笔及黑笔若干

地点：教室，团体咨询室

活动流程：

两人一组进行角色扮演，分别扮演提出分手者和被分手者。(2分钟)

两人创设分手的具体情境，包括时间、地点、分手原因以及两个人的语言和肢体表达。(5分钟)

表演分手场景。提出分手者表达分手意愿，被分手者可根据自己的情况与当下的感受选择接受分手或者拒绝。(13分钟)

表演结束，两人分享，如何说出分手才能让伤害变得小一些，面对分手的时候，内心的感受是怎样的？(5分钟)

其他同学分享和表演分手的过程中，有哪些是值得学习的，有哪些是

不太合适可以改进的？（5 分钟）

三、爱与性

爱情中，随着男女双方感情的进一步加深，便有了与异性“亲密接触”的需求。在 2017 年某高校对学生（包括本科生和研究生）开展的性行为问卷调查中发现，有 79% 的被调查者表示能够接受大学阶段发生性行为，分性别来看，男生几乎少有不能接受的。根据 3 年的数据对比，这个比例呈现持续增长的趋势。调查中还发现，近 50% 的被调查者表示已经发生过性行为。

随着时代的发展，性观念的逐渐开放，大学期间发生性行为已屡见不鲜，但是性行为带来的后果却不都是每个人都能承受的，就像本章开始的案例中提到的女生，选择用性表达爱意，却发现自己怀孕了，后果非常严重。所以形成对性的正确认识，学会保护自己十分重要。

（一）性是自然美好的

1. 性欲是人类的基本需求之一

生物学中常用“性本能”这一词形容“性冲动”。弗洛伊德则将这种“性冲动”称为原始的欲望，他认为性欲及其能量生来即有，是一种自然现象和生理现象。

2. 性是人类得以繁衍存续的基础，是生命之源

没有性，便不会有男女之间的结合，更不会有人类的繁衍。从社会学角度，人类的性还被赋予了精神和文化的内涵。对于性，要怀有一份崇敬，多一份坦然。

3. 性是人类爱情中的重要基础

斯滕伯格的爱的三角理论中提到了，激情是三元素之一，而性则是激情的动力来源。失去性的吸引不能称为爱情。所以每个人都要理解，在恋爱关系中，产生性冲动和亲密的需求是非常正常的现象，无须过分自责。

4. 性是个体生长发展过程中不能回避的重要环节

成长的过程中，伴随着性的认知的不断加深、性生理的发育及性心理的发展，任何一个环节出现了问题，都会导致诸多心理问题的产生。

（二）亲密关系≠性关系

性是爱情这种亲密关系产生的基础，但亲密关系并不能简单地等同于性关系，人们对归属感和爱的渴望是在没有性的情况下实现的。需爱情也并不单是为了满足性欲，只有给予、关心、责任心、尊重和了解并存的爱情才是成熟的，强迫对方发生性关系或者侧面给予压力都是不尊重对方的表现，也是极其自私的。更有甚者，如果男生和女生在一起只是为了发生性关系以满足自己的欲望，如果是这种情况，女生在这段关系中可能会更受伤。所以，无论是在亲密关系建立的初期还是后面性关系的确立，都要认真考虑，谨慎做决定，提醒自己要“自制”，为自己的幸福负责。

（三）关于性行为你需要知道的事

在评估性行为风险的时候，很容易产生一种偏差叫作特殊安全错觉。大多数同学会认为性行为带来的不幸事件通常更可能发生在别人身上，自己不会那么倒霉。实际上，结果恰恰相反，正是那些认为自己不太可能会感染疾病的人，在性行为中不采取有效的保护措施，才有了更大的患病概率。

1. 意外怀孕和堕胎

众所周知，女生在性行为发生的过程中，可能会承受更多的风险。怀孕原本是一件很神圣幸福的事情，但是对于一个大学生来说，无疑是噩梦的开始。当一个女大学生怀孕后，为了不影响学业，往往会选择人工流产，而人工流产对女性的身体伤害极大，有可能造成自然流产率提高，或者导致生育功能障碍，甚至带来生命危险。

2. 带来身体上的伤害

除了人工流产会带给身体上的伤害以外，如果不幸感染上性传播疾病，也是极其痛苦的。2019 年，来自中国疾控中心和清华大学医学院的学者在《科学》上发表了一篇文章“HIV upsurge in China’s students（HIV 病毒在中国学生群体中飙升）”，文中提到我国每年感染艾滋病的大学生人数增长率超过 30%。随着同性恋、双性恋、一夜情、多个性伴侣等情况的增多，再加上缺乏相关的性教育，艾滋病和其他性传播疾病的传播风险也越来越大了。而且一般来说，患病者会有很多顾虑，不愿意告诉别人，甚至向性伴侣隐瞒。所以预防性传播疾病唯一安全和有效的策略就是禁止婚前性行为，以及在婚姻中对伴侣忠诚。

3. 承受更大的心理压力

性是为婚姻做准备的，建立在彼此信任和承诺的基础上，然而现实生活中，发生婚前性行为的人中只有少数最终走向了婚姻，许多人在婚前性行为后结束了他们的关系。这类婚前性行为会让一部分人觉得耻辱，挣扎于罪恶感、羞耻感之中，不知道该如何面对未来的伴侣，当然也有人会认为是自己占到了便宜。研究表明，婚前性行为对未来的婚姻有一定的负面影响，对于一部分已经有过婚前性行为的人来说，他们在信任自己的婚姻伴侣方面也会存在一定的问题。

中国社会学家、性学家李银河提出，性活动只要遵循自愿、私密、成人之间这三条原则，那么就应该视为合法。也有学者基于此提出性学五原则——合法、道德、自愿、私密、成人之间。对于性，大学生应在自己的思考后有所选择，有所承担。

小贴士

“ABC”原则

联合国对预防性病，提出了“ABC”的原则：

A 代表 Abstinence，意为“禁欲”，要完全禁止可能有些难，那就退一步，做到“节制”，尤其是青少年，一定要避免过早发生性行为。

B 是 Be faithful，意思是“忠诚”，换成现代语言就是要做到一夫一妻制或是有固定的性伴侣，不要和陌生人发生性关系。

C 就是 Condom，即安全套，这是最后一步。安全套对于防治性病和艾滋病，是一个非常有效的方法，如果正确使用，有效率几乎是 100%。

四、婚姻与幸福

婚姻是对爱情最高形式的承诺，随着年龄的增长和生理的成熟，大部分人会选择走进婚姻，好的婚姻会让人没有孤独感，与自己所爱的人同甘共苦，共同成长，彼此获得力量，不好的婚姻会让彼此互相消耗、折磨，痛苦不堪。婚姻是恋爱关系的延伸，是一种承诺和委身，所以婚姻是爱的开始，并不是爱的结束，在婚姻中，为了更好地履行承诺，人们还需要持续的爱的投入。

（一）爱的投资模式理论

心理学家卡里尔·鲁斯布尔特认为，男女亲密关系中的承诺是由满意度、替代性以及投资量三个因素共同决定的，描述方程式如下：

承诺和委身 = 满意度 + 投资量 − 替代性

“满意度”是指亲密关系中的个体在这段关系中体验到的积极情绪和消极情绪的比例，积极情绪越多，满意度越高。

“投资量”是指个体在亲密关系中所投入或形成的资源。投资无法回收并伴随着关系的结束而一并消失。因此投资会增加结束关系的成本，使个体不愿也不易放弃这段关系。所以有时候不舍得分手，不是不舍得这份恋情，而是不舍得自己已经投入了那么多。

“替代性”简单来讲就是，评估这段关系结束后，恢复到单身状态会不会更好？再发展新的一段感情，会不会比现在好？因此个体想要放弃此段关系所考虑的对象，不单只是特定的第三者，也有可能是不特定的个体，或是个体对自己能否离开此关系的能力的主观与客观评估。

从方程式中可以看出，亲密关系中的个体对这段关系的满意度越高，投资量越多，伴侣的可替代性越小，便会对这段亲密关系做出更多的承诺和委身。

扩展阅读

婚姻的意义方程式

传统的经典的婚姻模式是 $1+1=1$：婚后两人成为一体，达到身、心、灵的契合，一同分享，一同分担。

现代年轻人的婚姻模式，$1+1=2$：既是一体，也是两个独立的个体，各有空间，彼此丰富。

最理想的婚姻，$1+1=\infty$：因为有了彼此，才有了生命的延续，成为他人的祝福。

最理想的夫妻关系是，亲密而带适当疏离，坦诚中保留部分神秘，既可两情缱绻，又有个人天地。

（二）爱的家庭

只有在婚姻中持续的爱的投入，才有可能收获爱的家庭。德国诗人海涅说：“我宁愿用一小杯真善美来组成一个美满家庭，也不愿用几只大船、家具组成一个索然无味的家庭。”家是人情感生活的源泉，如果在家庭中感到幸福，你就会以百倍的旺盛精力投入到工作、学习和生活中去。如果家庭情感的源泉断了，你的生命就会枯竭。爱的家庭是每个人都想要不断去追寻和创造的。

1. 爱的心情圈

如果说一个家庭的原生子系统是丈夫，妻子和子女，基于这几种关系可以在家庭中营造出爱的四大心情圈。分别是父母的心情、子女的心情、手足的心情和夫妻的心情。

父母的心情圈是指对孩子的一种心情。父母对孩子的基本美德就是投入和牺牲。所以，父母对孩子的情和关心是永远不需要回报的，是会用自己最大的爱去关怀自己的孩子。

夫妻的心情圈是变换的，活泼的。有时候夫妻之间相处像父亲对女儿，有时候像儿子对母亲，有时候像哥哥对妹妹，有时候像弟弟对姐姐，有时候像朋友。夫妻之间的感情的独特性在于，不能与第三者分享，同时存在着性的关系。夫妻之爱的基本美德就是忠贞与承诺。

手足的心情圈是指兄弟姐妹间或者堂兄妹、表兄妹等之间的感情。和睦与纯洁是基本的美德。

子女的心情圈是指对父母的一份情感，这种心情在父母的关爱中成长，子女之爱的一个基本美德就是孝敬与感激。

所以，理想的婚姻生活，不单指性爱的和谐，而是一种情感的协调，是协力的发展，是给孩子带来的一个健康的家庭。如果父母不能在家庭中投入这样的爱和关怀，孩子的问题就会出现，如果有充足的父母之爱，孩了就会安全、快乐，家庭才会幸福（见图 3.3）。

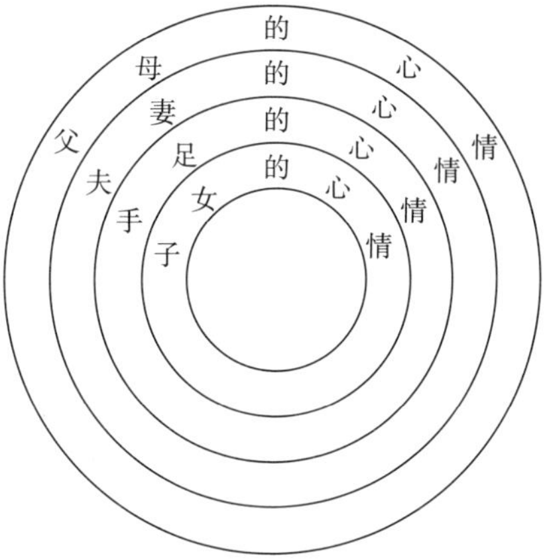

图 3.3　四大心情圈

2. 幸福家庭的特征

托尔斯泰说，“幸福的婚姻是相似的，而不幸的婚姻却各有各的不幸”，幸福家庭是幸福婚姻的外在表现形式，是每个走进婚姻的人的追求。那么幸福的婚姻是什么样子的呢？下面为大家列举幸福家庭的特点

（1）婚姻双方的美好关系；

（2）良好的沟通模式；

（3）互相感激；

（4）共处，包括闲暇时间；

（5）对彼此的承诺及对家庭的承诺；

（6）父母和孩子能互相学习；

（7）信任感；

（8）情感上的亲密，共同参与的活动；

（9）享受美好的家庭模式；

（10）共同的宗教信仰、价值观和人生哲学；

（11）家庭成员的相互理解；

（12）合理的自我满足；

（13）以积极的方式处理危机；

（14）尊重彼此的差异；

（15）消遣和幽默感；

（16）平衡的关系，不搞小团体

（17）互负责任；

（18）接受彼此的差异；

（19）明辨是非；

（20）服务对方；

（21）交流中的灵活性和主导性。

（三）如何从恋爱走向婚姻

1. 恋爱与婚姻的不同

著名学者周国平曾说过："爱情是精神生活，遵循理想原则。婚姻则是社会生活，遵循现实原则。"恋爱中唯爱情至上，充满了山盟海誓、浪漫幻想，看上去一切都那么美好，令人向往。而婚姻则是柴米油盐酱醋茶，充斥着烦琐小事，迈着细水长流的步调。那么恋爱与婚姻的区别都有什么呢？

（1）简单的恋爱，复杂的婚姻

恋爱关系是简单的两人相处，彼此满足了对方依恋和爱的需要就可以维持长久的关系，此时恋爱双方还是两个相对独立的个体。但在婚姻中，却要使得两人合二为一，相互融合，除此以外，还涉及双方的原生家庭的融合。

(2) 恋爱可不谈物质，婚姻则必谈物质

恋爱关系的建立大多是不以物质为基础的，尤其是学生时期的恋爱，主要的经济支持来源于父母，个人感受不到过多的经济压力。但是婚姻和家庭的建立，却离不开物质条件的保障。所以恋爱可以只追随内心的感觉，婚姻却要思考良多。

(3) 婚姻的开始就是与原生家庭的分离

婚姻的前提之一就是离开自己的父母，与原生家庭的分离。在情感上与父母保持健康、独立的关系。婚姻生活的开始就意味着，配偶将成为你生命中的第一优先，夫妻双方要共同面对来自各方面的压力和挑战，学习维护共同的利益而同心协力、共渡难关，要首先对对方负责，然后才是对家庭中的其他成员负责。

(4) 分手容易，离婚难

恋爱中结束关系，只需要一方提出分手，无论另一方是否同意，恋爱关系继续下去的可能性就比较小了。而离婚相较于结束恋爱关系要复杂的多，首先要顾及和考虑家庭成员、双方父母的感受，还要做好承担社会舆论的准备。婚姻受法律的保护，如果双方不能协议离婚，还需要法院介入，其中还涉及财产的分割、子女的抚养等问题。除此以外，离婚也会让双方承担的压力倍增。

恋爱失败了可以重来，但是重来的婚姻所要付出的代价并不是每个人都可以承担的。所以，请心中有爱的你珍惜恋爱的机会，在恋爱中不断成长、成熟，学会如何去爱和被爱。不一定要期盼着从最完美的初恋直接步入婚姻殿堂，但至少在这一路上让自己有足够的思考和选择后，才慎重地走向婚姻。

2. 选择恋爱对象——→选择配偶

在上一节关于“如何将恋爱进行到底”的内容讲解中，提到了恋爱开始前要进行自我的探索，了解我是谁，我喜欢谁。人们都说，学生时代的恋爱关系是最纯洁的，正是基于此，喜欢的对方那个人，不会考虑过多的其他因素，但是对于即将步入婚姻殿堂的两人，总是会考虑更多方面的匹配，强调“门当户对”，这里的“门当户对”不单指双方物质基础和经济条件，更看重双方以及双方家庭核心价值观的融合程度。

大量研究发现，夫妻关系中冲突的发生主要集中在家务、父母相处、夫妻情感、金钱、子女教育等几个方面，因此，在自我了解过程中可以定期做价值观探索或者价值观澄清的活动。随着年龄、阅历、经历的改变，价值观也在不断地发生变化，通过探索明确，你想生活在哪个城市？过什么样的生活？期待什么样性质的工作？家庭与事业如何兼顾等待？只有选择核心价值观匹配的配偶，才有更多机会获得幸福美满的婚姻。

配偶选择中双方关系的发展是个渐进的过程，美国心理学家伯纳德·默斯坦认为这个过程可以分为刺激、价值和角色互换三个阶段。这三个阶段中，任何一个阶段出现问题，都会导致关系的解体。

在刺激阶段，恋爱双方首先被对方外在的相貌或者社会条件所吸引。如果在刺激阶段这些外在条件相互匹配，他们就可能继续发展这段关系，进入价值阶段后，双方会考虑各自的价值是否相容，价值越相似，拥有越多的共同爱好，相互间的吸引就越强烈，如果价值阶段的交换是积极平等的，那么双方就会进入角色阶段。在角色阶段，会看他们的价值在角色行为和真实生活状况中是如何去表现的，去观察对方是否像之前认为的那样乐观，可靠，抑或是自私，没有追求，不是你的菜。如果角色阶段彼此适应且满意，他们可能会进入婚姻的殿堂。经过三个阶段的选择和磨合，婚姻的幸福度和满意度都会更高。

如果在恋爱的过程中，忽略了一些阶段而直接走进婚姻，例如一见钟情然后闪婚，那么可能会在婚后发现彼此差距太大，认识三个月结婚，两个月后离婚；或者是在相处的过程中，有一方或者双方没有展现真实的自己，扮演着迎合对方需要的角色，就会为后面的婚姻相处埋下隐患。

所以明智的配偶选择要建立在了解自己、了解你可能的结婚对象和了解彼此的关系效果上入手。

（1）了解自己

A. 什么是你最需要的。

B. 你是否需要很大的关注，并希望别人认可你。

C. 你看上去适合哪类人。

D. 你为什么希望结婚。

E. 你对配偶的期望是什么。

（2）了解可能的结婚对象

A. 你可能的结婚对象是哪种人？

B. 他（她）的价值取向与你是否相投合？

C. 你最看重他（她）的哪个方面？

D. 你们在一起是否感到舒服？

E. 双方家庭融合度是否足够？

（3）了解你们相处的模式。

A. 你们之间谁妥协、包容更多一些？

B. 遇到问题你们习惯用哪种方式去解决？

C. 你们是否期待相同的两性关系类型

表 3.2　　两性关系类型解读

共生关系 （不健康的类型）	两个圆同样大，重叠在一起，共生的双方视与对方合一为最高境界。直到其中一方感到窒息，想要追求自由，关系就面临着挑战与破灭。	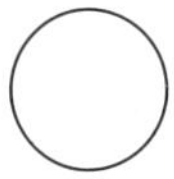
寄生关系 （不健康的类型）	一个大圆，一个小圆，小圆依附大圆之内。对寄生的人而言，寄主就是他（她）的一切，当寄生关系遭到威胁或者破灭，寄生者会无法承受或失去理智。	
独立关系 （不健康的类型）	双方各自独立，没有交集。有些人甚至因为害怕失去独立自主而宁愿舍弃关系。在这样的关系中，常因彼此距离拿捏不当而渐行渐远。	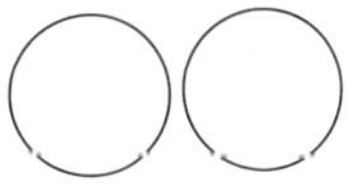
相互依存关系 （健康的类型）	两个圆有交集也有各自独立的部分，在这样的关系中，有联结、亲密的交流，也有独立自主的一面；有共同的生活重心，也有各自的社交圈子。	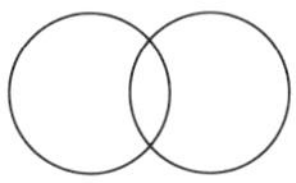

（资料来源：许宜铭. 原来可以这样爱［M］. 北京：中国广播电视出版社，2006.）

3. 经营恋爱关系——→经营婚姻关系

通过本节内容的学习，同学们懂得了爱的内涵，知道了如何区分不同的爱，了解了恋爱情感发展的五个阶段，学会了表达爱的五种语言。经营恋爱关系的方法同样适用于婚姻，除此以外，婚姻中还需要给对方足够的空间，建立彼此的信任，接纳对方的家庭，学会处理婚姻冲突的技巧和方式。很多研究也为经营婚姻提供了一些值得参考的建议。

菜斯利·巴克斯特曾做过关于亲密关系内隐标准的调查，他们描述了伴侣对亲密关系所期望的标准，如果个人老是触犯这些准则，伴侣就会离我们而去。下面是依提及频次列出的关系准则：

自主：允许你的伴侣在亲密关系之外结交朋友和保持兴趣，不要有太强的占有欲。

相似：你和伴侣应该有着类似的态度、价值观和兴趣；差别不要太大。

支持：提升伴侣的自我价值和自尊；不要粗心大意或不够体贴。

开放：真诚而又真实地进行自我表露；不要一言不发。

忠贞：对你的伴侣保持忠诚和贞节；不要出轨。

共处：拥有很多在一起的时间。

公平：公平公正；不要利用和剥削你的伴侣。

魔力：保持浪漫；拒绝平庸。

约翰·高特曼和南·丝弗在究竟什么因素能够带来成功的婚姻方面做了大量的研究，在《有效婚姻的七原则》一书中，他们描述了这样一些成功关系的关键点：

亲密了解：夫妻知道双方的目标、关心的事情以及希望。

爱和尊重：当夫妻不再感到对对方尊重和重要时，他们的关系很难再有新的发展。

联系：当个体间彼此尊重的时候，他们很容易去赞赏对方的观点和看法。

权力分享：当夫妻产生分歧时，他们去寻找共识而不是一定要坚持自己的观点直到占了上风。

目标分析：伴侣们把自己的目标融入对亲密关系的理解中。

开诚布公：关系中的每个人都可以坦诚而自由地表达自己的观点和信念。

尽管每个人都对婚姻充满了期待和憧憬，然而在冲进婚姻的“围城”

后，都面临着种种的挑战，需要去适应，去磨合。恋爱是选择你所爱的，而婚姻则是爱你所选择的，婚姻是不可以回头的单程成长路。只有建立在爱和尊重的基础上的亲密相处才能使婚姻走向美满。期待通过本章内容的学习，你能够有更多的思考，在恋爱中收获成长，在婚姻中收获美满。

思考题

1. 属于你的真正的爱情到来了吗？需要做怎样的准备迎接他（她）？
2. 你怎样看待婚前性行为？
3. 你是否足够清楚，应该如何经营一段感情？

推荐资源

1. 书籍：《爱的五种语言》［美］盖瑞·查普曼

每个人都有爱与被爱的需要，但不同的人却使用不同的语言来表达和接受爱。作者在美国各地举办婚姻研讨会，定期为已婚者做婚姻指导。在离婚率高涨的今天，这本书值得婚前的恋爱男女阅读，也值得已婚的夫妻阅读。这本书将带领读者跨越两性沟通的迷思与阻隔，进行一场婚姻的内在革命，教你如何“防潮防腐”，让爱情进入婚姻永不褪色，永葆如新。

2. 电影：《失恋33天》

黄小仙被男友劈腿，面对失恋，她痛苦，怀疑，怨恨，堕落，但是一直有她的男闺蜜王小贱陪在她身边。王小贱不是黄小仙的菜，因为她觉得另一半应该是有文化、有知识、有社会地位的人，那样才能和她有共鸣。但是随着相处的深入，娘娘腔的男闺蜜原来也可以时而男人味十足，时而细腻体贴。通过该影片，可以更好地让我们了解失恋的表现以及如何更好地走出失恋，重新选择爱人，体验美好的爱情。

3. 书籍：《亲密关系的秘密》

本书记录了作者杰夫和妻子苏珊三十多年一路走来的心路历程，同时集结了一些客户的小故事，通过本书，我们可以了解许多关于爱情的迷思，了解关于典型的关系，亲密关系的几个阶段，更好地处理我们的爱情。

参考文献

[1] [美] 乔纳森·布朗. 自我 [M]. 北京：人民邮电出版社，2004.
[2] 周莉，刘海娟. 大学生心理健康教育 [M]. 北京：中国人民大学出版社，2015：98.
[3] [美] 盖·查普曼. 爱的五种语言 [M]. 北京：中国轻工业出版社，2006.
[4] 贾志科，风笑天. 当代都市青年的择偶标准——基于南京万人相亲会的实证分析 [J]. 河北大学学报（哲学社会科学版），2013（2）：91－96.
[5] [匈牙利] YTL 项目组. 预备婚姻 [M]. 北京：中国社会出版社，2006.
[6] 田宝伟. 心理学的帮助：心理学通识读本 [M]. 北京：高等教育出版社，2011.
[7] 罗兰·米勒. 亲密关系 [M]. 北京：人民邮电出版社，2005.
[8] 许宜铭. 原来可以这样爱 [M]. 北京：中国广播电视出版社，2006.
[9] 段鑫星，李文文，司莹雪. 恋爱心理必修课 [M]. 北京：人民邮电出版社，2018.
[10] 罗伯特·J. 斯滕伯格，凯琳·斯滕伯格. 爱情心理学 [M]. 北京：世界图书出版公司，2010.
[11] 夏翠翠，宗敏，涂翠平. 大学生心理健康教育 [M]. 北京：人民邮电出版社，2019.
[12] 俞国良. 大学生心理健康 [M]. 北京：北京师范大学出版社，2018.

第四章　自我规划与管理

案例

小欢、小武、小志、小龙、小鹏和小强是北京某大学新生，六人高中时成绩都比较突出，高考后有四人是第一志愿进入专业学习，而小志和小强则是被调剂到该专业的，报到时六人被分到了同一个宿舍，很快成了关系要好的舍友。随着大学的学习与生活步入正轨，自我支配的时间变得充足，大家感受到学习模式与高中有所不同，更多依靠的是学习的自主性。大一阶段，主要学习基础课程，在课余时间，小欢、小武、小龙和小强经常会结伴去图书馆查阅资料、扩宽知识面，而小志和小鹏则选择在宿舍看电影和打游戏，甚至有旷课的情况。11 月初学校组织了期中测验，小欢、小武、小龙和小强成绩都在 85 分以上，而小志和小鹏的成绩不甚理想，他俩情绪陷入了低谷。回到宿舍后，小武主动开导二人，经过一番沟通，二人重新燃起了学习的积极性。那么，你认为是什么原因导致了六人成绩的差异呢？

进入大二，有调整专业的机会，小强问小志："小志，你转专业吗？"小志突然蒙了，说："我高考的时候想报金融专业，但自从被调剂后就没再好好考虑过专业的问题，现在也不清楚自己适不适合转专业。你呢？"小强说道："我打算申请转到土木工程专业。"小志发现小强态度坚定，问道："小强，你已经决定了？怎么这么确定啊？"小强说道："因为兴趣是最好的老师啊！"这时，小龙和小武拿着学院学生会换届报名表，小武问小龙："我看你唱歌好听、绘画也不错，你打算报名宣传部还是文艺部啊?”小龙说道:“当然是宣传部啊。”小武说道:“我还在纠结是报名办公室还是生活部呢,唉……”小龙看小武如此纠结,便从性格、技能两个方面帮助小武做了自我探索,最终小武选择了报名生活部,并在工作中很好地发挥了自己的才能。

大学生活过得很快,转眼大四了,是读研、出国,还是找工作、创业?大家到了要选择的时候,小欢和小鹏选择了找工作。小鹏找工作中当面试官问到:“你选择我们公司的理由是什么?你有什么职业发展目标?具备哪些优势?有过什么类似的实习实践经验?是否了解这个行业的发展现状和前景?”回答这些问题时,小鹏的表现并不理想,于是错失了去该公司就业的机会。相比于小鹏,小欢很早就做好了简历,积极参加各种招聘会,很快便收到了两家公司的录用通知书,但兴奋之余他又犯了难,两家公司的工作地点一个在河北老家、一个在北京;一个起薪一般、一个待遇丰厚;一个是国企、一个是私企,面对“鱼和熊掌”,小欢不知如何抉择。在老师的帮助下小欢从兴趣、性格、价值观等方面进行了深入探索,最终有了自己的答案。

你是否对上述同学的故事很熟悉?在大学生中,有人对自己的未来想得很清楚,一步一个脚印地往前走;有的同学对未来没有想法,希望在大四时再解决所有问题;还有一些同学看似对未来发展有些想法,但又不能确定,甚至对达到目标缺乏信心。总结以上几种情况,同学们的困惑主要在两方面:我要去哪里?我如何去?以下通过讲解生涯规划的理念,生涯规划的意义,生涯规划的内容、步骤和方法来帮助同学们解决困惑。

一、生涯及生涯规划

在日常生活中,常听到“生涯”一词,如“艺术生涯”“戎马生涯”“学术生涯”等。中国古人的诗词中也有“生涯”这个词,如南宋诗人陆游在《秋思》中写道:“身似庞翁不出家,一窗自了淡生涯。”《辞海》对“生涯”一词的定义是:指从事某种活动或职业的生活。目前,大多数西方学者所接受的生涯的定义是舒伯（Super，1976）的论点：生涯是生活里各种事态的演进方向和历程，它统合了一生中的各种职业和生活角色，由此表现出个人独特的自我发展形态。生涯也是人生从青春期到退休之后，一连串有酬或无酬职位的综合。除了职业之外，还包括任何与工作有关的角色，如学生、退休者，甚至包含家庭和公民的角色（见图4.1）。

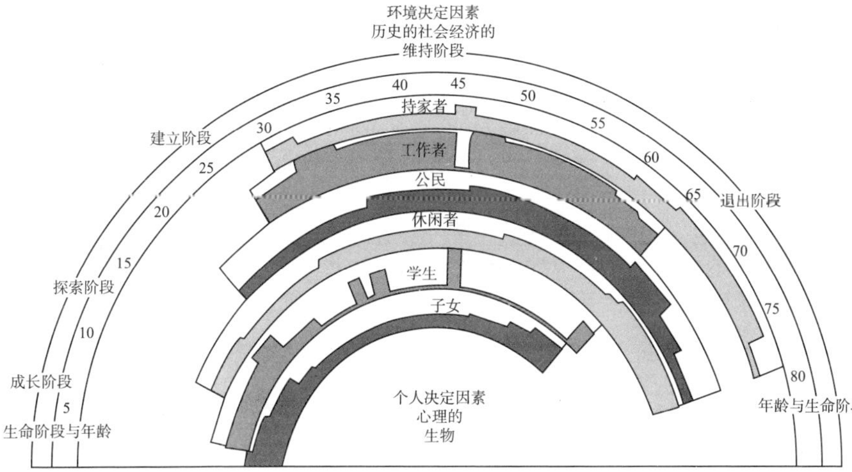

图4.1 舒伯的“生涯彩虹图”

（资料来源：钟谷兰，杨开．大学生职业生涯发展与规划．2版．[M]．上海：华东师范大学出版社，2015.）

从舒伯的生涯彩虹图中可以看到，生涯规划变得立体化了，以多层次的视角看到个人发展中不同时期不同角色的意义和相互间的影响。从长度上看，它包括了一个人从生到死的全部生命历程；从空间上看，并不局限于对职业角色的关注，还有非职业角色对一个人生涯的影响。好比一个学生的兴趣，如果不能从专业学习中得到百分之百的释放，那么就要认真规划一下自己的休闲角色，从而获得更多的自我实现。

在美国，生涯教育运动开展得很普遍。生涯教育是美国广泛实施的咨询活动，也是学校心理辅导的重要组成部分。1971年，美国教育总署对生涯教育所下的定义是：一种综合性的教育计划，其重点放在人的全部生涯，即从幼儿园到成年，按照生涯认知、生涯探索、生涯定向、生涯准备、生涯熟练等步骤逐一实施，使学生获得谋生技能并建立个人的生活形态。在我国，很多学生有着生涯规划的想法和实践，从大一开始做生涯规划，起步已经不早了。我们要知道，生涯规划越早开始越好。

二、理解职业生涯

（一）职业生涯的内涵

如上面所说，在生涯中，职业角色对生涯的影响较大。首先，人们很多的需求实现要依赖职业发展，职业角色往往提供其他角色的经济来源；其次，职业生活的年龄段通常从20多岁至60多岁，占据了人生的重要时间阶段；最后，选择什么样的职业其实就是选择了什么样的生活方式。因此，职业生涯就是一个人的职业经历，是指一个人一生中所有与职业相联系的行为与活动，以及相关的态度、价值观、愿望等连续性经历的过程，也是一个人一生中职业、职位的变迁及工作、理想的实现过程。

（二）专业、工作与职业

经常有学生会有这样的疑问："今天我所学的专业就是将来要做的工作吗?"尤其对于一些因专业调剂而读了现在的专业的学生来说更是如此。他们往往对专业不感兴趣，但又无法改变现状，所以只能走一步算一步。那么，专业与未来的工作、职业有必然的联系吗？现在我们就来做一下区分。

在大学中，专业通常是指学科类别。工作则是指通过体能或心智上的努力，以产生某种结果，可能获得报酬，也可能没有报酬（如志愿工作等）。而职业是指许多工商事业或机构中一群类似的工作，如教育、医护、法律、会计等。

可以看出，上述几项内容既有关联，也有不同。大学里所学专业的知识、技能可能会对我们未来从事的工作有所帮助，让我们开启独立生活的篇章，但是专业并不等于职业，我们所熟知的马云在大学里学的是英语，史玉柱学的是数学。可见，大学的教育不是局限于专业学习，而是培养学生的自学能力、逻辑思维、独立思考能力与人文素养等，这些都将为未来的职业发展创造不同的可能。如果有困惑的你能认识到这一点，是否可以不再纠结于专业，而是全心地投入学业与自我发展中去呢？

（三）职业生涯的发展

职业生涯是一个动态发展的过程。舒伯认为，在职业生涯发展中将历经成长、探索、建立、维持和衰退等一系列生活阶段，在这一过程中，个体将逐步地完成自身与社会环境、自我概念与现实的协调。从发展阶段来看，可以分为以下五个阶段。

成长阶段（0～14岁）：这一阶段是从对职业的好奇、幻想、兴趣，到有意识的培养职业能力、逐步成长变化的过程。具体又分为三个成长期：1）幻想期（10岁之前）：儿童从外界感知到许多职业，对自己觉得有意思和喜欢的职业充满幻想并会进行模仿；2）兴趣期（11～12岁）：以兴趣为中心，理解、评价职业；3）能力期（13～14岁）：开始考虑职业和能力的要求。

探索阶段（15～24岁）：逐步意识到职业将成为未来生活的主要部分，开始进行初步的职业尝试，此阶段主要的任务是将职业偏好具体化。这一阶段又分为三个成长期：1）探索期（15～17岁）：通过想象、讨论、课程和工作的方式考虑自已的需要、兴趣、能力、价值观及求职的机会，进行职业尝试；2）过渡期（18～21岁）：进入人才市场，或者进行专门的职业培训，着重现实的考虑；3）尝试期（22～24岁）：初步确定职业，尝试使其成为长期的职业工作，如果觉得不适合将会重新选择。

建立阶段（25～44岁）：在探索阶段之后，尝试建立职业，并且工作逐渐稳定。这一阶段又分成两个成长期：1）尝试期（25～30岁）；这一时期可能会变换职业，目的是选择更为满意的职业；2）稳定期（31～44岁）：随着职业模式变得更为清晰，从事的工作更为稳定，而此时也是最具有创意和成长的时期。

维持阶段（45 ~ 64 岁）：工作中已经取得了一定的成绩和社会地位，主要任务是维持并提升既有成就与地位。

衰退阶段（65 岁以后）：个人的体力和精力都在衰减，工作进展会减缓乃至停止。一般在此阶段，职业生涯会面临结束，许多人会退休，将生活重心从工作上转移开。

可见，职业生涯贯穿我们人生的大部分时间，工作和职业不仅是赚钱谋生的手段，更重要的是，它是自我探索、开放潜能的过程，职业生涯探索和实践可以帮助我们了解自己的需要，获得自我满足与自我实现，获得一份快乐，让生活更有意义。

（四）职业生涯规划的金三角

大学是人生的一个关键时期，在这一阶段，一方面，大学生从青春期逐渐过渡到成人期；另一方面，大学生也会从学生逐渐转变到职场新人，面临着毕业后寻找自己第一份工作的任务。因此，在大学阶段认真思考自己的未来、自己的人生，无疑是必要的，也是非常关键的。但是初涉社会的我们在初期难免会经历许多迷茫和挫折，有时大学生活的许多变化也会让自己茫然、不知所措。

大学的生活相对自由，而每个人也有更多不同的选择：考研、出国、工作、创业……然而，面对多样的选择，我们却有些不知所措。摆脱迷茫的最佳方法是要了解自己，找到自己愿意为之奋斗的目标，也就是内心愿望，并设立行之有效的行动计划。这时可以借助职业生涯规划的方法，它通常是围绕着自我探索、职业世界探索和生涯决定三个大圈展开的，认为一个好的生涯决定必须在充分了解自己和工作世界的基础上做出，然后根据生涯决定的目标设立行之有效的行动计划（见图 4.2）。这一系列的方法可以有效地帮助人们进行职业生涯规划和实现事业成功。在本书中，可以找到一系列的方法和步骤，来探索职业生涯和制订行动计划。

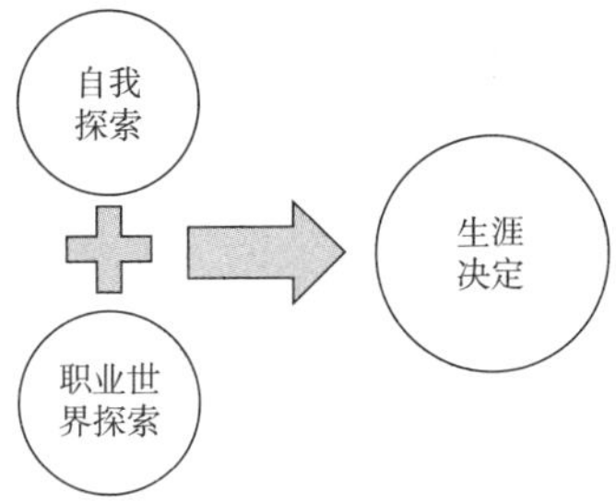

图 4.2　生涯决定示意图

（资料来源：周莉，刘海娟．大学生心理健康教育．2 版．［M］．北京：中国人民大学出版社，2015.）

（五）职业生涯规划步骤

其实，生涯规划并不难，它和制订一份旅游计划有很多相似之处。如目标的制定、实现的过程，都和一个人的兴趣爱好和自身条件等相关，对目标和过程的选择没有绝对的好坏之分。俗话说，“条条大路通罗马”。不同的路有不同的风景，所以在旅游行程的选择上，没有哪条路是绝对好的，只有对某人某时比较合适的路。对个人的生涯发展来说，也是如此。对目的地信息的了解，可以让行程更有把握。无论对信息有多么细致的了解，也要有风险和意外的心理准备。你能否如愿以偿地实现目标，这在很大程度上取决于你是计划的推动者还是依赖别人或环境，后者常让人抱怨而无所作为。具体而言，一个系统的生涯规划应当包括觉知与承诺、认识自己、认识工作世界、决策、行动和再评估/成长六个步骤，如图 4.3 所示。

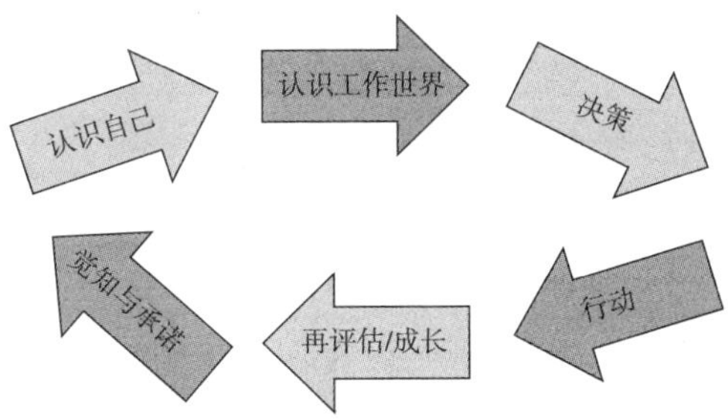

图 4.3　生涯规划步骤图

（资料来源：钟谷兰，杨开．大学生职业生涯发展与规划．2 版．［M］．上海：华东师范大学出版社，2015.）

1. 觉知与承诺

在这个阶段，你需要了解生涯规划的重要性和作用，并愿意花时间来规划自己的生涯。但也要提醒自己：生涯规划是一个过程，是一种面对生涯发展的态度，它未必能立竿见影，马上为自己带来理想的工作。就好像我们所播下的种子，未必能马上发芽一样。所以，对生涯规划要有合理的预期。

2. 认识自己

系统化的生涯规划是一个“从内而外”的过程。因此，在生涯规划时，首先要认识自己，诚实地自问：

- 我有哪些人格特质？
- 我的兴趣是什么？哪些东西是我生命中不能缺少的？我最看重什么？
- 我的哪些技能是与众不同、赖以为生的？
- 其他：健康、性别、民族等。

3. 认识工作世界

工作世界信息和自我信息是生涯规划中重要和基础的部分，对工作世界的了解具体包括：

- 专业与职业的关系。
- 工作世界的宏观发展趋势。
- 具体职业对工作人员的要求条件和待遇等。
- 继续教育方面的选择。

4. 决策

决策是综合整理和评估信息的部分，在决策时有可能因信息不全而重新回到前面两个步骤，具体内容包括：

- 综合与评估信息。
- 目标设立与计划。
- 处理决策过程中的各种问题：生涯信念、障碍。

5. 行动

行动是将全部的探索和思考落实的阶段。学生要通过行动来实现自己设立的工作目标。通常包括：

- 具体的求职过程。
- 制作简历、面试。

也有可能在与现实的接触过程中，你对自己有新的发现，由此对生涯发展有新的思考。所以，虽然我们为了方便学习，将生涯规划人为地割裂成不同的步骤，但无论在哪个步骤，自我与外部信息的探索都不会停止，不要忽略这些部分带给你的新启示。

6. 再评估/成长

当学生在实践中迈出生涯的重要一步——进入工作世界时，随着外部环境的变化，他们或许会继续沿着过去的规划前进，也有可能发现过去的规划已不适合自己，或者发现过去的规划并不尽如人意。这就需要再次进行生涯探索，修正生涯规划。所以说，生涯规划是一个循环的过程，需要一辈子来探索。本部分具体内容包括：

- 走进职场。
- 管理生涯规划——生涯规划档案。

三、把握职业选择的方向——职业方向盘

上面的职业生涯规划步骤是不是让你的思路清晰了呢？下面就请你来尝试职业生涯探索吧。职业生涯探索包括两方面内容：自我探索和职业世界探索。而关于这两部分又具体包括哪些内容呢？在本章中，我们选取职业方向盘作为探索的基石，它可以非常清晰、简明地帮助你找到探索的方向，并且非常容易记忆，便于你借助它随时解决遇到的任何生涯困惑。

职业方向盘（见图4.4）将自我探索和职业世界探索各归纳为两大方面。在自我探索方面，它包括人格特质、价值观、兴趣和技能等因素，这些因素决定了你是一个什么样的人等。在职业世界探索方面，它包括职业机会、工作与生活经历、教育背景以及重要他人等因素，它们影响着你现

实的职业生涯选择。随后的一节，将详细介绍每一种因素和一些探索的小方法。

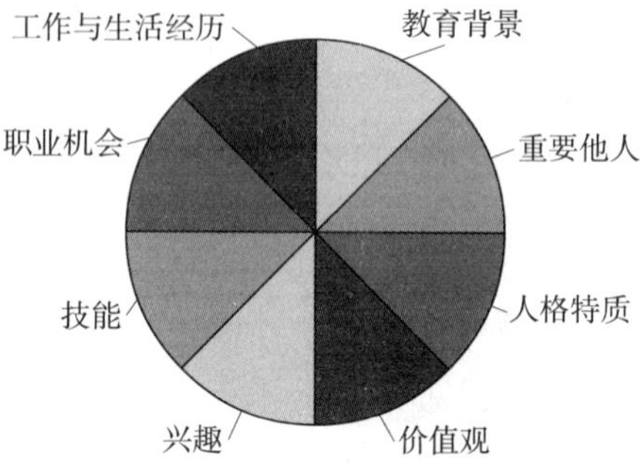

图 4.4　职业方向盘

（资料来源：周莉，刘海娟. 大学生心理健康教育. 2 版. [M]. 北京：中国人民大学出版社，2015.）

（一）自我探索

前面谈到，职业生涯不仅仅是一份工作，而且涉及个人的态度、价值观、愿望等。有个同学，虽然她觉得父母的意见有道理，她也在准备考研，但是并不快乐，因为她内心的需要无法获得满足，而没有幸福的感觉。

因此，对生涯进行探索首先需要从你的内心世界开始。让我们先抛开外在所有的影响因素，一起来问问自己的内心：如果让你自己选择，你真正想要什么？相信探索完的你一定会发现许多自己不曾熟悉的一面，而你也会发现其实有的时候梦想和现实并没有那么遥远，也许你内心真正想要的东西真的可以在现实中实现。还等什么，快来探索吧！

1. 人格特质

你一定经历过自我介绍的情景吧？初次与人见面时、加入新班级时、参加面试时，常被问到的第一个问题是："介绍一下你自己"或"你认为自己是一个什么样的人呢"。提到这个问题你的脑海会闪过哪些词汇呢？内向的还是外向的？好动的还是喜静的？细心的还是豁达的？我们常常用这些词来形容我们的性格，实际上，它被称作人格特质，它反映在我们对自己、对外部世界、做决定、获取信息、与人相处等方方面面。我们对它如此熟悉与习惯，以至于常常在相似的情景出现时便自动地做出反馈，这就是影响每个人生活方方面面的人格特质。同样，在未来的工作中，你的人格特质也将自然而然地流露，并将影响你的生涯选择与工作表现。因此，了解人格特质是自我探索的第一步。

依据著名的心理学家荣格人格类型分类，美国的凯瑟琳·库克·布里格斯和伊莎贝尔·布里格斯·迈尔斯开发了 MBTI 人格测评量表，它是世界上广受好评并且被普遍采用的人格测量工具。MBTI 量表将人格分为四个维度："外向（E）－内向（I）"维度考察一个人的能量来源；"感觉（S）－直觉（N）"维度考察一个人获取信息的方式；"思考（T）－情感（F）"维度考察一个人做出判断与选择的方式；"判断（J）－知觉（P）"维度则考察一个人与外部世界打交道的方式。如果想要更加准确地了解自己的 MBTI 类型，需要测试专业的 MBTI 量表。当然，也可以根据表 4.1 中关于不同类型的描述对自己做一个简单的自我评估。

表 4.1 MBTI 四个维度的特征

外向（E）	• 从外部世界获取能量 • 喜欢与人打交道 • 先行动后思考	内向（I）	• 从内心世界获取能量 • 喜欢思考、阅读与独处 • 先思考后行动
感觉（S）	• 喜欢收集实实在在的、具有可靠信息的 • 注意观察周边细节 • 通过观察、推理一步步得出结论	直觉（N）	• 喜欢通过想象等方式收集信息 • 喜欢把握宏观大局 • 通过直觉感受直接得出结论并喜欢大胆假设
思考（T）	• 站在一个客观、理性的视角权衡事情利弊继而做出判断 • 寻求一个合乎真理的客观标准 • 好分析、好因果推理	情感（F）	• 站在一个主情感的视角权衡参与者各方面的感受继而做出判断 • 寻求和谐的人际交往氛围 • 能体察别人的情感
判断（J）	• 善于计划，按部就班地奉计划行事 • 做出判断、分析利弊再行动 • 喜欢把事情落实、敲定 • 按计划行事，避免最后一分钟行动	知觉（P）	• 善应变，自发性地随机安排事务 • 当下决定即刻行动 • 接受事物多种开放性结局 • 喜欢最后一分钟行事，这使他们感到活力充沛

（资料来源：周莉，刘海娟．大学生心理健康教育．2 版．[M]．北京：中国人民大学出版社，2015.）

根据 MBTI 测评结果你也可以了解自己的职业倾向。表 4.2 给出了不同类型的人适合从事的职业类型，你可以从这类工作出发，逐渐开始你的职业世界探索。但是需要注意的是，任何量表都有它的局限性和误测性，当你发现自己的 MBTI 类型与自己不太相符时，你只需要相信自己内心的声音就好。另外，更多的研究也表明，从事同一种工作的人也有千差万别的性格，对于不同的人格特质都可以在同一种工作领域找到自己的优势与价值，所以即便你希望从事的职业与你的 MBTI 类型不符也不要担心，只要相信自己就好。人格特质只是影响自己职业选择的一种因素。

表 4.2　MBTI 对应的职业倾向

ISTJ 适于从事能够让他们利用自己的经验和细心的态度完成任务的职业。	ISFJ 适于从事能够让他们运用自己的经验亲力亲为协助或辅助别人的职业。	INFJ 适于从事能够促进他们情感，智力或精神发展的职业。	INTJ 适于从事能够让他们运用智力创造和技术知识去构思、分析和完成任务的职业。
ISTP 适于从事能够让他们动手操作、分析数据或事情的职业。	ISFP 适于从事能够让他们运用友善、专注于细节的相关服务的职业。	INFP 适于从事能够让他们运用创造和集中于他们的价值观的职业。	INTP 适于从事能够让他们基于自己的专业技术知识独立、客观地分析问题的职业。
ESTP 适于从事能够让他们利用行动关注必要细节的职业。	ESEP 适于从事能够让他们利用外向的天性和热情去帮助那些有实际需要的人们的职业。	ENEP 适于从事能够让他们利用创造和沟通去帮助、促进他人成长的职业。	ENTP 适于从事能够让他们不断迎接新挑战的职业。
ESTJ 适于从事能够让他们运用对事实的逻辑和组织完成任务的职业。	ESFJ 适于从事能够让他们运用个人关怀为他人提供服务的职业。	ENFJ 适于从事能够让他们帮助别人在情感、智力和精神上成长的职业。	ENTJ 适于从事能够让他们运用实际分析、战略计划和组织完成任务的职业。

（资料来源：周莉，刘海娟．大学生心理健康教育．2 版．[M]．北京：中国人民大学出版社，2015.）

2. 价值观

即将就业的你是否也有这样的迷茫呢？习惯了被老师指导、家长安排，习惯了高考填报志愿时听从排名和社会舆论，如今面对眼花缭乱的工作种类、众说纷纭的工作利弊，你打算如何选择呢？但是换一个角度想想，这又何尝不是你自主选择的好时机呢！

你想要怎样度过自己的人生？想要过什么样的生活？什么是你最在乎、最想得到的？……这些疑问的背后，都关乎我们的价值观。价值观是指一个人对周围的客观事物（包括人、事、物）的意义、重要性的总体评价和总体看法。个体的价值观是后天形成的，即在家庭、学校和社会等因素影响下，随着知识的增长和生活经验的积累而逐步形成的。价值观影响人们对生活的选择，通过了解自己的价值观，我们可以明确对事物的看法：哪些对于我们的生活来说才是重要的？而工作价值作为价值观系统中的一个重要方面，可以帮助我们了解工作的哪些方面、特质能带来工作满意度，实现个人的价值。工作价值观包含助人、影响他人、追求价值、成就、地位、报酬、独立性、安全感、创造性、同伴关系、挑战等方面。在职业选择过程中，人们通常将一般价值观和工作价值观相结合来考虑职业生涯规划，以使个人价值得到实现。

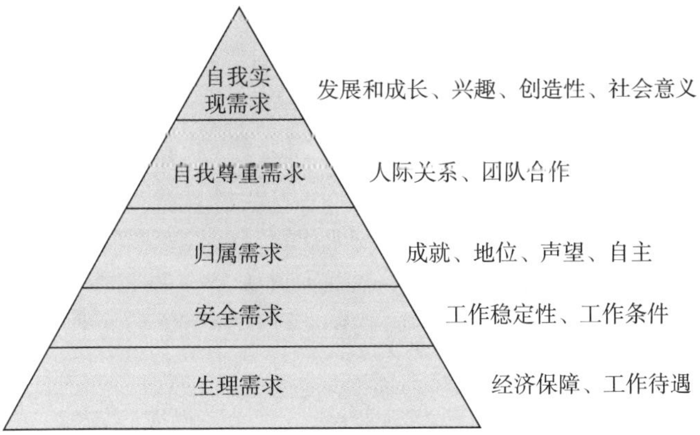

图 4.5　马斯洛的需求层次理论

（资料来源：周莉，刘海娟．大学生心理健康教育．2 版．［M］．北京：中国人民大学出版社，2015．）

价值观的形成与我们现在所处的生活环境、自身的成长环境及家庭有很大关系，价值观是为了满足我们的一些需求而形成的。马斯洛将个体的需求分为五个层面，不同的需求情境会引发人们不同的行为反应。在需求层次中，层次越低力量越强，一旦较低层次的需求获得满足，较高一层的需求便成为主导动机。随着年龄和阅历的增长，低层次需求的逐渐满足会导致人们产生更高层次的需求，因此，价值观会随着人的年龄的增长而逐渐变化（见图4.5）。

自我探索

舒伯的职业价值观量表（WVI）

下面有60道题，请根据自己的情况在每题给出相应的分数。分数越高代表该项内容对自己来说越重要。通过测验，你可以大致了解自己的职业价值倾向，为将来择业提供参考依据。

第一步，请选择相应的分数（1~5分打分）。

1. 能参与救灾济贫工作
2. 能经常欣赏完美的工艺作品
3. 能经常尝试新的构想
4. 必须花精力去深入思考
5. 在职责范围内有充分自由
6. 可以经常看到自己的工作成果
7. 能在社会扮演更重要的角色
8. 能知道别人如何处理事务
9. 收入能比相同条件的人高
10. 能有稳定的收入
11. 能有清静的工作场所
12. 主管善解人意
13. 能经常和同事一起休闲
14. 能经常变换职务

15. 能成为你想成为的人
16. 能帮助贫困和不幸的人
17. 能增添社会的文化气息
18. 可以自由地提出新颖的想法
19. 必须不断学习才能胜任
20. 工作不受他人干涉
21. 我觉得自己的辛苦没有白费
22. 能使自己更有社会地位
23. 能够分配调整他人的工作
24. 能常常加薪
25. 生病时能有妥善照顾
26. 工作地点光线通风好
27. 有一个公正的主管
28. 能与同事建立深厚的友谊
29. 工作性质常会变化
30. 能实现自己的理想
31. 能够减少别人的苦难
32. 能运用自己的鉴赏力
33. 常需构思新的解决方法
34. 必须不断地解决新的难题
35. 能自行决定工作方式
36. 能知道自己的工作绩效
37. 能让你觉得出人头地
38. 可以发挥自己的领导能力
39. 可使自己存下很多钱
40. 有好的保险和福利制度
41. 工作场所有现代化设备
42. 主管能采取民主领导方式
43. 不必和同事有利益冲突
44. 可以经常变换工作场所

45. 常让自己觉得如鱼得水
46. 能常帮助他人解决困难
47. 能创作优美的作品
48. 常需提出不同的处理方案
49. 需对事情深入分析研究
50. 可以自行调整工作进度
51. 工作结果受到他人肯定是不同的
52. 能自豪地介绍自己的工作有效
53. 能为团体拟定工作计划
54. 收入高于其他行业
55. 不会轻易地被解雇或裁员
56. 工作场所整洁卫生
57. 主管学识和品德让你钦佩
58. 能够认识很多风趣的伙伴
59. 工作内容随时间变化
60. 能充分发挥自己的专长

第二步，计算相应题目的分数，看看你是什么类型的职业价值观。

利他主义（1、16、31、46）

美的追求（2、17、32、47）

创造发明（3、18、33、48）

智力激发（4、19、34、49）

独立自主（5、20、35、50）

成就满足（6、21、36、51）

声望地位（7、22、37、52）

管理权力（8、23、38、53）

经济报酬（9、24、39、54）

安全稳定（10、25、40、55）

工作环境（11、26、41、56）

上司关系（12、27、42、57）

同事关系（13、28、43、58）

多样变化（14、29、44、59）

生活方式（15、30、45、60）

第三步，请从高分项中，认真地选择三项你最为看重的，并且做一个排序，并说明你选择的理由。

最重要职业价值观（说说你选择的理由）

其次职业价值观（说说你选择的理由）

再次职业价值观（说说你选择的理由）

（资料来源：贺双艳等. 大学生心理健康教育［M］. 北京：高等教育出版社，2019.）

3. 兴趣

生涯规划理论早期的开创者约翰·霍兰德有这样一句名言："虽然我们做了几十年的研究，但预测个人职业选择最有效的方法却是询问这个人自己想做什么。"兴趣是支撑一个人克服重重障碍达成目标的最大动力。你在生活中肯定会时常经历这样的情境：当我们在做自己喜欢的事情的时候时常可以达到忘我的愉悦境界，这样的全情投入常常让我们忘记时间、忘记周遭，而在从事它的每一刻都处于极度的喜悦状态，即便这件事情在旁人看来多么枯燥、辛苦或没有意义，我们就是享受其中。这件事就是你的兴趣之所在，它是你奋斗、坚持、努力的不竭动力。

关于兴趣的生涯研究最著名的是霍兰德的兴趣类型理论。他将人的职业兴趣归为六种类型：实用型（R）、研究型（I）、艺术型（A）、社会型（S）、企业型（E）和事务型（C）。每一种类型都有自己独特的喜好活动和工作环境，每一个人会同时具备多种兴趣类型特质，但是强弱有所不同。霍兰德依据每一个个体最突出的三种兴趣类型来确定每个人的职业兴趣，通过测试和量表，每一个个体选出三个最符合自己的兴趣类型并依次排列，以此形成的三位霍兰德代码代表了每一种个体的兴趣类型。

课堂活动

心理训练营：小岛度假计划。霍兰德假设从事同一种工作的人群具有相似的兴趣、喜好，以此根据从业人员的特征将每一种工作对应一个霍兰德代码。根据霍兰德的理论，人和工作的代码相互一致时为最佳适配，它将增进个人的工作满意度、职业稳定性和职业成就感。同样地，个体在选择职业时，也可以根据自己的兴趣代码找到相匹配的工作。下面将通过一个小岛度假计划的小活动来帮助你确定自己的霍兰德兴趣类型。

假设你有七天假期，打算前往某一处新开发的岛屿度假，旅行社为你推荐了六条旅行线路，它们风格迥异，各有特色。不考虑你的财力水平，你打算如何计划你的假期呢？

第一个岛被称作美丽浪漫岛，岛上充满了美术馆、音乐馆，弥漫着浓厚的艺术、文化气息。同时，当地的原住民还保留着传统的舞蹈、音乐与绘画，许多文艺界的朋友都喜欢来这里找寻灵感。

第二个岛被称作温暖友善岛，岛上居民个性温和、十分友善、乐于助人，社区自成一个密切互动的服务网络，人们互助合作、重视教育，这里充满了人文气息。

第三个岛被称作显赫富庶岛，岛上的居民热情、豪爽，善于企业经营与贸易，岛上经济非常发达，处处可见高级饭店、俱乐部和高尔夫球场。来往者多是企业家、经理人、政治家、律师等。

第四个岛被称作现代井然岛，岛上建筑十分现代化，已有进步的都市形态，全岛以完善的户政管理、地政管理、金融管理见长，岛民个性冷静、保守，处事有条不紊。

第五个岛被称作自然原始岛，岛上保留有热带的原始森林，也有颇具规模的动物园、植物园和水族馆。岛上的居民以手工见长，自己种植蔬菜、修缮房屋、打造器物、制造器械。

第六个岛被称作深思冥想岛，岛上人烟稀少、旷野辽阔，适合夜观天象，也有助于思考。岛上布满天文馆、博物馆和科学图书馆。岛上的居民喜好沉思，很喜欢与来自各地的哲学家、科学家、心理学家等交换心得。

了解了六个岛屿后，你打算如何安排你的七天假期呢，如果可以选择三个岛，你会选择哪些？各停留几天？

我最想去的是：________________岛

其次是：____________________岛

最后是：________________岛

解析：

美丽浪漫岛代表艺术型（A）：喜欢自由自在、富有创意的工作环境，对美有敏锐的直觉，好表达，有想象力和创造力

温暖友善岛代表社会型（S）：喜欢从事与人接触的活动，个性温暖、友善，乐于助人，喜欢体察和关心别人的感受，较不爱竞争，不喜欢与物打交道。

显赫富庶岛代表企业型（E）：喜爱冒险、竞争，渴望拥有权力、受人注意并成为领导者，他们社交能力强，做事有组织、有计划，喜欢紧凑、有挑战的生活氛围。

现代井然岛代表事务型（C）：喜欢安定、秩序，个性保守、谨慎，有责任感，乐于配合与服从他人。

自然原始岛代表实用型（R）：喜爱具体、明确、需要动手操作的工作环境，喜欢用实际行动代替言语表达，重视现在胜于重视未来，较不喜欢需要社交、与人接触的活动。

深思冥想岛代表研究型（I）：喜爱与符号、概念、文字、抽象思考有关的活动，擅长运用心智能力去观察、分析、推理，科研能力强，较不喜欢领导、竞争等企业氛围。

由此你可以总结出自己的霍兰德兴趣类型是________________

通过查阅相关文献，你得到的可能适合的职业有________________

结合前面的人格特质和价值观，你愿意继续探索的职业有________

4. 技能

提到这个词，许多同学可能都会望而却步。兴趣、价值观和人格特质让我们可以天马行空地编织梦想，而一提到能力，前面的梦就变成一个个五彩的泡沫破灭了，自己没有什么出彩的经历，也没有太多的活动经验，真的没有什么过硬的技能，该怎么办？其实这里提到的生涯技能是一种广义上的生涯技能，它不仅指你的专业课学习、各项专业考试、证书等证明的专业技能，更是指一种通用技能，这些通用技能可以在你的生活、学习、工作等方方面面得到展现与锻炼，生活中我们喜欢称它们为个性品质。通用技能包括人际交往能力、乐观精神、团队合作精神、领导能力等等。

许多调查数据显示，雇主们更重视雇员的通用技能。根据美国全国大学与雇主协会的调查，美国雇主们最为重视的十位技能依次是：沟通能力、积极主动性、团队合作精神、领导能力、学习成绩、人际交往能力、适应能力、专业技术、诚实正直和工作道德。中国的一项调查也显示，中国雇主最看重的十项技能依次是：解决问题的能力、专业技能、沟通能力、培训技能、理财能力、计算机编程技能、信息管理能力、外语交际能力和商业管理能力。中美两方的雇主意见充分地说明通用技能远远比专业技能更重要。

下面的一些活动和问题可以帮助你全面地了解自己的技能，通过这些活动你将会发现自己比想象中更优秀，无论是专业技能还是通用技能，你都会有新的收获。

请阅读表4.3，在符合自己情况的语句下面画线，并思考自己日常生活中有哪些与之相符的事例使自己作出这样的判断。按顺序选出你认为最符合自己情况的三种类型。这有可能就是你的霍兰德代码（可以通过后面自我兴趣探索部分的练习加以确认）。在本章后面的“自我探索”部分，有对这个练习的示范性回答供你参考。

表4.3　霍兰德职业兴趣类型倾向

类型	喜欢的活动	重视	职业环境要求	典型职业
实用型 R（realistic）	用手、工具、机器制造或修理东西。愿意从事实物性的工作、体力活动，喜欢户外活动或操作机器，而不喜欢在办公室工作	具体实际的事物，诚实，有常识	使用手工或机械技能对物体、工具、机器、动物等进行操作，与“事物”工作的能力比与“人”打交道的能力更为重要	园艺师、木匠、汽车修理工、工程师、军官、兽医、足球教练员
研究型 I（investigative）	喜欢探索和理解事物，喜欢学习研究那些需要分析、思考的抽象问题，喜欢阅读和讨论有关科学性的论题，喜欢独立工作，对未知问题的挑战充满兴趣	知识，学习，成就，独立	分析研究问题、运用复杂和抽象的思考创造性地解决问题的能力，谨慎缜密，能运用智慧独立地工作，有一定的写作能力	实验室工作人员、生物学家、化学家、心理学家、工程设计师、大学教授

续表

类型	喜欢的活动	重视	职业环境要求	典型职业
艺术性 A（artistic）	喜欢自我表达，喜欢文学、音乐、艺术和表演等具有创造性的工作，重视作品的原创性和创意	有创意的想法，自我表达，自由，美	创造力，对情感的表现能力，以非传统的方式来表现自己；相当自由、开放	作家、编辑、音乐家、摄影师、厨师、漫画家、导演、室内装潢设计师
社会型 S（social）	喜欢与人合作，热情关心他人的幸福，愿意帮助别人成长或解决困难、为他人提供服务	服务社会与他人，公正，理解，平等，理想	人际交往能力，教导、医治、帮助他人等方面的技能，对他人表现出精神上的关爱，愿意担负社会责任	教师、社会工作者、牧师、心理咨询师、护士
企业型 E（enterprising）	喜欢领导和支配别人，通过领导、劝说他人或推销自己的观念、产品而达到个人或组织的目标，希望成就一番事业	经济和社会地位上的成功，忠诚，冒险精神，责任	说服他人或支配他人的能力，敢于承担风险，目标导向	律师、政治运动领袖、营销商、市场部经理、电视制片人、保险代理
事务型 C（conventional）	喜欢固定的、有秩序的工作或活动，希望确切地知道工作的要求和标准，愿意在一个大的机构中处于从属地位，对文字、数据和事物进行细致有序的系统处理以达到特定的标准	准确、有条理、节俭、盈利	文书技巧、组织能力、听取并遵从指示的能力，能按时完成工作并达到严格的标准，有组织、有计划	文字编辑、会计师、银行家、簿记员、办事员、税务员和计算机操作员

（资料来源：周莉，刘海娟．大学生心理健康教育．2 版．［M］．北京：中国人民大学出版社，2015．）

自我探索

心理训练营：发现优秀的你

请从以下三方面总结你的技能，填入横线和空格上

教育背景：以前和现在就读过的学校

时间	学校名称	学习过的最佳科目、获得的成就和技能

工作经验：最近和过往的经历。

时间	组织名称	担任的职务、职责、成就

业余和休闲生活：包含兴趣、爱好，参加的社团、组织、运动项目等，并请谈谈在这些活动中你所获得的满足感和所学到的技能。

____

____

____

完成了技能的探索，请你继续思考一个小问题：如何将自己的技能与前面的兴趣和价值观联结在一起以找到适合自己的工作呢？相信许多同学在进入大学后都发现自己不太喜欢所学的专业，感到很苦恼，可是提到自己的技能和经历，可能只有与专业相关的一些，就业中只有这些才是硬实力，怎么办？难道一辈子就要从事我不喜爱的行业吗？难道真的一步错就是步步错吗？

当然，在研究生阶段选择另一个自己喜欢的专业就读是一个很好的解决办法，但是如果你属于毕业后直接就业的一员，也不要抱憾终身，其实大学生专业的毕业出路远比你想象的丰富和精彩。举个例子来说，如果你就读于计算机行业，自己的技能当然就是计算机技术，那么你可以从事哪些行业呢？其实除了编程人员，你也可以从事 IT 产品销售行业，可以加入 IT 产品服务部门，甚至还可以从事数码相片的专业美化工作……同一项专业技能可以与你的兴趣和价值观结合起来，编程人员可能需要你的性格是内敛、稳重的，喜欢与实物打交道，而如果你是一个为人开朗、喜欢与人打交道的人，那么你也许可以成为一个很好的销售人员，发挥你的优势，结合你的技能，你会发现广阔的天地等你去作为。

（三）职业世界探索

职业规划的重要一项内容就是进行实践探索，对自己的选择进行实践体验、检验，认识实际工作的真实面貌，调整理想与现实的差距，这是未来进入职场、顺利度过适应期的有力保障。在这一部分，我们将会帮助你了解影响生涯决定的一些外在因素，以及一些进行职业探索的小方法。

1. 影响生涯选择的外因

根据职业方向盘，影响生涯选择的外因有以下四方面：职业机会、工作与生活经历、教育背景以及重要他人，它们决定了个人梦想是否可以最终成为现实。因此，在探索职业世界前，你可能需要认清自己需要了解哪些方面的信息。

（1）职业机会

① 宏观工作世界的现状

宏观工作世界的现状将决定你是否可以在现实世界找到你的理想工作，并通过它获得可观的收入来维持自己的生存和基本生活保障。宏观工作世界的现状包括劳动力市场的供求状况、各行职业在各地区的分布及发展趋势，以及工作形式及工作理念等问题。这些现实情况在各行各业普遍存在，并对每一个职场人士有所影响。

从市场供求状况上看，一方面，中国劳动力市场上劳动力的供给大于需求，面临着人口基数大、劳动年龄人口总量大、就业困难群体数量大、就业的结构性矛盾越来越突出等严峻的就业形势。另一方面，结构性失业问题仍是目前就业市场上普遍存在的问题，它是指经济、产业结构变化以及生产形势、规模变化促使劳动力结构进行相应调整而导致的失业。具体来说，它是由于劳动力与雇主需求不能有效地衔接与对应所导致的一种“求职者找不到工作，用人单位招不到人”的双向缺乏的局面。从市场供求状况的地区分布来看，就业难的问题在经济发达城市更为突出，大学生毕业后的就业选择多集中在北京、上海、广州等大中城市，而经济欠发达地区存在很多的职位空缺。

② 组织与工作形式

从组织形式上看，毕业生的选择多集中在国企、外企、民企、政府机关及事业单位等组织机构，这些不同的组织机构有着不同的企业文化与管理文化，其中员工的年龄层与价值观念也有所不同。因此，在就业时，大家可以结合自己的价值观和生涯兴趣，权衡多方面因素，选择最适合自己的组织形式。

从工作形式上看，目前社会上呈现出多种工作形式并存的局面。除了最常见的全职工作外，兼职工作、多重工作、自由职业、自主创业等形式也方兴未艾。具体来看，全职工作，即连续为同一雇主工作，每周平均工作40小时以上，具有相对高的保障和稳定性工作，除提供一定的薪酬外，也会为员工提供内部培训、五险一金等附加福利，使身在其中的员工充满归属感。兼职工作，即指每周为同一雇主工作不足40小时，它的收入和稳定性相较于全职工作都较差，但是在时间上有较大的灵活性。多重工作与兼职工作相类似，指为两个或两个以上雇主工作，通常的模式是在拥有一份全职工作外另做一份兼职工作。多重工作在收入、技能发展和多样性等方面均有优势，但需投入的时间和精力也更多。自由职业是指一个人的经营模式，它不与任何一家雇主长期签约，而是通过一桩一桩的合同或交易获得报酬。其形式自由、开放，但同时风险也较大，收入不够稳定。最后，自主创业即指通过成立公司等形式雇用他人进行生产经营活动，这种工作形式风险最高，但同时回报较高，适合自身能力强同时又有较好的风险承受能力的人从事。

从上述几方面来看，多种多样的就业现状给当代大学生就业增添了许多自由度，但是同时也增添了许多风险与不确定性。所以建议你在选择职业时，既把握这种自由的自主选择权，选择最适合自己的工作形式和单位，以及适合自己的生活形态，也在面对更加激烈的竞争时早早为就业做准备，通过多种实习、兼职、社会活动等形式历练自己，培养自己的技能，同时也加深自己对自身优势和职业选择的认识，为最终的求职做准备。

（2）工作与生活经历

在招聘中，用人单位不仅看重学生的学位，而且十分注重学位之外的品质情况，而这些常常是通过工作与生活经历练就而成的。比如：外企会更偏爱外语好的应聘者，同时也喜欢有海外留学经历或国际化交流活动经历的应聘者；高校更希望应聘教学科研岗位的求职者拥有博士以上学位，而一些重点高校还要求有海外留学的经历；一些软件企业，更愿意接受有相关编程、系统开发经验的应聘者；等等。

因此，如果能够知道自己所向往的职业并了解它们的入职条件，就可以为你获得理想工作争取时间与创造条件。你可以以这些条件为准绳规划自己的大学生活或未来的职业发展道路，只要你有一个奋斗的目标并孜孜不倦地为之努力，总有一天你可以实现这个目标。

（3）教育背景

托马斯·弗里德曼在《世界是平的》一书中向我们传递了这样一个观点：经济全球化使地球变得扁平化，资金、产业、市场、商品、文化、人力和天然资源等也都在扁平的地球上流动开来；世界的经济格局正在发生变化，如果我们不努力赶上时代的潮流，则终将被历史所遗忘。而且，随着产业全球化、国际化，人力资源市场也成为了国际化的统一市场。所以大学生要在未来的社会竞争中取得一席之地，就必须面对社会发展新趋势对人才的要求。

英国高等教育质量理事会曾就“毕业”的内涵开展讨论，他们认为，毕业至少需要包含如下几方面内容：评判性或分析性思维能力；应对复杂问题的普遍能力；有效的沟通能力；与别人结为伙伴，有效开展工作；独立完成工作；具备本领域的道德意识，成为自我批判、具有反思性的实践者，并且能够有效地在更为广泛的社会领域中加以应用。

人们普遍认为，大学教育可以让人获得更多的知识，有更多机会从事收入更高的工作，国外的一项研究显示，大学毕业生比同龄的高中毕业生的收入高出75%，而那些拥有研究生学位的人具有更大的优势。对比国内近些年的考研热，其中相当比例的学生考研是希望自己能拥有更高的学位，从而在就业市场上更有竞争力。但有人可能会说，现在大学毕业生的起薪不高，并没有感受到高学历带来的优势。但不应忽视的是，通过高等教育，人们更可能获得批判性思考的能力、终身学习的能力，以及对持续变化高度适应的能力。而这些恰恰是当今社会人力市场最看重的能力，因为这是推动个体职业发展的强劲动力。

（4）重要他人

最后，我们生活在社会中，有亲人、有老师、有朋友、有许许多多的社会关系，他们使得我们在生涯选择时不仅要考虑个人的感受，也应权衡他人的感受，在这里我们称之为重要他人对我们生涯选择的影响。

自我探索

我的生活角色

想想看，你在生活中都扮演了多少种角色？朋友、哥哥、同学、学生，你还可以想出更多吗？请把它们写在下面的横线上，并思考：哪些角色将对你的生涯选择影响最大？

____

____

____

家庭无疑是影响一个人生涯决定的重要因素。小的时候，父母往往会代替我们做选择上什么样的高中、考什么样的大学，绝大多数的人会听从父母的意见。但是随着年龄的增长，我们慢慢长大，需要选择自己的人生道路。这其中或许会出现与父母意见不同，如能沟通顺畅，那么当然好；如果沟通不顺，可能与父母产生摩擦，影响与父母的关系，这是大家都不愿看到的结果。其实，有矛盾并不可怕，关键是要找到解决问题的办法。因此，了解家庭对自己职业选择的影响，并试着化解家庭成员间的误解与矛盾，对我们成就理想事业至关重要。

重要他人的影响

请写下你的父母及对你成长有重要影响的他人所从事的职业，并思考一下；他们对你选择人生的方向产生了怎样重要的影响？

父母和重要他人：

父亲　职业　　　　影响＿＿＿＿＿＿＿＿

母亲　职业　　　　影响＿＿＿＿＿＿＿＿

他人　职业　　　　影响＿＿＿＿＿＿＿＿

假如父母期望与自己期望从事的职业背后有冲突，我们可以试图从双方的价值观入手来调解，想一想父母为什么希望你从事这样的职业？它的背后体现了怎样的价值观？也许你不能认同这些职业选择，但是你认同这些价值观吗？是否可以在双方的职业上找到一些相似的价值观并借以沟通？在了解了双方的冲突点后，你需要练习的是通过沟通向你的父母表达你的观点并相互协商。这时候你可以选择角色扮演的方式请一个同学帮助你练习，或者你可以使用空椅技术，找一把椅子，在上面放上自己要沟通的人的姓名，然后对着椅子进行练习。这两种方法都可以有效地消除你的胆怯和畏惧，同时反复的练习也可以使你在正式沟通时表达更加流利。

最后你需要注意的是，不要对结果抱有过高期望，沟通并非说服，它旨在彼此间表达观点，互相了解，求得彼此的理解与体谅。但是并不能全盘否定父母的想法，你可以努力让父母在保留意见的基础上，求得他们的支持或默许。即便是沟通失败，你也应体谅父母的苦心，无论怎样的期望，他们的出发点总是好的；再者，他们几十年的观点与期望很难在短时间内改变，所以无论沟通的结果怎样，只要最终能够向父母表达自己的观点就是一种成功，沟通本身有助于拉近彼此的距离。

2. 探索职业世界的方法

好工作不会从天而降，同时，第一份工作也不会带给你所有愿望的满足。在寻找工作的过程中，更重要的是找寻独立生活的基础、工作带来的快乐、自身价值的体现等，而不是让自己成为工作的奴隶。生涯探索与规划是一个过程，在大学中主要是对当前个人的心理需求、愿望等进行了解，为以后进入职场做好准备，具体可以从以下方面进行考虑。

（1）生涯规划要探索的问题

如果通过自我探索你已初步确定了可能适合从事的工作类型，那么要实现自己的生涯目标还需要思考表 4.4 中的一些问题。根据回答，你可以初步了解自己职业选择背后的原因，然后为实现愿望开始做相应的准备工作。

表 4.4　生涯规划要探索的问题

我现在在哪里？ 我已经得到什么？	例如：你需要考虑： 你在曾经选修过的科目中的学习和进步情形？ 你在实习或找工作中的学习和进步情形？ 你已经培养的技能是什么？
我要去哪里？ 我想得到什么？	例如：出国？考研？保研？就业求职？
我需要什么到达那里？ 我需要什么才能成功？	例如：达成生涯目标所需准备的知识与技能包含哪些？ 要学好它们，你需要具备什么技能？ 它们对什么工作有用？ 会有很多压力吗？
我要采取什么行动？	例如：和老师谈谈？去就业指导中心？看网上资讯？
有关的时间限制	你需要考虑你要设定的目标以及达成目标的期限
我如何知道已经达到目标了？	例如：当你决定好自己的生涯路径时，告诉父母、老师。
我要和谁讨论我的想法？	例如：长辈？朋友？

（资料来源：周莉，刘海娟. 大学生心理健康教育. 2 版.［M］. 北京：中国人民大学出版社，2015.）

（2）确定大学不同阶段的发展目标

职业生涯规划在大学的不同阶段，可以设定不同的发展目标。表 4.5 是根据大学生中比较典型的未来发展方向（如就业、考研、出国等）列出的职业发展规划参考。你可以根据自己的实际情况进行调整与修改生涯规划发展目标。

表 4.5 生涯规划发展目标

<table>
<tr><th></th><th>大一上</th><th>大一下</th><th>暑假</th><th>大二上</th><th>大二下</th><th>暑假</th><th>大三上</th><th>大三下</th><th>暑假</th><th>大四上</th><th>大四下</th></tr>
<tr><td>就业</td><td rowspan="4">适应大学生活，改变角色</td><td rowspan="4">学习，进行专业调查</td><td rowspan="4">参加英语培训，提高英语水平</td><td rowspan="4">考大学英语四级，职业决策</td><td>参加社团，考试</td><td>游学</td><td colspan="2">专业课学习，实习工作</td><td>全职实习</td><td>求职</td><td>毕业设计，就业</td></tr>
<tr><td>考研</td><td>参加社团</td><td>游学</td><td colspan="2">专业课学习，准备考研需要科目</td><td>考研基础</td><td>考研冲刺</td><td></td></tr>
<tr><td rowspan="2">出国</td><td rowspan="2">托福学习，参加活动</td><td rowspan="2">积累个人经历</td><td colspan="2">保持专业课 GPA</td><td rowspan="2">8 月托福考试</td><td rowspan="2">（9～11 月）签证材料</td><td rowspan="2">3 月面试，4～5 月签证</td></tr>
<tr><td>GRE 培训</td><td>6 月 GRE 考试</td></tr>
</table>

资料来源：周莉，刘海娟．大学生心理健康教育．2 版．[M]．北京：中国人民大学出版社，2015.

（3）进入实操环节

有了前面自我探索、发展计划的制订，就可以进入实际操作环节。表 4.6 提供了一个职业探索计划范例，你可以仿照它制订自己的计划，也可以根据自己的需要进行调整与修改。

表 4.6 职业探索计划

时间	任务	具体细节
9 月	校内取经	任务：访问至少五位师兄、师姐、老师。 目标： ● 了解学校相关就业政策。 ● 明确寻找就业、实习的多条渠道。 ● 了解目标行职业对入职者的基本要求（以此规划自己大学余下时光如何度过）。 ● 通过校内资源结识职场人士，为 11 月采访做准备。 ● 生涯迷思（我到底想从事什么样的工作？它的优劣势我都清楚吗？权衡利弊后我找到自己努力的方向了吗?）。

续表

时间	任务	具体细节
10 月	职场初探	任务：参加至少五场校内外招聘宣讲会，准备中文简历一份，网申至少五家公司，争取一份面试机会 目标： ● 熟悉寻找实习、工作的完整流程。 ● 尽早体验毕业生心态 ● 为自己找工作积累实战经验。
11 月	职人相识	任务：对目标行职业的至少五位职场在职人士进行访谈。 目标： ● 尽可能多地了解梦想职业的真实状态，逐渐缩小理想与现实的距离 ● 了解目标行职业所需的基本技能及入职要求，帮助明确自己的前期准备。 ● 保持与在职人士的联系，为自己争取工作和实习机会积累人脉。
12 月	我的计划	任务：对目标行职业进行数据调研，阅读职业指南，搜索公司网站，完成行业报告和个人梦想路线图。 目标： ● 画出目标行职业蓝图，如包括自己职位的晋升路线、自己职位与其他行业职位的关系，行业内部的五家代表性企业的共性与区别等 ● 根据自己的实际情况，起草个人梦想路线图：你的梦想是什么？你要如何实现它？近期目标与远期目标分别是什么？

资料来源：周莉，刘海娟．大学生心理健康教育．2 版．［M］．北京：中国人民大学出版社，2015.

（4）充分利用身边的资源

在职业规划的过程中，一个有效的办法就是充分利用身边的资源，帮助你有效地完成大学中的生涯规划。尤其是当你确定了生涯目标和行动计划，却总是拖延，没有动力去执行的时候，向心理咨询中心或者职业发展中心的老师寻求专业帮助，不失为一个好办法。你们可以一起探讨行动计划是否合理，是否每天的任务量太多、太难，是否自己根本没有那么大的动力去从事自己确定的行业。

● 专业教师

如果有机会可以多和所学专业的老师进行交流，向他们请教所学专业的性质、特点发展趋势、行业特点等等，让你对专业有更加深入的认识。

- 就业指导中心

在就业指导中心，你可以获得学校历年就业趋势走向，企业招聘、实习单位的信息，还能接受求职技巧、技能的培训，如撰写简历、参加面试等。老师还会为你做职业兴趣测试、能力测试，帮助你进行职业规划。

- 心理咨询中心

在心理咨询中心，你可能会和老师共同探讨自己内心的兴趣、意愿所在，了解你对工作、生活意义的理解，明确自己的需求，处理在职业选择中的情绪困扰、内心冲突等问题。

- 校友、学长

校友、学长是重要的人际网络资源，通过他们，你能够获得对实践工作领域状况的描述和个人经验感受。你如果能够获得推荐机会进入企业实习，更可以直接感受企业的文化与工作氛围。

- 父母、朋友、老师、同学等

建立良好的社会支持系统非常重要，父母、朋友、老师、同学都是这一系统的重要组成部分。在生涯规划中，遇到困难、犹豫不定或充满困扰时，能与你值得信任的人进行交流非常重要。或许这种交流不一定能解决实际困难，但是会让你释放压力，重新有力量面对困难与挑战。

课堂活动

生涯规划档案

一、你如何描述自己？

1. 你的霍兰德类型：______ ______ ______

请根据表4.3“霍兰德职业兴趣类型倾向”表中符合你自身情况的描述：

____

____

2. 你的MBTI偏好类型：______ ______ ______

请根据表4.1“MBTI四个维度的特征”和表4.2“MBTI对应的职业

倾向通常具有的特征”表中对 MBTI 类型的描述，写下最能描述你自己的语句。

____

注意：你所考虑的职业至少应当在一定程度上允许你表达自己的兴趣和个性。如果在阅读完相关材料并做完测试后你仍不能确定自己的类型，请与职业生涯咨询师约谈。

二、职业清单

1. 你的霍兰德类型建议你考虑的职业

根据你的兴趣探索结果，列出至少 10 种与你霍兰德类型相对应（或近似）的职业，并标出每种职业的霍兰德代码。

职业　　　　　　霍兰德代码（3 个字母）

（1）__________　__________

（2）__________　__________

（3）__________　__________

（4）__________　__________

注意：同时请参考你所做的其他兴趣练习。请思考：什么样的职业令你感兴趣？

我感兴趣的职业是：

1. ______________________________；

2. ______________________________；

3. ______________________________；

4. ______________________________；

5. ______________________________。

2. 你的 MBTI 类型所建议的职业

根据你的 MBTI 类型偏好，从相关测评或资料中所列举的职业中挑出你感兴趣的职业，至少要有 10 种。

职业

1. ______________________________；

2. ______________________________；

3. ______________________________；

注意：这些工作有什么共通之处吗？请根据自己的 MBTI 类型思考，什么样的职业能使你感到满意？

____

三、将你的清单上的职业进行分类和进一步探索

对于你在前两页上所列出的每一个职业进行分类，并把它填在相应的横线上。比如，“医生”这个职业在你的兴趣列表和 MBTI 列表中都有出现，就将它列在第一类中，在第四类中，列出那些你特别感兴趣但在前面未曾出现过的职业。

第一类：很有可能

在兴趣和个性探索中都曾出现过的职业

______________　______________

注意：这些职业都值得你去深入地探索。你的职业探索最好首先集中在这些职业上。了解这些职业的要求和工作环境等细节。根据目前你对自己的兴趣和个性的了解，考虑一下你将会如何从事这份工作。

第二类：比较有可能

在兴趣或个性探索中曾出现过一次的职业

____

____

注意：这些职业也有比较大的可能性，供你进行下一步的探索。

第三类：有些可能

根据你的兴趣和个性探索，符合你一方面的情况却与另一方面的情况有冲突的职业

______________　______________

______________　______________

注意：考虑一下，如果你从事这些职业，会出现什么情况？是否会有矛盾冲突？如何解决？

第四类：其他的职业

在兴趣和个性探索中都未曾出现且与之没有共同点的，但你感兴趣的职业

______________　______________

注意：这些职业的可能性通常不是很大。问问自己：你为什么会对它感

兴趣？是出于什么样的动机？想想你的目标和信念是否与这些工作匹配。

四、你的价值观

你最重要的五项价值观，并请具体说明它们的含义。

1. ____________________
2. ____________________
3. ____________________
4. ____________________
5. ____________________

五、你的技能

找出你最擅长并愿意在未来职业中运用的技能。

1. 你最重要的五项自我管理技能（形容词）

（1）____________________
（2）____________________
（3）____________________
（4）____________________
（5）____________________

2. 你最重要的五项可迁移技能（动词）

（1）____________________
（2）____________________
（3）____________________
（4）____________________
（5）____________________

3. 你最重要的五项专业技能（名词）

（1）____________________
（2）____________________
（3）____________________
（4）____________________
（5）____________________

六、继续探索的职业清单

重阅你在前面所列出的所有职业，根据你对自我的了解，结合你的价值观和技能，在下面空白处列出那些你想继续探索的职业（可以是上面曾出现过的，也可以是未曾出现但符合上面共同特点的职业）。

__________________　　__________________

__________________　　__________________

注意：在选择你想继续探索的职业时，请不要在未对它有任何了解前就轻易地将它排除。在这张清单上，你需要有足够的职业供自己探索，但也要有一定的目标。也就是说，最好不少于5个，不多于10个。将你的精力集中在下面这些职业上。

作为职业探索的一部分，下一步我打算：

职业早期计划（____年）：在大学的生活中。完成以下任务：

1. ____
2. ____
3. ____
4. ____
5. ____

职业生涯中期计划（____年）：在经过一番拼搏奋斗之后，进入研究生学习阶段，要适应从大学那种基础理论的认知的简单思维中走出来，适应紧张而高水平、深层次的学习研究思维。在这期间要完成的任务如下：

1. ____
2. ____
3. ____
4. ____
5. ____

职业长期计划（____年）：每个人天天对着同样的事物，都不会有太大的兴趣，从而讨厌、厌烦这种事物。所以这段时间我们应该做的就是克服这种心理。然后，保持一颗上进的心，不断向更高的领域进行努力。需要完成以下任务：

1. ____
2. ____
3. ____
4. ____
5 ____

推荐资源

1.《你的降落伞是什么颜色》理查德·尼尔森·鲍利斯 中信出版社

推荐理由

如果你想同案例里的小欢一样求职顺利，了解自己优势与劣势；洞悉现存求职体系薄弱内幕的良机；走出求职误区的可能；领会最有效的求职思路和方法的机会……这是本不应错过的著作，你将了解最有效的求职途径，帮助你找到理想的工作。

2.《当幸福来敲门》电影

推荐理由

一部教你如何从进入职场，迎战职场和生活中困难的影片。已近而立之年的克里斯·加德纳是一名普普通通的医疗器械推销员，费尽周折赢得了在一家声名显赫的股票投资公司实习的机会，为了通向幸福之路，克里斯决定走下去。通过影片同学们可以学到在实习中如何不断自我突破，提高工作技能，累积实践经验，凭借智慧与努力，开辟成功的职业生涯。

参考文献

[1] 陈月平，吴会东，张彦云. 大学生心理健康教育与发展 [M]. 北京：北京师范大学出版社，2017.

[2] 周莉，刘海娟. 大学生心理健康教育. 2 版. [M]. 北京：中国人民大学出版社，2015.

[3] 钟谷兰，杨开. 大学生职业生涯发展与规划. 2 版. [M]. 上海：华东师范大学出版社，2015.

[4] [美] 哈苏克苏. 发现你的职业性格：MBTI 帮助你改善工作方式和人际关系（修订本）[M]. 穆瑞锋，等译. 北京：电子工业出版社，2015.

[5] [美] 赔娜·邓宁. 你的职业性格是什么——MBT16 型人格与职业规划. 2 版. [M]. 杨良得，译. 北京：电子工业出版社，2014.

[6] [美] 理查德·尼尔森·鲍利斯. 你的降落伞是什么颜色 [M]. 李春雨，等译. 北京：中国华侨出版社，2014.

[7] 中华人民共和国人力资源和社会保障部：http：/www/. mohrs. gov. cn.

第五章　情绪与压力应对

案例

大一新生小静，性格温和，总是面带微笑，平时对老师和同学都非常有礼貌，几乎从不发脾气，同学们都说她性格很好。但是自从进入大学，同宿舍的一位同学长期占用了小静的书架，小静为此心里是很不高兴的，很想找个机会向那位同学说明“这是我的地方”，不想委曲求全来讨好别人，可又担心这么做会影响同学关系，事情传到别的宿舍会影响自己在同学心中的形象。

这段时间以来，只要回到宿舍，就不由自主地看向书架上另一个同学的物品，心里又气又委屈，在宿舍里看不进去书，也不想出去散心，晚上睡觉的时候总是去想怎么解决这个问题，往往是想着想着就失眠了，导致第二天上课的时候没有精神，现在想到这件事，心情也变得更加糟糕了。

一、什么是情绪

案例中的小静不知道怎么表达自己情绪，担心情绪失控影响同学关系，这给自己带来更大的压力，对日常的学习生活产生了更多的负面影响。设想一下，如果你处于这种情况下，如何释放情绪而不影响生活呢？下面，我们来一起认识情绪。

人们在认识外界事物时，会产生喜与悲、乐与苦、爱与恨等主观体验。人对客观事物的态度体验及相应的行为反应称为情绪。当代心理学家把情绪定义为一种躯体和精神上的复杂的变化模式，包括生理唤醒、感觉、认知过程以及行为反应，这些都是对个人知觉到的独特处境的反应。

一般来说，情绪的定义必须包含两个方面：一是情绪体验是好的还是坏的；二是这些体验有特殊的身体唤醒水平。也就是说，情绪体验在这两个维度上不同，研究表明所有的情绪体验都可以用图 5.1 的坐标来表示。

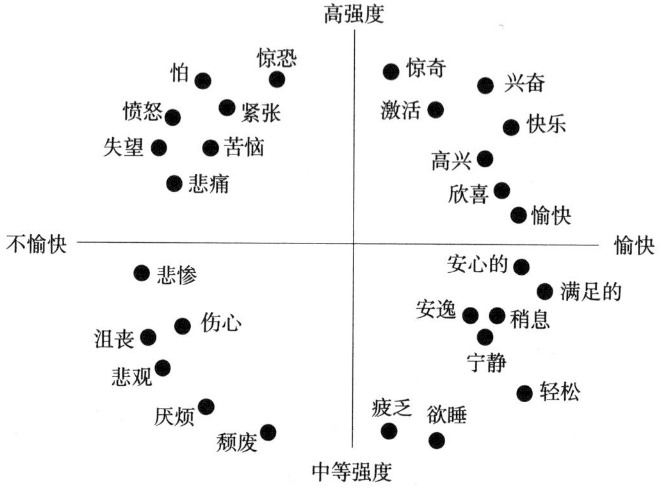

图 5.1　情绪的两个维度

（资料来源：［美］丹尼尔·夏科特. 心理学［M］. 上海：华东师范大学出版社，2017.）

（一）情绪的产生

首先，随着情绪的发生，会产生一系列生理变化，主要表现在呼吸系统、循环系统、消化系统和腺体活动的变化上，这些变化都可以作为情绪变化的指标。例如，每个人在第一次竞选班委、表演节目时会紧张得手心出汗、心跳加快，严重时还会出现肾上腺素升高、尿频的现象。

其次，产生某种情绪时会有表情的变化，主要包括面部表情、姿态表情和言语表情。面部表情是指个体五官的变化，如眼神温柔、横眉冷对、咬牙切齿、面红耳赤等，这是一种通过面部表情表达情绪的方式。除了面部表情外，人的全身动作也有表达情绪的作用。比如，恐惧发怒时全身发抖，高兴时手舞足蹈，悲哀时动作缓慢、步履沉重。言语表情也是情绪表达的一种表现，主要是通过说话时的声音、语调、节奏等体现。例如，悲哀时语调低沉、节奏缓慢，高兴时语调高昂、节奏加快，爱抚时语言温柔，愤怒时言语生硬等。

最后，情绪还包括主观体验，指的是对不同情绪的自我感受。每种情绪都有不同的主观体验，如高兴时心情愉悦，哀伤时心情沉重。每个人的主观体验和表情反应之间存在某种相应的关系。比如，向心仪已久的女生表白成功，愉悦的心情伴随着欢快的面部表情或者手舞足蹈的姿态表情。

（二）情绪的种类

生活中，每个人都有过各种各样的情绪体验，那么情绪有多少种类呢？近年来，许多研究者对情绪的种类进行了长期的探索，其中有两种分类方式比较具有代表性。

1. 按照情绪的形式分类

（1）基本情绪：人与动物共有的先天的情绪，每一种基本情绪都具有独立的神经生理机制、内部体验和外部表现，并有不同的适应功能（包括快乐、悲哀、愤怒、恐惧）（见图 5.2）。

图 5.2　基本情绪类型

快乐。快乐是指在现实生活中盼望已久的目标达到之后，或者从对某一事物的极度紧张中解脱出来的一种情绪体验，即心理上的愉悦。比如我们收到了心仪已久的礼物、迎来了高考后的休息和放松。快乐和舒适可带来满足感和幸福感。

悲哀。悲哀是最普遍、最一般的负性情绪。在每个人的一生中，从出生到死亡，痛苦是不可避免的。一般来说，悲哀与自己喜爱事物的失去有关。引发人悲哀的事情可能是轰轰烈烈、惊天动地的大事，也可能是一桩不起眼的小事。悲哀的程度取决于失去的事物对自己的价值，失去的东西价值越大，引发的悲哀程度越大；反之，价值小的事物引发的悲哀程度较小。

愤怒。愤怒是人类在进化过程中遗留下来的基本情绪，是指个人目的不能达到或一再受到妨碍从而逐渐积累而产生的情绪。此外，挫折不一定引起愤怒，但如果个体认为阻挠是不合理的甚至是恶意的，则挫折也容易引起愤怒，这种愤怒有时会引起攻击行为。例如英语测试成绩多次不理想并不会引起愤怒，但是本章案例中小静遇到的情形引起了她愤怒的情绪。

恐惧。恐惧是每个人企图摆脱、逃避某种情境而又无能为力时产生的情绪。恐惧与快乐和愤怒不同，快乐和愤怒都会使个体向对方接近，而恐惧是一种使个体企图摆脱危险并开始逃避的情绪。引起恐惧的关键因素是个体缺乏相应的力量来处理可怕情绪。此外，如果熟悉的环境发生了意想不到的变化，也会引发恐惧。

（2）复合情绪：即由不同基本情绪派生出来的情绪。

施洛伯格提出情绪有愉快 - 不愉快、注意 - 拒绝和激活水平三个维度，建立了三维模式（见图 5.3），其中，椭圆切面的长轴为“快乐”维度，短轴为“注意”维度，而垂直于椭圆的轴则是“激活水平”的维度，三个不同水平的整合就可以得到各种复合的情绪。

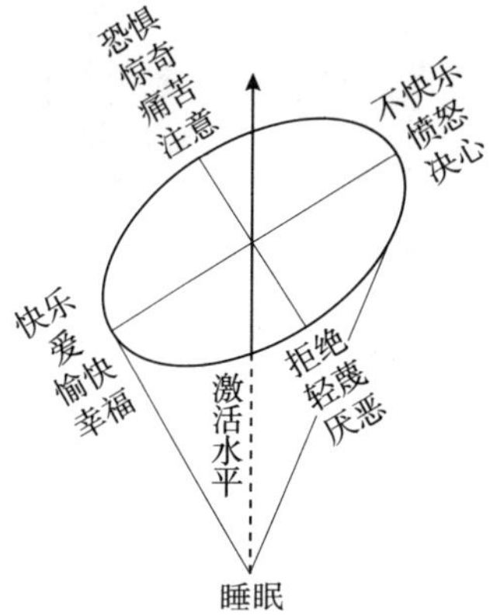

图 5.3　施洛伯格的情绪模型

（资料来源：彭聃龄. 普通心理学［M］. 北京：北京师范大学出版社，2019.）

普拉切克提出情绪的三个维度为：强度、相似性和两极性，他采用一个倒锥体来形象的描述情绪的三个维度之间的关系（见图5.4）。其中，锥体的截面被划分为八种原始情绪，其中相邻的情绪是相似的，对角位置的情绪是对立的，锥体自下而上表明情绪由弱到强的变化。这个模型的特点是描述了不同情绪之间的相似性及对立特征。

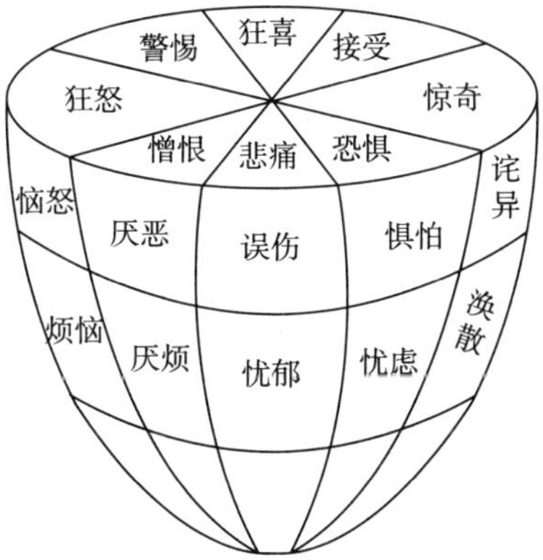

图5.4　普拉切克的情绪模型

（资料来源：沈德立．基础心理学［M］．上海：华东师范大学出版社，2012.）

2. 按照情绪的状态分类

（1）心境

心境是指每个人平静且持续时间比较长的一种情绪状态。心境持续的时间因人、因事而异，有很大的差别。持续的时间与事件的性质和每个人的人格特点有关。例如，获得很大成就的喜悦、失去亲人的痛苦引起的情绪反应可能持续时间比较长。心境具有弥散性，因某一特定事件引起之后，在一定时间内以同样的态度体验对待一切事物，就好像一个人戴着有色眼镜看世界，一切事物都被当时的心境染上了情绪色彩。例如高数期中考试成绩不佳，往往一段时间以来对待任何事都无精打采。除了某些事物引起的心境外，每一个人还有自己独特的、比较稳定的心境，有的人经常处于乐观向上的、朝气蓬勃的积极心境中，遇到问题经常能从积极的角度去看问题；而有的人经常处于悲观抑郁、萎靡不振的消极心境中，遇到困难总是看到事物的消极一面。

（2）激情

激情是一种强烈的、爆发式的、时间短暂的情绪状态。激情通常是由对个人来讲有特殊意义的事件引起的，如重大成功后的狂喜、惨遭失败后的绝望、突然失去亲人的极度悲痛等。在激情状态下，人的内部生理、外部行为、思维意识都发生着变化。例如，暴怒时，肌肉紧张、面红耳赤、言语粗犷、浑身发抖；狂喜时，手舞足蹈、振臂高呼；悲痛时，木然不动、涕泪交加。当激情的强度过大时，往往会减弱理智的思考作用，甚至失去控制自己的能力，产生不顾后果的行为；或者由于身体内部各项指标的急剧变化，出现休克甚至猝死的情况。

（3）应激

应激是遇到突然出现的意外情境时做出适应性反应的情绪状态。在生活中遇到突然发生的事件或偶然发生的危险时，要迅速地集中自己的智慧和经验，动员自己全部机体的力量，及时做出反应，应对紧急情况。

应激由应激源、应激认知和应激反应三个要素构成，应激源是产生应激的原因；应激认知是对应激源及其与自身之间关系的认识、评价与判断，它起着中间媒介的作用，决定着应激反应的强弱；应激反应是在应激源的作用下，个体在生理、心理和行为上发生的一系列变化，如心率过快、血压上升、呼吸急促、行为紊乱、动作失调、不知所措、语无伦次、张口结舌等。由于在心理上没有事先的预料，造成思维混乱，知觉、记忆错误，注意的转移发生困难。有的人在应激的状态下，全身发生抑制，呆若木鸡；有的人由于身体机能失调，发生休克现象。

自我探索

描述自我情绪

1. 每天用片刻时间独处，回忆一天的生活，并在笔记本上写下独处时的想法与感受。

2. 在生活中难免会有诸多的不顺利，你对此会做出什么样的反应和行为？比如，在情绪很压抑的时候，是否可以很好地表达出来呢？

此练习可以比较客观地了解每个人的情绪表现和反应；

- 当我生气时，我会________________
- 当我愤怒时，我会________________
- 当我害怕时，我会________________
- 当我嫉妒时，我会________________
- 当我悲伤时，我会________________
- 当我贪婪时，我会________________
- 当我忧郁时，我会________________
- 当我害羞时，我会________________
- 当我开心时，我会________________
- 当我恐惧时，我会________________
- 当我焦虑时，我会________________
- 当我烦躁时，我会________________
- 当我紧张时，我会________________
- 当我担心时，我会________________
- 当我不安时，我会________________
- 当我疑虑时，我会________________
- 当我内疚时，我会________________
- 当我苦恼时，我会________________
- 当我失望时，我会________________
- 当我自责时，我会________________

（三）情绪的功能

通过对情绪的了解，我们知道情绪往往是复杂的，情绪也是人们心理健康的晴雨表，其重要性相当于体温对于一个人生理健康的重要性。在大学生活中经常出现既想表达情绪又想控制情绪的情况。例如父母对我们的期待很高，但大学的学习方法一时又难以掌握，我们要控制情绪不让父母着急、难过，又需要空间和场合释放自己的情绪，这种矛盾的情况往往使自己陷入委屈、难过，最后会对大学的学习失去信心，对大学生活也不再有美好的憧憬。也正因如此，发现内心深处复杂的情绪感受，了解情绪的功能及其短暂性，有助于大学生提高自己的心理健康水平。

1. 唤醒功能

在前面的学习中，已经知道情绪反应会伴随生理上的唤醒，心理学家发现唤醒水平和绩效之间存在倒“U”形的关系，即耶克斯—道德逊定律（见图5.5）。太高或太低的唤醒水平都会损害绩效，有些工作在高唤醒水平下操作最好，有些则需要在比较缓和的唤醒水平下进行，决定唤醒水平的关键是工作难度。对于难度较大的科目和复杂的题目，达到理想的学习效果需要唤醒水平处于较低的一端，而当计算较为容易的题目时，要使得学习变得有效则需要提高唤醒水平以使自己不至于提不起精神。由此可见，情绪引发的生理唤醒可以更好地将学习效率和效果提升到比较高的水平。因此，情绪的一个重要功能就是激励自己前进，促使自己向目标迈进。

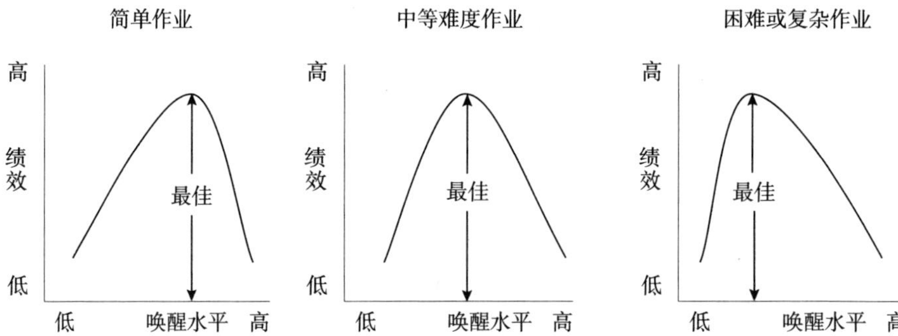

图5.5　耶克斯—道德逊定律

（资料来源：［美］戴维·迈尔斯．心理学．9版．［M］．北京：人民邮电出版社，2013.）

2. 社会功能

情绪在社交活动中拥有广泛的功能。每个人在自己高兴时会愿意在班级活动中和校园活动中做更多的尝试，报名之前自己从未参加过的100米田径赛，积极参与小组活动等，而悲伤时会在校园生活中变得消极，不想参加集体活动，不想走出宿舍。同时，研究表明，当个体处于最佳健康状况时，更愿意做出帮助他人的行为。例如，查到自己的高考分数特别理想时，就会主动帮助班级的其他同学查成绩，但如果自己的高考成绩非常不理想，情绪会变得低落，也就没有心思帮助其他同学查成绩了。

3. 认知功能

情绪会影响注意力、对自我和他人的知觉，甚至影响我们的解释、回忆、创造力等。每个人在处理和提取信息时，对那些和当前情绪一致的内容会表现出选择性的敏感，即情绪一致性处理。处于与当时储存记忆相同的情绪状态时，更容易提取信息。此外，积极、愉快的情绪会产生更有效率、更富创造性的想法，因此，在大学生活中保持良好的情绪，我们与同学的人际关系会更好，学习会更有效率。

二、情绪与生活

（一）情绪与健康

情绪既可致病，亦可治病，良好的情绪是保持身体健康的重要保证，也是促进心理健康的重要条件。不良情绪有害身心健康，不良情绪主要包括过度的情绪反应和持久性的消极情绪两种。过度的情绪反应既包括如狂喜、暴怒、悲痛欲绝等强烈情绪，也包括过于迟钝、无动于衷、冷漠无情等与现实刺激强度严重不符的、极弱的情绪反应；持续性消极情绪反应主要指引起悲、忧、惧、怒等消极情绪的刺激消失后，人们仍然很长一段时间内沉浸在消极情绪之中不能自拔。巴甫洛夫曾讲过："忧愁、顾虑和悲观可以使人得病；积极、愉快、坚强的意志、乐观的情绪可以战胜疾病，使人更加强壮和长寿。"

1. 情绪与身体

情绪影响和调节每个人的生理或身体状况。情绪出现时，会使呼吸系统、循环系统、内分泌系统中的各项身体指标发生变化，如呼吸加速是要加快体内氧化作用，心跳加快、血压升高，是要促进血液循环，如此才能够适应复杂的环境变化。但如果长期情绪紧张、心烦意乱、焦躁不安，会使血中儿茶酚胺上升，血压增高，心跳加快，血液中胆固醇、甘油三酯浓度超出正常水平，造成血清蛋白过多，动脉粥样硬化等。因此，保持健康的、积极情绪是非常重要的。

2. 情绪与心理

情绪属于心理现象的一部分，它和其他心理现象之间有着非常紧密的联系。

（1）情绪影响认知

处在不良心境、强烈的激情和应激状态时，思维会发生混乱，感知、记忆会发生错误，注意转移会发生困难等，整个认知能力会降低；过度的悲伤、抑郁会沉浸在自己的情绪中，无法感知周围世界等。

（2）情绪影响能力

不良的消极情绪会影响能力的正常发挥，影响潜能的挖掘，限制创造力。

（3）情绪影响人格

情绪，尤其是持续的情绪状态会改变人格结构，如长期自卑，会形成自卑人格；持续悲观，会成为一个悲观沮丧的人。

（4）不良情绪会导致心理疾病

害怕久了会变得恐惧，恐惧持续时间长且无法调整可能会发展为恐惧症；犹豫久了可能会发展为抑郁症等。

3. 情绪与行为

情绪对人的行为具有组织和调节功能。适中强度的积极情绪对行为活动起促进作用，尤其是，人处于应激状态的时候，可以做出平时根本不可能做到的事情。相反，消极的情绪对行为活动起抑制作用。

（1）情绪影响学习效果

愉快强度过高与过低的时候，学习效果不如愉快强度适中时好，而负性情绪的强度水平与学习效果之间基本上呈直线相关，即负性情绪的强度越大，学习效果越差。

（2）情绪影响考试成绩

有的同学平时学习成绩不错，但关键考试不尽如人意。由于过度担心与紧张、过度焦虑与恐惧，会在考试时大脑出现抑制状态，俗话说的“脑子一片空白，什么也想不起来”，但是紧张度太低，也会影响考试成绩。考试成绩与情绪强度之间呈倒“U”形关系。

（3）情绪影响日常交往

由于自卑、紧张、害怕而不敢与他人交往，即使交往也不能正常表现，严重影响了良好人际关系的建立，进而从马斯洛需求层次的角度来看，很多正常需要不能获得满足。

（4）情绪会导致冲动行为

每个人在非常激动的时候，都不能冷静地思考问题，很难控制自己的行为表现，容易说出并非自己本意的言语，做出使自己后悔的决定，甚至造成严重的行为后果。

自我探索

A型行为类型问卷（TABP）

答题说明：测验共60题，请根据自己的情况判断“是”或“否”。本问卷包括60个题目，施测时间建议15～20分钟。

1. 我觉得自己是一个无忧无虑、悠闲自在的人。
2. 即使没有什么要紧的事，我走路也快。
3. 我经常感到应该做的事情太多，有压力。
4. 我自己决定的事，别人很难让我改变主意。
5. 有些人和事情常常使我十分恼火。
6. 我急需买东西但又要排长队时，我宁愿不买。
7. 有些工作我根本安排不过来，只能临时挤时间去做。
8. 上班或赴约会时，我从来不迟到。
9. 当我正在做事时，谁要是打扰我，不管是有意无意，我总是感到恼火。
10. 我总看不惯那些慢条斯理、不紧不慢的人。
11. 我常常忙得透不过气来，因为该做的事情太多了。

12. 即使跟别人合作，我也总想单独完成一些更重要的部分。

13. 有时我真想骂人。

14. 我做事总是喜欢慢慢来，而且思前想后，拿不定主意。

15. 排队买东西，要是有人加塞，我就忍不住要指责他或出来干涉。

16. 我总是力图说服别人同意我的观点。

17. 有时连我自己都觉得，我所操心的事远远超过我应该操心的范围。

18. 无论做什么事，即使比别人差，我也无所谓。

19. 做什么事我也不着急，着急也没有用，不着急也误不了事。

20. 我从来没有想过要按自己的想法办事。

21. 每天的事情都使我的精神十分紧张。

22. 就是去玩，如逛公园等，我也总是先看完，等着同来的人。

23. 我常常不能宽容别人的缺点和毛病。

24. 在我认识的人里，个个我都喜欢。

25. 听到别人发表不正确的见解，我总想立即就去纠正他。

26. 无论做什么事，我都比别人快一些。

27. 人们认为我是一个干脆、利落、高效率的人。

28. 我总觉得我有能力把一切事情办好。

29. 聊天时，我也总是急于说出自己的想法，甚至打断别人的话。

30. 人们认为我是个安静、沉着、有耐性的人。

31. 我觉得在我认识的人之中值得我信任和佩服的人实在不多。

32. 对未来我有许多想法和打算，并且总想都能尽快实现。

33. 有时我也会说人家的闲话。

34. 尽管时间很宽裕，我吃饭也快。

35. 听人讲话或报告如感到讲得不好，我就非常着急，总想还不如我来讲。

36. 即使有人欺侮了我，我也不在乎。

37. 我有时会把今天该做的事拖到明天去做。

38. 当别人对我无礼时，我对他也不客气。

39. 有人对我或对我的工作吹毛求疵时，很容易挫伤我的积极性。

40. 我常常感到时间已经晚了，可一看表还早呢。

41. 我觉得我是一个对人对事都非常敏感的人。

42. 我做事总是匆匆忙忙的，力图用最少的时间办尽量多的事情。

43. 如果犯有错误，不管大小，我全都主动承认。

44. 坐公共汽车时，尽管车开得快我也常常感到车开得太慢。

45. 无论是做什么事，即使看着别人做不好，我也不想拿来替他做。

46. 我常常为工作没有做完，一天又过去了而感到忧虑。

47. 很多事情如果由我来负责，情况要比现在好得多。

48. 有时我会想到一些说不出口的坏念头。

49. 即使领导我的人能力很差，水平低，不怎么样，我也能服从和合作。

50. 必须等待什么的时候，我总是心急如焚，缺乏耐心。

51. 我常常感到自己能力不够，所以在做事遇到不顺利时就想放弃不干了。

52. 我每天都看电视，同时也看电影，不然心里就不舒服。

53. 别人托我办的事，只要答应了，我从不拖延。

54. 人们都说我很有耐心，干什么事都不着急。

55. 外出乘车、船或跟人约定时间办事时，我很少迟到，如对方耽误我就恼火。

56. 偶尔我也会说一两句假话。

57. 许多事本来可以大家分担，可我喜欢一个人去干。

58. 我觉得别人对我的话理解太慢，甚至理解不了我的意思似的。

59. 我是一个性子暴躁的人。

60. 我常常容易看到别人的短处而忽视别人的长处。

评分标准：

题目中，有些是答“是”得分，有些是答“否”得分。如下：

答“是”计分的题目。（每题1分）

2、3、4、5、6、7、9、10、11、12、15、16、17、21、22、23、25、26、27、28、29、31、32、34、35、38、39、40、41、42、44、46、47、50、53、55、57、58、59、60。

答“否”计分的题目。（每题1分）

1、14、18、19、30、36、45、49、51、54。

判别标准如下：

50～37 分属于典型的 A 型

36～29 分属于中间偏 A 型（简称 A－）

28～27 分属于中间型（M 型）

26～19 分属于中间偏 B 型（简称 B－）

18～ 1 分属于典型的 B 型

解释说明

A 型人格者属于较具进取心、侵略性、自信心、成就感，并且容易紧张。A 型人格者总愿意从事高强度的竞争活动，不断驱动自己要在最短的时间里干最多的事，并对阻碍自己努力的其也人或其他事进行攻击。B 型人格者则属于较松散、与世无争，对任何事皆处之泰然。

A 型人格特征为：向自己撰写或拟出的目标迈进；渴望得到别人的肯定；声音破裂爆炸型；急速地移动、走路及饮食的习惯；竞争心强；从事许多事情，关心的范围很广泛；自大、独断；休息时自感不安或有罪恶感；不知如何欣赏大自然与鸟语花香；现实主义者；永远感到时间紧迫；工作讲求效率；相信成功之道是比别人工作效率高；将生命以数字计算；相信自己是 A 型性格者，但自信认为无法改变，且此种人格类型不伤大雅。

B 型人格特征为：未有上述任何一种 A 型人格物质在自身体现；从未感到被时间所迫，亦未因时间不够用而感到厌烦；除非万不得已，不在别人面前自夸；万事逆来顺受，不对别人产生敌意；消遣时，身心松弛，心旷神怡，与世无争，尽兴而返；休息而无罪恶感；不易为外界事物所扰乱；很容易使自己放下未完成之事而稍作休息或另觅生活之趣；时间感弱。

（资料来源：张作记. 行为医学量表手册［M］. 北京：中华医学电子音像出版社，2007.）

（二）关于情绪的误解

1. 负性情绪是不好的

“不要哭，不要难过”，这是最常听到的安抚情绪的话，这句话表明了很多人对待情绪时普遍认为哭是不好的，所以“不要哭、不要难过，要坚强”这种观点已经深深地扎根在很多人的心里，每个人都不希望有负性情绪，希望自己能够拥有阳光、向上的心态。

其实情绪是个信号灯，是在提醒自己去了解、反省自身和他人的状态，去更好地适应环境、生存和发展。在生活中遇到对自己有重大影响的事件时，出现难过、伤心、愤怒等情绪都是正常的，正确的方式是接纳自己的情绪、真实地面对情绪，这时身边的同学和舍友也会收到我们发出的信息，知道我们正处于困难之中，需要他们的帮助。

2. 要压抑情绪

压抑是一种心理防御机制，通过把危险的或痛苦的感觉排除在感知系统外，帮助人们控制在某些情境中产生的内疚感和焦虑感。虽然压抑有助于应对困难，但是压抑也将这种压迫感封闭起来。这种以压抑隐藏情绪而维护个人形象，或是顺从权威、保持人际关系稳定的做法，或许会换来一时的安定，但是长久来看则有可能出现身心问题。长期压抑自己的情绪，容易患上偏头痛、胃溃疡、癌症等疾病，而且可能导致各种精神疾病的发生。

另外，对情绪表达的抑制还表现在性别的差异上。例如，对于男同学而言，在中国的传统文化中并不提倡男性通过哭泣或其他方式表达悲伤等情绪，因为这样的表现会使男性显得软弱、无能，但这样的做法其实不利于成长和发展。在生活中，要认真地感知和识别情绪，并选择恰当的方式去表达情绪，同时去做好自己能做的。就像期末考试的时候，与其为即将到来的考试而犯愁，耗费精力担心不及格，不如抓紧时间复习功课，避免不及格的情况发生，变被动为主动。

3. 情绪不重要

生活中，一些大学生常常忽视情绪的存在，可能与高考前紧张的学习压力有关，过度强调主观意志，对情绪采取不管不顾的态度。短时间来看，忽视情绪也许可以迫使自己把注意力放到学习上，但实际上，过多的情绪已经导致无法专心学习。这时候应该暂时放下手边的书本，推迟社团活动，让自己放松下来，只有当心情变得舒畅起来，效率才可以提高。

三、情绪与压力

现在一些媒体平台似乎都对大学生有一些误会，比如社会大众对当今大学生的评价更多的可能是“无所事事，只想着玩，上学时不好好学习，工作之后又不能好好上班……”各种不好的评价。面对这些评价，审视自身的情况，我们大学生是否感受到了压力呢？

（一）压力的产生

压力是指在适应生活的过程中，当环境的需求和自身的应对能力不匹配时，个体感觉受到的一种身心紧张状态。压力产生有以下三个关键要素。

1. 觉察到了挑战

环境的改变、重大生活事件或者日常生活困扰引起焦虑反应。例如，初到大学开始集体生活，有的同学过去没有这方面的生活经验，不知如何与宿舍同学交往，感觉到焦虑，产生了压力。

2. 压力事件对个体具有重要的价值

只有在个体认为挑战对自己而言有重要的价值时，压力才会产生，否则是不会产生压力的。例如，非常在意某一科的成绩时，考试时就会有压力。

3. 成功的不确定性

如果遇到能够很容易解决的问题，是不会有压力体验的，而在困难面前，看不到成功的可能性时，体验到压力也会很低。只有面对巨大的挑战时，不确定自己是否能够成功，就有可能感受到压力。例如，课程表上有一门过去从没接触过的课程，上课时老师讲授得又比较快，似乎听懂了，但习题还是不会做，这时会有压力产生。

（二）压力的表现

当我们感受到压力时，通常会在情绪、认知、行为和生理上有所体现。

1. 压力的情绪症状

长期处于压力状态会使个体出现焦虑、抑郁、愤怒、恐惧、悲伤、挫折感、内疚感和羞耻感。

2. 压力的认知症状

压力有时候会使注意力难以集中、记忆力变差、思路模糊不清、思维不合逻辑、健忘、做噩梦等。压力的认知症状有时候会与情绪症状尤其是恐惧、焦虑、抑郁和愤怒联系在一起。

3. 压力的行为症状

压力的行为症状通常在生活中表现得比较明显，包括直接反应症状和间接反应症状。直接反应症状包括冲动行为、演讲时吞吞吐吐或结巴、对他人施以语言攻击、易受惊吓、不能静坐、很难长时间从事某项活动。间接反应症状包括抽烟增多，对咖啡、茶、可乐、巧克力等消费增加，喝酒增多，等等。

4. 压力的生理症状

压力对神经系统、消化系统、内分泌系统都有比较大的影响，如便秘、心跳加快、腹泻、背痛、食欲大增、容易疲倦、头晕眼花等。这些症状有时同时发生，有时单独发生。

自我探索

大学生情绪稳定性自我测验量表

请仔细阅读下面30道题，每道题有三种不同答案，请你从中选择出与自己的实际情况最接近的一种答案，如有些题目确实与你不符可以不予选择。在作答过程中不得漏题，在同一题目上不要斟酌太多时间，请根据看完题目后的第一反应回答。整个测试建议时间为10分钟。

1. 看到自己最近一次拍摄的照片，你有何想法？

A. 觉得不称心　　B. 觉得很好　　C. 觉得可以

2. 你是否想到若干年后会有什么使自己极为不安的事？

A. 经常想到　　B. 从来没有想过　　C. 偶尔想到过

3. 你是否被朋友、同事、同学起过绰号、挖苦过？

A. 这是常有的事　　B. 从来没有　　C. 偶尔有过

4. 你上床以后是否经常再次起来，看看门窗是否关好？

A. 经常如此　　B. 从不如此　　C. 偶尔如此

5. 你对与你关系最密切的人是否满意？

A. 不满意　　B. 非常满意　　C. 基本满意

6. 在半夜的时候，你是否经常觉得有什么值得害怕的事？

A. 经常有　　B. 从来没有　　C. 偶尔有

7. 你是否经常因梦见可怕的事而惊醒？

A. 经常　　B. 从来没有　　C. 极少有

8. 你是否曾经有过多次做同一个梦的情况？

A. 是　　B. 否　　C. 记不清

9. 是否有一种食物使你吃后呕吐？

A. 是　　B. 否　　C. 记不清

10. 除去看见的世界外，你心里是否有另外一种世界？

A. 是　　B. 否　　C. 偶尔是

11. 你心里是否时常觉得你不是现在的父母所生？

A. 是　　B. 否　　C. 偶尔是

12. 你是否曾经觉得有一个人爱你或尊重你？

A. 是　　B. 否　　C. 说不清

13. 你是否常常觉得你的家庭对你不好，但你又确定他们的确对你好？

A. 是　　B. 否　　C. 偶尔是

14. 你是否觉得没有人十分了解你？

A. 是　　B. 否　　C. 说不清

15. 在早晨起来的时候，你最经常的感觉是什么？

A. 犹豫　B. 快乐　C. 讲不清楚

16. 每到秋天，你经常的感觉是什么？

A. 秋雨霏霏或枯叶遍地B. 秋高气爽或艳阳天　C. 不清楚

17. 在高处的时候，你是否觉得站不稳？

A. 是　B. 否　C. 偶尔是

18. 你平时是否觉得自己很强健？

A. 是　B. 否　C. 不清楚

19. 你是否一回家就立刻把房门关上？

A. 是　B. 否　C. 不清楚

20. 当你坐在房间里把门关上时，是否觉得心里不安？

A. 是　B. 否　C. 偶尔是

21. 当你需要对一件事做出决定时，你是否觉得很难？

A. 是　B. 否　C. 偶尔是

22. 你是否常常用抛硬币、玩纸牌、抽签之类的游戏来测凶吉？

A. 是　B. 否　C. 偶尔是

23. 你是否常常因为碰到东西而跌倒？

A. 是　B. 否　C. 偶尔是

24. 你是否需用一个多小时才能入睡，或醒得比你希望的早一小时？

A. 经常这样　B. 从不这样　C. 偶尔这样

25. 你是否曾看到、听到或感觉到别人觉察不到的东西？

A. 经常这样　B. 从不这样　C. 偶尔这样

26. 你是否觉得自己有超越常人的能力？

A. 是　B. 否　C. 记不清

27. 你是否曾经觉得因有人跟你走而心里不安？

A. 是　B. 否　C. 不清楚

28. 你是否觉得有人在注意你的言行？

A. 是　B. 否　C. 不清楚

29. 当你一个人走夜路时，是否觉得前面潜藏着危险？

A. 是　B. 否　C. 偶尔

30. 你对别人自杀有什么想法?

A. 可以理解　　　　B. 不可思议　　　　C. 不清楚

评分标准

以上各题的答案，凡选 A 得 2 分，选 B 得 0 分，选 C 得 1 分。请将你的得分统计一下，算出总分。根据你的总分对应下面的评价参考，便可知你的情绪稳定水平。

评价参考

总分 0 ~ 20 分，表明你情绪稳定，自信心强，具有较强的美感、道德感和理智感。你有一定的社会活动能力，能理解周围人们的心情，顾全大局。你一定是个性爽朗、受人欢迎的人。

总分 21 ~ 40 分，说明你情绪基本稳定，但较为深沉，对事情的考虑过于冷静，处世淡漠消极，不善于发挥自己的个性。你的自信心受到压抑，办事热情忽高忽低，瞻前顾后，踌躇不前。

总分在 41 分以上，说明你的情绪极不稳定，日常烦恼太多，使自己的心情处于紧张和矛盾中。如果你得分在 50 分以上，则是一种危险信号，你务必找心理医生进一步诊断。

（资料来源：郑林峰. 乐思爱行——大学生心理健康教育［M］. 北京：中国社会科学出版社，2018.）

四、情绪的调控

在大学阶段，我们开始设计自己的未来，这是人生观、世界观开始形成的时期，我们真正开始成为独立的社会成员。但这个阶段我们也更容易出现没有经历过的情绪体验，往往没有经验面对和处理这些情绪，同宿舍的同学来自五湖四海，他们的生活习惯与自己有很大不同，不知道怎么协调；跟不上大学老师的讲课进度，非常担心成绩不好；各种集体活动参与度不高，不知道怎么加入那些团体；在班级和年级中没有上高中时那么受关注，有点失落，等等。这些都是我们进入大学校园时会出现的各种情绪，下面我们一起来了解一下大学生活中常见的情绪问题。

（一）识别生活中的情绪

1. 紧张

紧张是一种常见的、普通存在的情绪，也是一种比较复杂和重要的情绪。适度的紧张有利于调动潜能，更好地应对环境，但是，过度的、长时间的紧张有害健康。例如，面对失败、挫折会紧张；面对考试、比赛会紧张；面对喜欢的人、登台领奖等也会紧张；离家在外突然过独立的生活会紧张；与当前的生活环境格格不入时会紧张等。

产生紧张的原因包括：

（1）个性特征

有的大学生具有抑郁气质，性格孤僻、内心敏感、脆弱等个性特点导致自己容易紧张，尤其是大学新生，刚刚进入一个全新而陌生的环境，好奇的同时又增添了担忧与紧张。

（2）矛盾冲突

大学生离开家庭，不再有父母的呵护，不再有班主任时刻鞭策自己，开始了自己独立的生活。面对许多选择，不知该何去何从，许多大学生便开始纠结，出现矛盾冲突，心神不宁、寝食难安的紧张情绪开始显露出来。

（3）各种压力

大学生虽然已经逃离了高考的“考验”，但各种考试却应接不暇，尤其是到了大四，许多现实问题摆在面前，恋爱问题、考研问题、就业问题等都给大学生带来巨大的压力，心情无法放松。

2. 焦虑

焦虑是面对生活和学习中的各种要求和目标时，感觉到自己不能妥善解决问题或者完成需要完成的任务时产生的内心体验。焦虑与紧张密切联系，很难完全分开，但又和紧张存在区别。紧张面临的是现实的变化事件，比较清晰和具体：而焦虑往往不是由实际的困难所引起，而是由对不必担心的事情过分担心引起，比较模糊。因正常的紧张引起的焦虑具有积极意义，有助于集中注意力、活跃思维，更好地迎接挑战。但是，过度的、持续的焦虑有害健康，如果不及时调整会发展为焦虑症。

焦虑产生的原因包括：

（1）学习原因

有的大学生在高中时是学习的佼佼者，进入人才济济的大学后，发现自己在学习上的优势不明显，而其他特长、能力、素质等也不突出，难免会产生自卑和焦虑情绪。

（2）人际交往原因

有的大学生缺少人际交往的经验，在班级或者社团等组织中不知道如何融入，对个人的气质和魅力也缺乏自信，担心不被人重视，甚至会被人嘲笑，从而产生焦虑情绪。

（3）教学模式的改变

大学课堂授课模式与中学相比，方法更灵活，信息量更丰富，短时间内无法掌握有效的学习方法，产生焦虑的情绪。

（4）观念传统

大学生正处于青春后期，性生理和性心理日趋成熟，但有些大学生由于接受传统保守的性教育，性本能的释放与性心理的压抑之间产生矛盾冲突，导致焦虑。

3. 自卑

自卑是感到自己不如别人，并自认为无法赶上别人时产生的一种内心体验，它是否定性自我评价的结果，如“我真笨”“我什么也不好”“我处处不如人”等，感到自己不如别人的方面越多，自卑程度越深，自卑感越强。但有时自卑也会转化为积极进取的动力，努力改变自己现状的动力，比如，“我就不信我干不成”“别人行我也行”等。因此，只要能正确认识自卑、超越自卑，自卑就可以成为每个人前进的动力。

自卑产生的原因包括：

（1）家庭环境

出生在偏远地区的、经济拮据家庭的大学生可能会出现自卑，因为和城里、富裕家庭长大的同学相比，觉得自己什么都不懂，就像井底之蛙，自己的生活习惯与别人有很大不同，还可能遭人嘲笑，处处不如人的自卑感会出现。

（2）外貌欠缺

长相平庸、肥胖、皮肤黝黑的女同学可能会产生自卑，个子矮小、体质柔弱的男同学，也容易产生自卑。

（3）能力不足

许多大学生学习成绩优秀，但其他方面的能力没有得到锻炼与培养，而对大学生的评价已经变得多元化，不再只是看学习分数，因此，除了学习成绩之外，处处都有一种劣势感，容易产生自卑。

（4）自我评价不客观

自我评价不客观表现在两个方面：一是以偏概全，一次失败认为是整个人的失败，甚至是人生的失败；二是不恰当的比较。有的大学生会用自己的弱点和别人的优点进行比较，例如，我学习不如甲、我唱歌不如乙、我书法不如丙、我的组织管理能力不如丁等，这样的比较会产生自卑。

（5）成长经历

有的大学生各个方面都不错，但仍然经受自卑的折磨，其原因往往是在成长过程中，尤其在童年得到的是比较低的评价。年龄越小，对自己的认识和评价越依赖他人，即他人评价会转化为自我评价；年龄越小，这种评价影响越大，一旦儿时形成了自卑心理，长大后自卑感也很难消除。

4. 孤独

孤独是指难以融入周围环境而产生的孤单寂寞的情绪体验。有孤独感的大学生常常把自己封闭起来，冷眼看世界，认为人是自私的，世界充满了尔虞我诈，所以封锁自己的心灵，要么孤芳自赏、自命不凡，要么愤世嫉俗、与世隔绝。孤独常常伴随着许多不良的情绪，影响着大学生的社会化进程，损害着大学生的身心健康。

孤独产生的原因包括：

（1）对新环境的不适应

刚进入大学的新生都将面对新的人、新的环境、新的教学与学习方式，要面临一系列的转变，如被动向主动转变、依赖向独立转变，单一的学习向多元化活动转变等。有些大学生因适应能力较差，不能很快实现转变，固守在家里、在高中时的生活模式，难以融入大学的环境中，时间一长便形成了孤独的情绪体验。

（2）理想与现实的冲突

大学生往往都是高中阶段的佼佼者，对自己的未来有美好的憧憬，有理想有抱负，对大学生活有较高的期望，但理想与现实总是有差距的，比如对自己选择的大学不满意、大学生活不是自己想象的那样、原有优越感的丧失等，希望越大，失望也越大，这种理想与现实的落差导致强烈的心理冲突，使一些大学生封闭自己，不能融入环境，从而产生孤独感。

（3）人际关系的紧张

有的大学生是独生子女，缺乏与同龄人相处的经验，特别是上大学以前没有住过集体宿舍的学生，面对朝夕相处而个性各异的同学不知所措，常常发生冲突，不能与舍友、同学和平相处，人际关系紧张，无奈之下只好选择独处，产生孤独感。

（4）学习与恋爱受挫

大学校园群英荟萃，许多大学生感到巨大的学习竞争与压力，当自己感觉无力应对、压力得不到释放时易感到孤独。另外，恋爱是大学生中普遍存在的，而恋爱又不总是一帆风顺的，常常因各种原因导致失败，失恋者不仅体验巨大的痛苦，而且常常为逃避现实而离群索居、孤僻自处，产生孤独感。

5. 抑郁

抑郁是指感到自己无力应对外界压力而产生的消极情绪。在此所说的抑郁不是抑郁症，只是一种抑郁情绪，表现为情绪低落、抑郁寡欢、思维迟钝、意志消沉、兴趣减退、觉得生活没意思等，持续时间不会太长，并且程度不太严重。但如果抑郁情绪不能及时得到调整，持续时间过长，就会演化为抑郁症，对大学生的身心健康和社会功能产生严重影响。

大学生产生抑郁的原因是多方面的，既有外部突发应激事件的影响，也有个人内部心理原因的影响，主要原因有以下几点：成绩下降、爱情受挫、家庭变故、意外伤害等。

（二）管理自己的情绪

想要正确地处理前面讲到的情绪困扰，需要通过建立合理的情绪宣泄机制和科学的情绪调控机制，自觉克服和消除不良情绪的消极影响，保持积极乐观心态的过程。有效的情绪管理将有助于大学生健康成长，也是成才的必要保障，通常情况下管理情绪分三步走，即识别情绪、表达情绪和纾解情绪。

1. 识别情绪

识别情绪是管理情绪的前提，要想管理好自己的情绪，首先要体察自己真正的情绪，清楚地了解自己和他人的情绪状态。情绪是一种非常复杂的心理现象，剪不断理还乱，大多数人常常体验着情绪，而不能很好地识别与判断情绪。

（1）识别自己的情绪

在生活中，每个人都对外界事物的变化产生各种情绪，但不管处于什么情绪状态，都应该先停一下，摆脱出来，进行冷静的反思，时刻提醒自己注意："我现在的情绪是什么""因为什么""有没有必要这样"，然后再理智地去感觉自己的情绪，将它理顺。

（2）识别他人的情绪

他人的情绪是自己情绪的诱发因素，准确地识别他人的情绪有利于自己做出恰当的反应，有助于人际沟通，建立良好的人际关系。识别他人情绪最有效的方法是观察对方的表情。表情是人际交往中信息传递的主要媒介，凭借表情，彼此可以相互了解，可以传情达意，达到交往的目的。其次，通过观察对方外在状态的变化来识别他人的情绪。不同情绪状态会导致人的生理指标发生改变，如紧张时手心会出汗、唾液会减少、呼吸会加快等。

2. 表达情绪

适当地表达自己的情绪，不仅能够使不良情绪得到释放，还有助于建立和谐的人际关系。在实际生活中，许多大学生不愿承认和接受负性情绪，一味地压抑这些不良情绪。从压抑情绪到不恰当地表达情绪，不仅伤害身心，还会造成人际关系紧张，甚至会制造校园悲剧。那么，该如何适当地表达情绪呢?

（1）正面情绪的表达

正面情绪是每个人都喜欢的、接纳的，恰当地表达正面情绪会强烈地感染别人，一份快乐通过分享会变成两份或多份快乐。

（2）负面情绪的表达

负面情绪是每个人情绪体系的一部分，要学会接纳，学会融合，而不是排斥与逃避。负面情绪每个人都有，不是见不得人的，表露负面情绪也并非是丢人、没有修养的行为。要学会理智地表达负面情绪，避免采用责备、抱怨、指责、攻击的方式表达情绪。理性而恰当地表达负面情绪，既可以释放压力，避免情绪失控，又可以与人很好地沟通，增加同学之间的亲切、融洽与和谐。

3. 纾解情绪

纾解情绪的方法主要介绍以下几种。

（1）合理情绪法

合理情绪法是认知疗法的一种，是20世纪50年代由美国临床心理学家阿尔伯特·艾利斯（Albert Ellis）创立的。此方法认为人的不同情绪和行为反应来自人们对压力事件的不同信念，其中合理的信念产生合理的情绪和行为反应，不合理的信念产生不合理的情绪和行为反应。例如面对一次考试的失败，可能会想到“我的能力太差了，未来的人生道路没有希望了”。要想改变不良情绪和行为，可以通过改变不合理信念来实现。

不合理信念，即不合理认知主要有以下三个特征。

绝对化要求。绝对化要求就是不合理地走极端，体现在对自己、他人及周围环境事物的绝对化要求上，该信念常与“必须”和“应该”这类词联系在一起，例如“这次物理竞赛必须获奖，赢得老师和同学的认可”“宿舍同学必须支持我、理解我”“学校的设施和环境必须满足我的生活习惯和要求”等，怀有这种信念的人极易陷入情绪困扰，因为绝对化要求不可能永远实现。

过分概括。它是以某一件事、某一次的言行来对自己或他人进行整体评价。例如，一次课堂提问没有回答正确，认为自己“一无是处”“我太笨了”等，这种片面的自我否定往往会导致自责自罪、自卑自弃以及焦虑、抑郁等情绪。

糟糕至极。糟糕至极是当一件不好的事情发生时将其认为是一件可怕的、非常糟糕的，甚至是一场灾难性的想法。例如，高数期中考试没有及格，认为“大学生活暗淡无光了”“人生的道路没有希望了”等。

合理情绪法调节的重点是改变不合理信念，以合理信念取而代之，即变绝对化为相对化、片面化为全面化、糟糕至极的静止化为发展变化。理性的人应学习把事情办得更好，而不是试图去做一个完美的人；理性的人应学会尊重他人、理解他人、体谅他人，而不是要求他人按自己的意志行事；理性的人遇到问题时，会尝试改变或改善周围的环境事物，如果不可能做到这一点，就努力接受这种现实。

非理性信念列举：

- 我应该被所有的老师和同学所喜爱和称赞。
- 我必须非常优秀、完美与成功，如此才有价值，大学生活才有意义。
- 有些人是不好的、邪恶的、卑鄙的，他们应该受到惩罚。
- 喜欢的女（男）生追求不到，学习计划不能完美执行，我真是一无是处。
- 逃避困难与责任，比面对它们容易。
- 不幸和不快乐是由别人引起的，我们无法控制和改变。
- 我应该时刻警惕是否有危险，不好的事情随时会发生。

理性信念列举：

- 金无足赤，人无完人。
- 人非圣贤，孰能无过。
- 一切事物都是发展变化的。
- 任何事物都具有多面性，学会从多个角度去看问题。
- 就事论事，人事分开。

- 遇到挫折、失败，天不会塌下来。
- 一次失败不等于人生的失败。

（2）认知重评

认知重评是通过改变对引发情绪的刺激事件的思考来改变情绪体验，比如换位思考。以考试成绩不理想为例，认知重评包括三个阶段的应激思想灌输方法。

第一阶段：理性认知。首先要更全面地思考和分析对自己的行为，是什么引发自己这么做，以及行为的结果如何。能做到这一点的最佳方法是记日记，了解行为的起因和结果，对自己的问题有更明确的界定。比如，通过日记反思，发现自己的成绩很低是因为没有合理地规划课余时间，导致几乎没有给课后作业留多少时间。

第二阶段：认知修正。认可那些可以抵消非适应性、失败行为的新做法。比如安排固定的复习和作业时间，或是坚持要把课后作业全部完成再睡觉。

第三阶段：重新评价。当适应性行为已经建立后，对新行为的结果进行评价，避免之前的情况再次出现。比如，安排固定的复习和作业时间后，每天的自习效率更高，对知识点掌握得更好。

通过这三个阶段，建立和形成与以前不同的行为方式，就会发现自己正在改变，从自我挫败到满怀信心，从而带来更大的成功。

（3）宣泄法

宣泄法是将自身不能得到充分流露或发挥的情感和力量加以释放、引导，以平衡心态的调节方法。宣泄的途径有以下几种。

闲聊。当处于生理、心理的困境时，和朋友海阔天空地神侃，从而缓解紧张、发泄怨气，使烦躁的心快速平静下来。

倾诉。可以将自己的不快、烦恼直接向知心的朋友诉说，以获得精神解脱。

写日记。如果没有知心朋友，或不愿向别人袒露心声时，可以写日记或使用有记录功能的 APP，将自己的不良情绪付诸笔纸，得以宣泄。

哭泣。流泪可以减轻或消除压抑情绪。哭能使人产生有益的激素，使人体的反应更加协调，所以在情绪悲伤、压抑时不妨一哭。

（4）注意力转移法

大脑不能同时思考两种以上的事情，每个人只能交替地思考。因此，可以通过忘我地工作和学习忘却不快与烦恼。当课程学习和各种校园活动充实了一天的生活，没有闲暇去理会自己是否幸福时，就不会再感到焦虑与烦恼。

（5）顺其自然法

顺其自然是面对恐惧、不安或苦恼等负性情绪时，不要采取抵制、回避或压抑的态度，而是采取接纳它，忍受它，努力去做应该做的事，使这种不良情绪减轻或消失，如果反其道而行之，不仅不能如愿，反而会徒增烦恼。例如，去办公室与辅导员谈话会有些紧张，越紧张脸越红，越想阻止脸红，就会越注意自己的表情，越注意越紧张，反而使自己脸红的感觉持续下去。反之，接受脸红这一事实，带着“脸红就脸红吧，这是正常的”的想法自然地交流，反而使自己不再注意这种感觉，从而脸红的感觉会慢慢消退。

（6）积极的自我暗示法

暗示是指以某种观念或语言影响自己或他人。暗示有积极暗示和消极暗示；暗示还可分为他人暗示、自我暗示和环境暗示，自我暗示是通过自己的认识、言语、思维等心理活动，来调节和改变身心状态的方法。自我暗示的力量是非常惊人的，积极的自我暗示会使生活充满阳光，如常对自己说：“我真聪明”“我多漂亮，人人都喜欢我”“我真是世界上最幸福的人”等。

（7）表情控制法

每个人的情绪状态都会影响表情，同时，表情的变化也会使内心的情绪状态发生相应的变化。愁眉不展时很难感觉到愉快的情绪，而舒展眉头、翘嘴角、做微笑状，则会有轻松愉快的体验；读 20 遍英文中的“a、b、c”比读 20 遍“u”更让人感到愉快；坐直比缩成一团更能感到骄傲；伸展身体姿态能振奋精神，而收缩姿势会降低活力等。可以利用这些特点，在生活中有意识地改变自己的面部与姿态表情来调节自己的情绪。

课堂活动

情绪管理“WWH管理法”

活动目的：有效地管理自己的情绪

一般说明：

时间：20分钟

材料：白纸若干、笔若干

地点：教室

活动介绍：

- WHAT——目前的情绪是怎样的？

任何时候，获知自身的真实感受十分重要，情绪管理的第一步就是要先能察觉情绪、接纳情绪。只要是真实的感受，便无好坏之分，我们要学习接受并正视它。只有明确获知当时的情绪体验，认清自己的情绪，才有可能掌握情绪，对自己的情绪负责，不至于被情绪左右自己的行为方式。

- WHY——为何会有这种情绪？

负性情绪发生时，我们总会有很多疑问，为何会如此生气？为何会如此悲伤？为何会感到无助？找到出现这种情绪的原因，才能积极地加以调试，才能有针对性地加以调试。

- HOW——如何有效处理情绪？

每个人都有心情失落、闷闷不乐的时候，如何疏导进行排解呢？或许每个人都有其不同的调适方式，例如尝试通过深呼吸、静坐冥想、户外运动、去郊外远足、聆听音乐等来让心情平静；或者找朋友畅谈聊天、用笔抒情等方式，从而以乐观积极的方式改变心情，宣泄一下负性情绪。

请思考：

最近一段时间让自己感到不舒服的情绪，根据以上情绪管理“三步曲”，完成以下内容：

第一步：我有什么情绪：________________________________

第二步：我为什么会有这种情绪：________________________

____

第三步：如何有效处理情绪：______________________________

____

____

推荐资源

（一）电影：《头脑特工队》，彼特·道格特 导演，2015 年

推荐理由

人类是一种情感动物，所以，每个人都是有情绪的，快乐、忧愁、愤怒、恐惧、厌恶等等。在我们生活中这些情绪一直与我们相伴，有些情绪看起来像是对立的，但其实所有情绪之间都存在着千丝万缕的联系。当然，大多数的人都会更喜欢“快乐”，可这并不意味其他的情绪就没有任何用处，就必须被我们一直隐藏，快乐并不一定意味着只是积极，忧伤也并不意味着只有消极，各种情绪都存在的人生才是有滋有味的。

《头脑特工队》就是这样一部关于情绪表达的电影，本片背后有加州大学伯克利分校的两位心理学教授作为心理学顾问，提供了严谨的脑神经科学和心理学的理论参考。

（二）图书：《情绪心理学》（第 3 版），［美］刘易斯著，电子工业出版社，2015

推荐理由

本书全面详尽地展示了情绪的各个方面及其在人类行为中的作用，介绍了主要的理论、调查结果、方法及应用，阐述了儿童发展、社会行为、人格、认知及生理、心理健康等方面的问题。

此外，作者还利用科学观点介绍了恐惧、愤怒、羞愧、厌恶、正面情绪、悲伤和其他不同情绪。这本《情绪心理学》被广泛认为是社会神经认识科学领域的权威参考书。

参考文献

［1］周莉，刘海娟．大学生心理健康教育．2 版．［M］．北京：中国人民大学出版

社，2015.
［2］陈月苹，吴会东，张彦云. 大学生心理健康教育与发展［M］. 北京：北京师范大学出版社，2017.
［3］夏翠翠，宗敏，涂翠平. 大学生心理健康教育. 2 版.［M］. 北京：人民邮电出版社，2019.
［4］胡谊，张亚，朱虹. 大学生心理健康教育［M］. 上海：华东师范大学出版社，2019.
［5］俞国良. 大学生心理健康［M］. 北京：北京师范大学出版社，2018.
［6］朱育红，潘力军，王爱丽. 大学生心理健康教育课堂互动手册［M］. 上海：华东理工大学出版社，2015.
［7］胡凯. 大学生心理健康理论与方法［M］. 北京：人民出版社，2010.

第六章　人际关系：互动

案例

小艾是一名文静内向、善良随和的大一女生，她家庭经济条件不好，考入大学以后，面对许多优秀的同学，她一直把重心放在学习上，每天课余时间基本都在图书馆。一个月下来，发现自己挺孤独的，小艾就参加了社团。社团里有个老乡小度，刚开始时两人一起学习，一起吃饭，形影不离。慢慢地小艾发现小度吃饭不叫自己了，有的时候邀请她一起去上晚自习，小度也会因为要去学生会开会或和别的同学有约而不能去。小艾没什么朋友，只和小度走得近，没有小度在身边，她觉得很孤单。

小艾和宿舍同学关系一般，因为经济方面的原因，很少参加宿舍聚会，但是也没起过什么冲突，大家关系看起来还行。小艾说“刚入学的时候，很想跟宿舍的每一个人都搞好关系，所以她们有什么事情我看到了，我都会主动地帮她们。比如谁的暖壶没有水了，我就主动地问她要不要帮着打一壶。有人向我借钱我也会借，虽然自己并不富裕，但是最终我还是借了。可是，时间长了，好像大家都认为那些都是我应该做的。其实有时候我是不愿意的，可是她们让我帮忙的时候，我不知道怎么拒绝，怕一个宿舍的关系不好处。比如前几天，我的一个舍友让我陪她去五道口酒吧，我家庭条件不好，不想去，而且那种地方我打心里不乐意去，可她偏偏给我打电话约我去。”对于这样的事情，小艾一直很苦恼，不知如何是好。

最近小艾和宿舍同学小菲有点矛盾，小菲家庭条件好，参加活动多，交往广，很快有了男朋友，晚上特别吵闹，有的时候熄灯以后还要和男朋友煲电话粥，声音特别大，特别影响别人休息。小艾提醒小菲小声点，开始还管用，但现在怎么说小菲都不听，小菲还说“别人都没意见，咋就你有意见?”为此小艾很苦恼。小艾感到大学怎么这么难，情绪低落。

从小艾的经历中，可以看到，对于大学生来说，人际关系方面会遇到各方面的问题，建立和维持良好的人际关系是大学生普遍面临的重要问题。人际关系的培养中一个关键的阶段就是大学期间，大学是人际关系走向社会化的一个重要转折时期，往往在大学人们才开始真正脱离父母而独自生活。在大学里每个人都要接触来自不同地方，具有不同习俗和不同性格的人。从开始踏入大学，就会遇到各方面的人际关系：师生之间、同学之间、同乡之间、情侣之间等。面对如此众多的人际关系，有的同学因为处理不当，整日郁郁寡欢，心情沮丧；有的同学因为人际关系紧张，心理压力很大；而更多的同学则由于不知如何处理复杂的人际关系，而经常为苦闷、烦恼的情绪所困扰。可见，处理好人际关系，对于大学生活和未来事业的成就，有着至关重要的意义。

一、人际关系

（一）人际关系的意义

人际关系是人的基本需要。人经常被称为“社会动物”，大多数心理学家相信人类的社会属性是长期生物进化的结果。考虑到人类早期所面临的生存压力，人类只有建立人际关系，相互依赖，共同觅食，防御天敌，才能使人类生存。在进化的过程中，人类发展出一种基本需求，那就是人际依恋，归属的需要。这种需要表现为与他人建立和保持长期的、积极的和有意义的关系的愿望。社会心理学家鲍美斯特和利里指出：“如果互动的对象经常变换，那么其满意度要比一直与同一个人或同一批人互动要低；而且，哪怕是亲属关系，如果不经常接触，人们也不会产生满意感。”学者们认为，只有频繁的互动和坚持不懈的关爱结合，才能够产生满意的归属感。

人本心理学家马斯洛提出人通过“自我实现，满足多层次的需要，实现完美人格”。他认为人作为一个有机整体，具有多种动机和需要，包括生理需要、安全需要、归属与爱的需要、自尊需要和自我实现需要。马斯洛认为，当人的低层次需求满足之后，会转而寻求实现更高层次的需要。人际交往的需要也叫归属与爱的需要，是指个人渴望得到家庭、团体、朋友、同事的关怀爱护理解，是对友情、信任、温暖、爱情的需要。

良好的人际关系有助于保持身心健康。对于我们大学生而言，从属群体的增多，比如开始一段新的友谊，为一段新恋情而承诺，都会引起愉快、舒畅等正向的情绪体验，我们就会感到被接纳和认可。相反，从属群体的减少会导致负向情绪的产生，比如被团体、恋人或者朋友拒绝常常会引起悲伤、沮丧、恐惧等感觉。按照进化论观点，人际关系对人类心理的形成起着核心的作用。

进入大学阶段，客观环境发生巨大的改变，离开熟悉的家乡和父母，和来自五湖四海的同学一起住宿，父母的支持和依托不会那么及时。为了满足归属与爱的需要，大学生需要与同龄人之间进行人际互动，从而建立起良好的人际关系。良好的人际关系也是大学生保持身心健康的重要支持。有效的人际支持能够提高自信，维持自尊，帮助我们更好地处理学习、生活和情感问题，更好地适应大学生活。

调查显示，大学生人际关系困扰总检出率为47.8%，其中轻度人际关系困扰者达32.1%，较严重者达15.7%，具有明显人际关系困扰者达到32.1%。[①] 由此可以看出大学生的人际关系问题普遍存在，不良的人际关系会引起大学生心理失衡，导致焦虑、抑郁，严重者甚至出现他杀、自杀倾向。因此，如何建立和发展良好的人际关系是大学生普遍面临的重大挑战。

（二）人际关系的建立和发展

人际关系的实质是互动，意味着人际关系必须对双方产生影响。一般来说，良好的人际关系建立与发展需要经过定向、情感探索、情感交流、

---

① 张大均，陈旭．中国大学生心理健康素质调查［M］．北京：北京师范大学出版社，2009．

稳定交往四个阶段（见图6.1）。

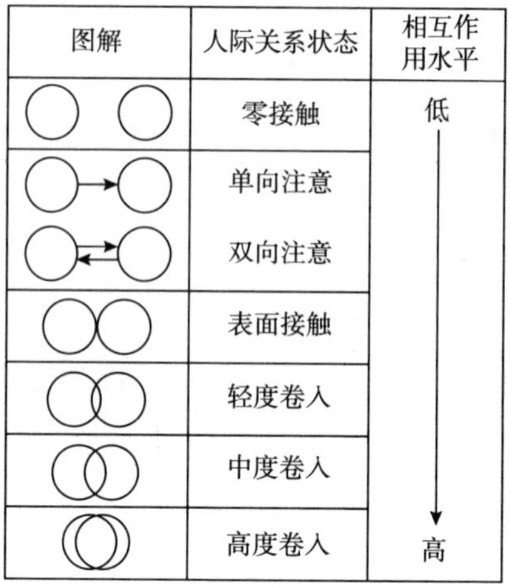

图6.1　人际关系的相互作用水平

第一阶段：定向阶段。人际关系的起点是从一个个体开始觉察另一个个体，并且另一个个体也注意到了对方并展开互动。开学第一天，进入自己的宿舍，第一次见到陌生的同学们，开始相互询问：“你好，我是……我老家是……你叫什么？你从哪里来？”通过初步的沟通，大学生之间有了简单的了解，形成了初步印象，开始了相互之间的关系。就像两个独立的圆相互靠近，称之为定向阶段。

第二阶段：情感探索阶段。随着时间的推移和了解的深入，互动的双方探索发现在哪些方面可以建立情感联系。比如同样的爱好，一样的经历很容易让彼此感同身受，相互喜欢，互动增多。同一个社团的同学，发现双方都喜欢乐器，这样慢慢的，互动比与其他同学多了起来，比如案例中的小艾和小度。这个阶段就是情感探索阶段，这个阶段相互自我暴露逐渐增加，但还未深入。这个阶段，把自己最好的一面或希望别人看到的一面展示给别人。

第三阶段：情感交流阶段。相对于前两个阶段，情感交流阶段双方互动频次更高，关系更加深入，投入更多的感情，互动中自我暴露的私密领域的内容越来越多，这是从朋友到挚友的必经阶段，信任感和安全感建立。这个阶段如果关系破裂，会带来相当大的心理压力，产生强烈的负面情绪。

第四阶段：稳定交往阶段。经过上述三个阶段，进入稳定交往阶段，双方会更默契，自我暴露也更加深刻，分享双方的生活空间和财产，但是实际互动中，很少有人能够达到这一阶段，许多人际关系仅仅只是在第三阶段重复。

心理小测验

画一张自己的人际关系图

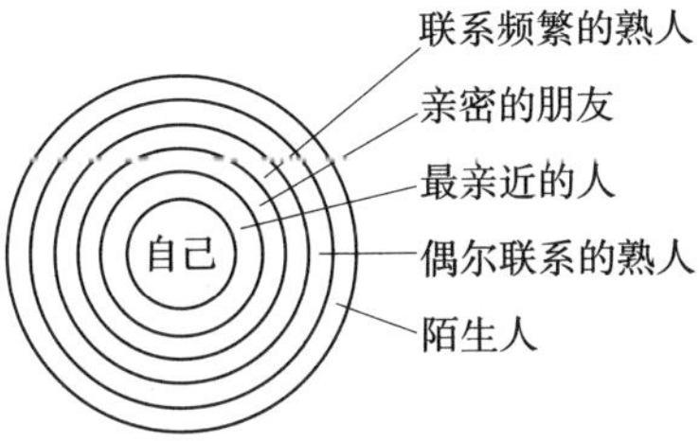

为了更清楚地了解你的人际关系现状，可以按照上面的图形填写：圆心代表你自己；第一层代表与你关系最亲近的人，比如家人，恋人；第二层代表亲密的朋友；第三层代表联系频繁的熟人；第四层代表偶尔联系的熟人；第五层代表陌生人。完成这个图后，和熟悉的同学分享一下自己的体会，将自己的感受和发现写在下面。

（资料来源：聂振伟．大学心理［M］．北京：中国人民大学出版社，2009.）

二、健康的人际关系

（一）健康的人际关系

健康的人际关系不会停滞不变，而是会发展变化的。任何关系都可能会体验到喜怒哀乐的阶段，它们都是关系的重要组成部分。健康的人际关系具有一些特质。

健康的人际关系中，每个人都是一个完整的个体，拥有独立的自我认知，就像一个封闭的圆。分开时，不会放弃自己、失去自我，会通过委屈自己，取悦和满足别人的需要来获得他人的接纳，付出太多努力去成为对方期望成为的样子。

健康的人际关系中，每个人都能坦诚地表达自己。如果不满意对方，能开诚布公地说出来，让对方知道自己的感受。能够妥善处理产生的冲突，不会谩骂、抱怨，恰当表达不满的方式，建设性地表达反对意见。

健康的人际关系中，每个人都是平等的。如果一个人总是付出没有回应，很容易会感受到不平等。双方都能感受到这种不平等，而且能够在互动中解决这种不平等。

健康的人际关系中，每个人都为自己负责，成长是自己的责任。相互尊重，不会要求对方只和自己交往，尽管有的时候心里不舒服。不会把自己的责任推给别人，不依赖别人来证明自己的个人价值。

（二）健康的人际关系需要爱

健康的人际关系需要爱。人和人的交往，核心在于是否有爱，是否会爱。哈洛恒河猴实验说明了爱不是物质的，更多的是温暖和接纳。研究表明这同样适用于人。玛丽·爱因斯沃斯进一步研究和界定了人类亲子关系的三种依恋类型，这是个体最早的人际关系体验。依恋理论证明，早期亲子依恋的质量会对个体的人格和心理产生重要的影响，所形成的依恋类型也会对人际交往以及心理发展起到显著的作用。

1. 哈洛恒河猴实验

1959 年，美国心理学家哈利·哈洛做了一项研究：让新生的猴宝宝与母亲分离，和另外两个“母亲”住在一起。哈洛用铁丝做了一个代母，它胸前有一个可以提供奶水的装置；然后，哈洛又用绒布做了一个代母。他写道：“一个是柔软、温暖的母亲，一个是有着无限耐心、可以 24 小时提供奶水的母亲……”一开始，哈洛把一群恒河猴宝宝和两个代母关在笼子里，很快，令人惊讶的事情发生了。在几天之内，猴宝宝把对猴妈妈的依恋转向了用绒布做成的那个代母。由于绒布代母不能提供奶水，所以猴宝宝只在饥饿的时候，才到铁丝代母那里喝几口奶水，然后又跑回来紧紧抱住绒布代母。

心理学家认为这个规律同样适用于人类婴儿，哈洛的研究给我们很多有意义的启示。父母对孩子的养育不能只停留在喂养层次，一定要让孩子体验到父母的存在，并能从父母那里得到安全感，找到孩子对亲人的依恋。安全的依恋关系是孩子健康成长的基础。

玛丽·爱因斯沃斯界定了人类亲子关系的依恋类型：安全型关系、焦虑—矛盾型关系、回避型关系。

安全型关系，妈妈在关系中对孩子关心负责。孩子知道妈妈的负责和亲切，甚至妈妈不在时也这么想。孩子一般比较快乐和自信。

焦虑—矛盾型关系：妈妈对孩子的需要不是特别关心和敏感，孩子在妈妈离开后焦虑，一分离就大哭，别人安慰不行，害怕陌生环境。

回避型安全：妈妈对孩子不太负责，孩子对妈妈疏远冷漠。妈妈是否离开，孩子并不关心，妈妈离开时不焦虑，妈妈回来时也不特别高兴。

2. 依恋类型

研究认为，亲子关系的类型，孩子成年以后仍然会显露出来，成年人也具有一样的依恋类型分类。

安全型：发现自己与别人亲密并不难，并能安心地依赖别人和让别人依赖我。我不担心被别人抛弃，也不担心别人与我关系太亲密，人群中占比约60%。

焦虑—矛盾型：发现别人不乐意像我希望的那样与我亲密。经常担心自己的朋友或恋人并不真的爱自己或者不想与自己在一起。自己想与朋友关系非常亲密，而有时会吓跑别人，人群中占比约20%。

回避型：与别人亲密令我感到有些不舒服，发现自己很难完全相信和依靠别人。当别人与我太亲密时，我会紧张，如果别人想让自己更加亲密一点，自己会感到不自在，在人群中占比约20%。

安全型依恋很容易分辨，他们会很容易与人相处并信赖别人。我们也很能感觉出回避型的人，他们不习惯亲密关系，害怕离别人近会受到伤害，害怕付出感情。焦虑—矛盾型的同学对来自同学的爱缺乏安全感，以至于苛求别人，他们希望别人全身心地关注自己反而吓跑别人。在回忆早期与家庭成员关系时，安全型比另外两种类型更多地描述和父母的积极关系，拥有一个温暖的、信任的家庭。焦虑—矛盾型很少回忆起父母对自己的支持，回避型的人喜欢描述对父母的不信任和冷淡。

依恋类型是可以改变的。对于回避型依恋的建议：鼓励回避型依恋的一方建立一个安全依恋类型的朋友圈，一起聊天、出游等；每周至少要和3~5个陌生人说话，如从不交谈的同学等；努力发现朋友、同学的优点和好笑的事，训练自己对一些生活琐事关心，征求同学朋友的意见，记录下来，成为自己的珍藏；不要把秘密深藏在心底，选择适当的对象释放秘密。对焦虑—矛盾型依恋的建议：如果还没有恋爱，找一个安全依恋型的女朋友是绝对必要的；建立一个安全依恋类型的朋友圈，聊天时多听少说，专注于理解他人；每周至少要做两次以上的情绪自我觉察，并记录情绪失控的外在和内在原因，增加内省动力；培养切实可行的舒缓情绪方式并经常使用以至形成习惯；每天给自己留有独处的时间。①

（三）人际关系中被误解的爱

人际关系需要爱，那么什么才是爱呢？弗洛姆在《爱的艺术》一书中指出：爱是我们对所爱者的生命与成长的主动关切，没有这种关切就没有爱。爱是他人与自我关系的的一种创造性形式，它意味着责任、关怀、尊重和了解，以及希望对方成长和发展。它是维持在两者皆完整的情况下，彼此亲密关系的表达。人们对爱通常会有误解。

1. 爱是有条件的？

回想一下，我们是不是经常听到父母类似的话“听话！爸爸妈妈喜欢乖的孩子！不听话我们就不要你了”。大家都习以为常。这就是有条件的爱。你必须按我说的做，符合我的要求，否则我就不爱你。真正的爱是无条件的。大学生在选择恋人时会有很多条件，高富帅，白富美。但真正相爱的两个人，不会因为对方经济变得困难或者意外事故残疾等抛弃对方。朋友也一样，不会因为无法满足对方的条件，朋友关系就破裂。比如你的男朋友说“你不给我，就说明了你不爱我”。

---

① 武成莉，王淑敏．大学生人际关系心理学［M］．西安：西安电子科技大学出版社，2016.

2. 爱是无条件满足？

人际关系中有些人无原则地满足别人的要求，有的时候甚至宁可委曲求全。大学生对朋友言听计从，对恋人完全满足，付出自己的一切来满足对方，他们以为这就是对对方好，这就是爱对方，其实和溺爱孩子的父母一样，内心有深深的恐惧，害怕得不到认可、得不到爱，害怕对方脱离了自己的控制，这样做的目的仅仅是在回应和满足自己的需要，而无视对方心灵成长的需要。

3. 爱是过分依赖？

人们对爱最大的误解是认为爱就是依赖。“我们是好朋友，我要和你一吃饭，一起去上自习。”“我真是太爱你了，如果没有你，我就活不下去!”这种关系中没有选择和自由，它基于一种必须性，而不是基于爱，爱是行使自由的选择。对别人过度的依赖来源于爱的缺乏，是一种不安全依恋。在缺乏关爱环境中长大的孩子没有安全感，内心带有一种不安全感，总是觉得我拥有的还不够多，所以认为自己必须时时处处争取爱和关注，找到了爱就拼命死死地抓住它。往往这种人会让人感觉到，爱太浓烈了，让人没有自我，感到窒息。而为了维持这种关系，会做出不择手段的行为，导致关系破裂。

4. 爱要有回报？

某大学生恋人说：“为了你，我都和家人闹翻了，家里人很反对。而且，为了和你在一起，我把一切都给了你。我为了你付出了那么多，我感觉你对我付出太少了。我心里很不平衡。你凭什么这么对我。”当个体付出多少爱，就想从对方得到多少爱，如果没有得到就会伤心痛苦。爱对方，所以愿意付出，并不等于对方也爱你或愿意付出。索要回报，会给对方亏欠感和内疚感，造成很大的压力。真正的付出，是自愿付出，付出并非等价交换而是不求回报，你不求回报，反而会有更多的惊喜和收获。

三、人际沟通

人际关系需要我们有爱与被爱的能力，那么怎么把我们的爱传递给别人呢？那就需要人际互动，也就是人际沟通，每个人的沟通方式可能是不同的。

（一）人际沟通的模式

心理治疗师维吉尼亚·萨提亚认为，人有多种沟通姿态：表里一致型、讨好型、指责型、超理智型、打岔型等。①

1. 表里一致型

表里一致型是萨提亚所倡导的目标。这种模式达到自我、他人和情境三者的和谐互动。这种模式中的人，其言语表现出一种内在的觉察，表情流露和言语一致，内心和谐平衡，自我价值感比较高。坦诚沟通，真实表达自己的内心想法，也很替对方着想，尊重自己，尊重他人，尊重情境。处理人际关系时既客观、公正，又有浓浓的人情味。对自我接纳，充满信心和勇气，内心坦然。

表里一致型的资源是：内心平和，有力量，喜悦，有勇气和冒险精神。

2. 讨好型

讨好型的人忽略自己的内心感受，重视他人的想法，总是去迎合他人，甚至委曲求全。讨好型的人忽略自己，内在价值感比较低。言语中经常流露出“这都是我的错”“我想要让你高兴”之类的话。行为上则过度和善，习惯于道歉和乞怜。内心经常有的感受是悲伤、焦虑和压抑的愤怒。

讨好型的资源是：体贴，对人友善，善解人意，人缘好。

3. 指责型

指责型的人则常常忽略他人，习惯于攻击和批判，将责任推给别人。“都是你的错”，“你到底怎么搞的”是他们的口头语。究其内在经历，指责型的人通常孤单失败，但他们宁愿与别人隔绝以保持权威。在他们暴

① 周莉，刘海娟. 大学生心理健康教育. 2 版. [M]. 北京：中国人民大学出版社，2015.

力、愤怒，咆哮的背后，常有一颗孤单无助的心。没有人喜欢被人责备，所以指责型的人常常不受欢迎。

指责型的资源是：果断，有主见，有能量，善于自我争取，有领导才能。

以上是最常见的两种姿态。有趣的是，指责型的人通常会找一个讨好型的人做伙伴，相反，讨好型的人也倾向于选择指责型的人做伙伴。

4. 超理智型

超理智的人既忽略他人的感受，也忽略了自己的感受，他们极端客观，只关心事情合不合规定，是否正确，总是逃避与个人或情绪相关的话题。他们告诫自己："人一定要有理智"，"不论代价，一定保持冷静、沉着，决不慌乱。"这类人表面上很优越，举动合理化。而实际上，他们内心很敏感，有一种空虚和疏离感。经常双手交叉在胸前、头仰天、鼻朝上，以"理性"来保护自己。

超理智型的资源是：聪明，理性，善于思考，有知识，有才智。

5. 打岔型

打岔型的人则永远抓不着重点，说话不切题，兜圈子，不直接回答问题或答非所问，漫无目的，习惯于插嘴和干扰，不直接回答问题或根本文不对题。全然不顾及他人、自己和情境。在团体中或许显得活泼、开朗，是个"开心果"。他们内心焦虑、哀伤，精神状态混乱，没有归属感，不被人关照，还常被人误解。

打岔型的资源是：灵活，有创意，幽默。

课堂活动

萨提亚的人际沟通风格

（5 分钟讨论 15 分钟表演）

活动简介：为帮助区分以上 5 种不同的沟通风格，同学们分组进行 5 种沟通方式的表演，把特点以夸张的形体语调等形式表现出来。

下面展示五种道歉的方式。想象一下我刚刚撞伤了你的手臂。

表里一致型（直接看着对方）：我撞伤了你，非常抱歉。你这里痛吗？

讨好型（低头看着地面，绞着手）：请原谅我，我只是个笨拙的呆子。

指责型：天啊，我怎么会碰到你的胳膊！下次你把胳膊收好，这样我就不会碰到了！

超理智型：我希望能向你道歉，我经过的时候无意中撞击了你的胳膊。如果你的手臂受到了伤害，请联系我的律师。

打岔型（看着其他人）：咦，有人发怒了，一定是撞上了。

沟通的类型是可以改变的。认识沟通的类型并不是为了分辨谁好谁坏。而是为了更好地认知自己，从而能够扬长避短。在现实交往互动中，情境不同、场合不同、对象不同时，会有不同的沟通方式。例如，亲密关系的恋人之间可能更多的是指责，而面对工作关系比如上级时则表现出讨好。但是这是可以改变的。如果把讨好型的“一味逢迎”转变为“真诚的善意”，把指责型的“吹毛求疵”转变为“坦诚的批评”，把超理智型的“没有人情味”转变为“动之以情，晓之以理”，把打岔型那种“随意岔开话题”转变为“灵活”“幽默”，那就会有更多积极的沟通了。不管你的沟通模式是什么，重要的是，只有当你认识到自己的沟通模式时，你才会加深对自己的了解，才可能主动去挖掘内在资源，做出恰当的改变，不断增强内在自我的和谐，从而与别人更真诚地交往。

（二）人际沟通的技巧

我想爱你，而不用抓住你；
欣赏你，而不需批评你；
和你在一起，而不需伤害你；
邀请你，而不必强求你；
离开你也不需说歉疚；
批评你但并非责备你；
帮助你，而没有半点看低你；

那么我俩的相会就是真诚的；

而且能彼此润泽的。

——维吉尼亚·萨提亚

人际沟通是人际关系的重要部分，它涉及自我觉醒（清楚自己的情绪、力量、弱点、价值和目标，并且利用直觉来做决定）、自我约束（控制或者引导自己混乱的情绪、冲动，以适应变化的环境）、社交技能（妥善管理关系，让人际关系朝期待的方向发展）、同理心（能够考虑别人的感受，特别是在做决定时）、动机（为了获得成就，有足够的动力去完成任务）等几种能力。当这些能力能够发展到一个理想水平时，人际关系才是协调的、适度的、和谐的。人际沟通能力是一种综合的心理能力。①

1. 人际关系中的心理学效应

首因效应：第一印象的重要性。在陌生人的互动中，人与人第一次交往中给人留下的印象，在对方的头脑中形成并占据主导地位，这种效应即为首因效应。首因效应是指人际交往中给人留下的第一印象至关重要，对印象的形成影响很大。在陌生人的认知中，首因效应比较明显。要注意给别人留下良好的第一印象，坏的印象比好的印象更难以改变。

近因效应：难忘当年离别情。近因效应就是指人际互动中，最后的印象对人们的认知产生的影响更大，所留下的印象更深刻。这是因为近期信息在短时记忆中更清晰，前面的记忆逐渐模糊。在熟悉的人当中，近因效应比较明显。比如谈起多年未见的老朋友时，为什么印象最深的是当年离别时的情景。

晕轮效应：好的越好，坏的越坏。晕轮效应也称光环效应，是指人际交往中，人身上表现出的某一方面的特征，掩盖了其他特征，从而造成人际认知的以偏概全。我们对他人的认知是根据个人的好恶得出的，据此推论出对方的其他品质。如果标明是好的，他就会被赋予一切好的品质；如果被标明是坏的，他所有的品质都会被认为是坏的。而晕轮效应的最大弊

① 马甲．交际心理学［M］．天津：天津科学技术出版社，2017．

端就在于以偏概全。

刻板效应：偏见的产生。人际交往中，人们总是习惯于把人进行机械的归类，把某个具体的人或事看作某类人或事的典型代表，刻板效应把对某类人或事的评价视为对某个人或事的评价，因而影响正确的判断，若不及时纠正，进一步发展或可扭曲为歧视。人们不仅对接触过的人会产生刻板印象，还会根据一些不是十分真实的间接资料，对未接触过的人产生刻板印象。

投射效应：你认为的就是准确的吗？投射效应，就是认为别人与自己具有同样的爱好，个性等，常常以为别人应该知道自己的所思所想。当别人的想法或行为与自己不同时，习惯用自己的标准去衡量别人，从而认为别人是错的。喜欢嫉妒的人常常认为每个人每天都在嫉妒。投射效应是一种严重的认知心理偏差。大学生应该辩证地、一分为二看待自己和他人，避免以己度人。

2. 人际沟通的艺术

与人沟通是每个人发自内心的需要，而每个人都具有与他人沟通的潜能。这种发生在两个个体之间的交流，通过言语和非言语的形式进行，最终要达到感同身受的理解。它不能通过纸上谈兵学会，也没有某种可以被称作唯一适合的方式。因此，有人说这是一门艺术，也有人说它是科学。无论怎么说，人与人的沟通是包含许多知识和技巧的一门学问，它需要学习和实践。

人际沟通的第一个要点是主动交流。大学生没有主动社交的能力是不行的。沟通交流需要勇气，主动的人，才是最终的赢家。完美的人际关系是从主动交流开始的。生活中有没有这样的“高冷”同学？除非有事，否则从来不给别人打电话，也不用短信微信，更不会主动和别人聊天。许多人会说不主动和别人交流，是害怕别人的拒绝。如果被人拒绝，自己会很尴尬，下次就更不想联系别人了。有的人也许从来都不缺朋友，缺少的或许是一种勇气，如果谁都不去主动交流，哪里还会有交流呢？

人际沟通需要自有分寸。人与人之间的交往需要保持一定的距离，这是一种正常的心理反应。虽然心理距离看不见、摸不着，但人际沟通需要适度的心理距离。只有把握好分寸，沟通才会产生奇效，过犹不及，把握不好甚至阻碍交往。爱德华·霍尔把人际关系分成四种交际距离：亲密距离（0~0.5米），这属于亲密地带，比如情侣、亲子或者知心朋友。如果不注意社交距离，随意闯入亲密地带，都会引起对方的反感。社交距离（0.5~1.5米），这一距离伸手可以握到对方的手，但较少有直接的身体接触，只有朋友和熟人才能进入这一距离。礼仪距离（1.5~3.5米），这是同事间工作的距离。这种距离给人安全感，既不会感觉太生疏，也不怕受到伤害，可以友好交流。公共距离（3.5米以上），人们完全可以对处于这个距离的其他人不互动，因为相互之间未必会发生联系，比如老师和学生。周国平先生曾说“在一切人际关系中，互相尊重是第一美德，而必要的距离也是任何一种尊重的前提。”

人际沟通需要学会说“不”。懂得拒绝是一种能力，更是一种技巧。拒绝是告诉别人：我有自己的观点、需要和优先考虑的东西，我有自己的底线。同时也尊重和重视他人的需要。我是真诚的、善意的、可信的。首先，要有拒绝的勇气，才能把“不”说出口；其次，在公众场合，若是生硬地拒绝他人，难免会让人觉得不快。同时，拒绝还要考虑对方的情绪，若是用词不当，则很可能让对方产生误会，让气氛变得尴尬，关系变得紧张。因此，对很多人来说，拒绝的话往往难以启齿。在日常交际中，该拒绝的时候就一定要拒绝，当你把拒绝的话自然而然地说出口，自己也可以轻松很多。事实上，只要我们每个人能够合情合理地说出自己的想法，对方自然会体谅你。坦诚待人更容易保持友好的人际关系。

人际沟通中说话是一门艺术。沟通的过程包括听和说两个方面。很多因素都会使沟通的内容发生偏差，因为每个人对沟通信息的理解是不一样的。说话前需要准备充分。准备越充分，在沟通的时候就会越自信，沟通的效果也会越好。当然，再充分的准备也不可能所有的场合都有话说。在需要沉默的时候，也要懂得适时“闭嘴”。而且，就算没人搭我们的话，也不要为此感到难堪，或许对方的思维还停留在上个话题，咱们自己不也经常会这样吗？所以要想在任何场所都有话说，办法很简单，直接加入他们的话题就是了。生活教会我们的，除了诉说，还有倾听。很多时候，主动、持续地倾听对方的讲话，并加以总结，就会给对方传递这样一个信息——“我非常尊重你”“你的看法十分重要”。

人际沟通中有时无声胜有声。人际沟通时，我们会同时使用言语和非言语信息，相互配合。我们的身体解释着我们用言语表达的信息。非言语信息不易受人意识控制，常常会表达出真实的态度、情感和情绪。表情是内心的传感器。每个人都会通过动作来加强自己的表达能力。研究表明，只有7%的信息是通过语言传递的，而剩下93%的交流则是通过语调、音量、面部表情、手势、身体语言等这些非语言因素来实现的。

心理小测验

测试你的倾听能力

下面有15个题目，请根据你的实际情况填写“是”或“否”：

1. 我常常试图同时听几个人的交谈。(是　否)

2. 我喜欢别人只给我提供事实，让我自己做出解释。(是　否)

3. 我有时假装自己在认真听别人说话。(是　否)

4. 我认为自己是非言语沟通方面的好手。(是　否)

5. 我常常在别人说话之前就知道他要说什么。(是　否)

6. 如果我不感兴趣和别人交谈，我常常通过注意力不集中的方式结束谈话。(是　否)

7. 我常常用点头、皱眉等方式让说话人了解我对他所说内容的感受。(是　否)

8. 常常别人刚说完，我就紧接着谈自己的看法。(是　否)

9. 别人说话的同时，我评价他的内容。(是　否)

10. 别人说话的同时，我也常常在思考接下来我要说的内容。(是　否)

11. 说话人的谈话风格常常影响到我对内容的倾听。(是　否)

12. 为了弄清对方所说的内容，我常常采取提问的方法，而不是进行猜测。(是　否)

13. 为了了解对方的观点，我会很下工夫。(是　否)

14. 我常常听到自己希望听到的内容，而不是别人表达的内容。（是　否）

15. 当我和别人意见不一致时，大多数人认为我理解了他们的观点和想法。（是　否）

每道题的正确答案是：1. 否 2. 否 3. 否 4. 是 5. 否 6. 否 7. 否 8. 否 9. 否 10. 否 11. 否 12. 是 13. 是 14. 否 15. 是。

为了确定你的得分，把错误答案的个数加起来，乘以 7，再用 105 减去它，就是你的最后的得分。如果你的得分在 91 ~ 105 分，那么你有着良好的倾听习惯；77 ~ 90 分的得分表明你有很大的进步空间；要是你的得分还不到 76 分，那么你是一个亟须改进的倾听者，在此技巧上就要下更大的工夫了。

（资料来源：吴建玲. 大学生心理健康与心理素质训练［M］. 广州：华南理工大学出版社，2007.）

四、宿舍人际关系

人际关系中的冲突在所难免。在大学生活中，冲突同样不可避免。大学生来自五湖四海，每个人都有自己独特的文化背景、性格特点、生活经历、思想习惯、人生追求。有的同学活泼，有的同学安静，有的同学作息规律，有的同学是夜猫子，有的同学家庭贫困，有的同学家庭富裕。宿舍的成员相对固定、互相之间接触频繁、影响力强，宿舍矛盾和冲突尤为明显。尤其是过了大学的新鲜感，即“蜜月期”以后，随着相互了解，缺点和差异逐渐暴露，冲突越来越多。

大学宿舍人际关系问题应当引起重视，对于大学生来说，宿舍不只是一个生活的地方，更像是自己的家。山东大学心理咨询教育与咨询中心主任吴少怡说：“大学宿舍是一个很小的‘小社会’，舍友之间的关系看似简单，其实不然，它是学生之间最重要、最敏感的关系，社会化的过程其实就是大学生人际关系的缩影。良好的宿舍人际关系可以使得几年大学生活愉快度过。”

（一）大学生宿舍人际冲突的原因

近年来，社会上报道的关于大学生与舍友发生争吵，甚至打架，做出伤害舍友的事例不胜枚举。本应该是同学们共同生活、共同娱乐、共同学习的宿舍里，为什么会发生这么多的矛盾与冲突呢？引起大学生宿舍人际关系的原因很多，既有浅层的直接原因，也有深层的根本原因；既有外在的客观原因，也有自身的主观原因。有单方面的原因，也有多方或者双方的原因。导致大学生宿舍人际冲突的原因主要有以下几个方面。

1. 大学生的心理发展还不够成熟

一方面，受到身心发展规律的制约，低年级大学生在心理上还不够成熟、不够健全。在人际认知上，大学生具有一定的片面性和狭隘性，人际交往中存在首因效应、刻板效应、晕轮效应等人际认知偏差；在情绪情感上，大学生具有一定的冲动性、情境性，特别是自我控制能力较差，容易受到环境和情绪的影响，比如，面对和别人的矛盾时，冲动性强，自控性差，易激惹。与此同时，大学生容易受到社会环境中不良因素和教育偏差的影响，形成诸如以自我为中心、自私自利、自傲自负、狭隘嫉妒、自卑敏感等不良心理品质。这些使大学生宿舍人际关系面临挑战，宿舍人际冲突经常化、多样化、很难避免。

2. 大学生的人格各具特色

在大学中，我们能发现身边的同学各种各样，有的性格内向，有的性格外向，有的泼辣，有的温柔，有的果断干练，有的优柔寡断，等等。大学生们的人格各具特色。关于人格，不同的心理学家有不同的分类方式。多元类型理论将气质分为四种类型：多血质、黏液质、胆汁质和抑郁质。① 多血质的人又称为交际型，表现为活泼好动，善言谈交际，情感发生迅速而不能持久，思考问题敏捷，但做事常出错，稳定性差，不够踏实，见异思迁。胆汁质的人精力充沛、雷厉风行，天生的领袖和实干家，在生活中表现勇敢、顽强、竞争心强，但平时脾气火爆，粗枝大叶，鲁莽冒失。黏

① 资料来源：聂振伟. 大学心理 [M]. 北京：中国人民大学出版社，2009.

液质的人冷静稳重，动作迟缓而不活泼，情感发生慢，认真踏实，外表冷艳，内心深刻。抑郁质的人性格内向，聪明而富有想象力，但为人胆小、敏感、悲观。人格差异使我们对于同一件事会有不同的态度和看法，宿舍同学长时间在一起，这样就很容易造成各种分歧，如果不能得到及时沟通与解决，就很容易造成宿舍同学之间的矛盾。

3. 大学生的生活习惯不一

大学里同学们来自五湖四海，集体宿舍一般4～8人，宿舍是一个混合体。一方水土养一方人，来自不同地区的人，养成的习惯也会不同。有的人习惯早睡，但有的人习惯晚睡，有的人喜欢干净整洁，但有的人“臭袜子满天飞”，有的人习惯细声细气地和别人说话，但有的人大声惯了，有的人性子比较急，但有的人就是喜欢三思而行，等等。另外，南方的同学可能不适应北方的澡堂、北方的同学不适应南方的饭菜等。虽然这些对于大学生来说都是小事，但就是这些小事，因为个人喜好不同，就可能会发展成为大事，当同学们不能互相理解时，这些事就成为导火索，引起不满，发生争执，由此引发宿舍内部矛盾。

4. 大学生的家庭经济条件各异

宿舍就像是一个小型的社会，同学们都是不同的，因为个体都是不同于彼此的。而且同宿舍的同学又接触比较多，很自然会相互进行比较。我们最初刚入学的时候，相互了解不深，对比也很简单，通过我们外在的容貌体型、衣帽服饰等，这样的对比虽然简单，但是在宿舍同学的心里却可能会产生强大的落差。比如家里经济条件不好的同学通常比较节俭，习惯简单淳朴的生活，可能会造成比较敏感自卑的心理情绪。而家境富裕的同学在物质生活上可以不受拘束，喜欢追求潮流与时尚，有可能产生优越于他人的心理情绪，在这种心理不平等的情况下，双方不经意就可能会伤害对方，宿舍同学之间这方面的矛盾比较常见。

5. 大学生缺乏人际沟通技巧

大学生进入一个相对陌生的环境，身边的同学都是陌生的，对于那些能够快速适应的同学来说，在这里他们如鱼得水，将找到更多的朋友，更多的机会，但是对于那些交往能力较差的同学来说，面对新环境和陌生的一切，需要较长的时间适应，甚至长时间也不能够适应。大学生的人格各异，而人格是相对稳定的。比如多数同学会持续高中阶段的为人处世，更喜欢保持独来独往的个性，不愿主动与人交往；部分同学自卑不自信，害怕与新同学沟通交往，表现得冷漠；有的同学愿意与人交往，但因为缺少与其他同学沟通的经验，外在却表现得高人一等、不屑主动与人交往；有的同学不知如何拉近与其他同学之间的关系，不能很好地处理与同学之间的矛盾，在人际交往中遭受挫折等。以上这些都是缺乏人际沟通技巧的表现。不懂交往技能的同学，在与舍友交往的过程就会出现各种各样的问题，因为种种误会，把原来较好的舍友关系变得复杂。

6. 大学生发展与竞争的压力

随着社会的发展，生存和发展的竞争愈演愈烈，大学当然也不例外。大学为学生们提供了自由开放、资源丰富的良好学习环境，同时也给了同学们更多的展示自我、表现自己的机会，这样的机会必须要在与别的同学竞争中得来，让别人认同并且欣赏你。比如校园十佳歌手大赛，同学们踊跃参与，竞争激烈，最终只选择前十名。大学里这样的竞争随处可见。宿舍同样是一个充满竞争的地方，虽然这里的竞争相对于整个大学环境来说要小很多，但因为朝夕相处，宿舍成员之间的竞争，反而更加需要妥善处理。奖学金、学生干部、实习机会等各方面都有竞争，有竞争就有排名，就有前后高低之分，成功的同学可能骄傲自满，失败的同学也可能引起自卑和嫉妒情绪，即使能力高的人依然谦虚谨慎，但是因为与朝夕相处的宿舍同学竞争过，彼此还是会产生嫌隙，造成关系的疏离。这样就不利于舍友友好关系的发展。

课堂活动

心理小短剧

活动名称：大学生宿舍关系情景剧

活动简介：通过活动，了解宿舍都存在哪些矛盾？思考宿舍矛盾产生的原因是什么？如何正确处理宿舍冲突？

活动步骤：

1. 以小组为单位，每组根据宿舍关系的理解自行撰写剧本，并进行演绎。时间 7 分钟。

2. 课前布置，使用微视频方式提前拍摄好。

3. 课堂上由各小组派 1 名同学担当评委。

4. 讨论 5 分钟：宿舍都存在哪些矛盾？宿舍矛盾产生的原因是什么？如何正确处理宿舍冲突？

5. 每组派 1 名代表发言。

（二）建立和谐大学生宿舍人际关系

和谐的宿舍人际关系对于每个大学生都是很重要的，它能使人心情舒畅，让人能够全身心投入到学习生活中。既然和谐的人际关系如此重要，那么当面对糟糕的宿舍人际关系时，怎么做才能使我们和舍友之间的关系变得和谐呢？

1. 正确认识宿舍冲突：避免冷战，加强交流

冲突是表现个体差异的表现，也是健康关系的重要组成部分。冲突可以表明双方的需要和立场，可以增加对双方内在价值观和信念的觉察，增加双方的自我表露。通过冲突，可以排解负面情绪，避免关系破裂。冲突正在发生时，没有必要去追究谁对谁错，首先要保持克制，避免冲突升级。等冷静下来之后再进行处理。冲突之后要避免冷战。在与人交往的过程中，大学生常常会选择逃避。通常会互不理睬，尽量不在同一地点同时出现。眼不见心不烦，问题好像得到了解决。其实逃避冷战最不利于问题的解决，况且宿舍同学朝夕相处，不大可能分开。冷战是特别有杀伤力的精神暴力，冷战使冲突得不到解决，反而会使双方的关系陷入对峙状态。长时间的冷战会使原本和谐的关系变得冷淡，再也回不到以前亲密的状态，给冷战双方带来严重的心理伤害，而且还会影响到身边其他同学的生活。

冲突之后及时解决问题的方法是主动交流，尤其是习惯性逃避、爱好冷战的同学应该学习并且实践的。当与宿舍同学发生矛盾之后，静下心来坐在一起面对面交流，了解双方的想法，解除误会，了解对方到底想要的是什么，表达自己的想法。只有通过交流，双方才能打开心结，重新接纳对方，进一步拉近彼此之间的关系。人际交往互动就是沟通交流。

2. 觉察双方的状态：设身处地、相互理解

设身处地即换位思考，人际交往过程中，能够觉察他人的情绪和想法、理解他人的立场和感受，并站在他人的角度思考和处理问题非常重要。换位思考主要体现在情绪自控、尊重共情、倾听能力等与情商相关的方面。道理每位同学都懂，但落实到行动中却很难，因为人是以自我为中心的，最开始都会从自己的角度出发来思考问题，会首先考虑自己的利益得失。但这是不符合实际的，并不是每一件事都能按照个体心里的想法发展的。当与宿舍同学发生矛盾时，如果只站在自己的角度来思考问题，问题肯定得不到解决。人际关系中不仅要考虑自己的利益，同时也要兼顾别人的利益，只有这样才能和谐地相处，只有双赢或多赢，人际关系才会和谐。

当然，站在别人的角度看问题很难，这个时候换位思考，及时把自己想象成对方，如果宿舍同学也对自己做了这样的事，自己的心里会是什么感受，会不会觉得自己受到了伤害。换位思考以后会发现，其实很多问题都是可以避免的。所以，当我们需要解决冲突时，我们一定要设身处地，换位思考，三思而行。

3. 勇于积极主动：学会包容，勇于道歉

包容是一种美德，是人们在生活中长期锻炼得到的。包容别人是件难事，但是做到让每一个人都喜欢更是件难事，所以别人很难做到处处都让你满意，有时自己对自己的一些行为都是不满意的，又何必要求别人处处完美呢？每个人都会有缺点，大学生也不例外，正确认识自我，坦然面对自己和舍友的缺点和错误，是心理成熟的表现。当只看见宿舍同学缺点的时候，就会对他的优点视而不见。放大他人的缺点，只会徒增自己的痛苦，影响自己的情绪，如果处理不好，很容易引发各种矛盾。所以我们要

学会包容我们的宿舍同学，就像包容我们自己一样。多赞扬别人的优点，才可以包容对方的缺点，欣赏别人就像欣赏自己一样。

适当的道歉会让对方感觉诚意，大事化小、小事化无，衷心的道歉不但可以弥补破裂的关系，而且还可能增进感情。在大学宿舍冲突中，很多同学在冲突发生之后会觉得道歉并不容易。觉得自己先道歉，就是自己失败了似的。这种想法是不恰当的。如果别人错了，道歉更多的表示态度，可以为双方消除不愉快和尴尬的气氛。冤家宜解不宜结，人生的路很长，宿舍同学并不是敌人，只是发生了一点小冲突而已。如果是自己错了，勇于为自己的失误道歉，这样才会显得自己心胸开阔、豁达，当人能包容地面对生活中大多数事的时候，才会活得更加快乐。

4. 态度决定一切：切勿嘲讽，真诚表达

冲突发生之后，因为心里不舒服，宿舍同学之间经常冷嘲热讽，没事找事，这种行为只会增加双方相处的障碍。与宿舍同学发生矛盾之后，双方很容易彼此之间看对方不顺眼，貌似互不关心，冲突似乎已经得到解决。但实际双方互相关注，矛盾双方的感情都比较敏感，恨不得找出对方一言一行的错误。这时候，本来无意的行为也会造成双方的误会。这个时候应该冷静，避免有事没事做出某些行为或者说出冷嘲热讽的话来刺激对方。这样会使得冲突再起，双方之间的关系只会更糟糕。如果想修复关系，和好如初，就要各让一步，放低姿态；若想不激化矛盾，维持现状，冷嘲热讽是大忌。

对别人的尊重需要真诚的表达。在和别人沟通中，唯有真情才能使人感受到尊重，从而信服。只有用一颗真诚的心与人沟通，才能换来双方坦诚相待。一句真诚的话，一段饱含真情的心里话，效果显著。在人际交往中，充满感情、融入真情的语言最能打动人心。以情动人是解决冲突、赢得朋友的关键所在。要想使表达与人产生共鸣，需要来自内心深处的声音，以情感人，并产生强烈的共鸣。巧妙地运用充满真情的话语，可以促进双方的关系融洽，从而形成良好的沟通氛围。矛盾产生以后需要坦诚的沟通，真诚的表达，而充满情感的话语可以使人感受真诚，为冲突的解决创造有利的条件。

5. 沟通的艺术：微笑对人、善于倾听

在人际交往中，微笑是简单却有效的沟通技巧。微笑，是一种极具感染力的交际语言，不但能缩短人与人之间的距离，而且能传情达意。微笑表示我们接受对方。试想一下，进入大学，刚进宿舍，宿舍同学正对着你微笑，你是不是感觉很温暖、很乐意接近他们？但是如果你看到的是一脸冷漠，肯定会感觉不舒服。人际交往是一个互动的过程，情绪是可以传染的。与人交流的时候，如果我们面带微笑，对方也会被感染而回馈给我们同样的微笑。这样，双方的心情都会变得愉悦起来。人际交往难免会产生隔阂，微笑具有平息冲突、化解矛盾的作用。宿舍同学朝夕相处，难免会发生冲突，产生不愉快，是冷眼以对，还是微笑面对？这往往取决于个体的态度。期待别人大度自己就要宽容，微笑面对是第一步。

人们常常认为，交际场上能说会道的人才是受欢迎的人，是善于交际的人。其实，善于聆听的人才是真正受欢迎的人。大部分人际关系的理论都强调互动，互动是拉近人际间距离的途径。这其中，语言是联结双方的主要方式，而被倾听是被了解与认可的主要途径。人们更喜欢那些懂得倾听的朋友，当一个人诉说自己委屈时，并不是为了劝慰，只是要让别人知道自己的不如意，想要被理解。所以要认真倾听宿舍同学，这是交朋友的秘诀，而拥有一个愿意倾听的朋友是件幸福事。

心理小测验

测一测你的沟通能力怎么样

请仔细阅读每一条，根据你的实际情况，选择相应答案。

A：没有或很少时间是这样；B：偶尔如此；C：常常是这样。

1. 如果我发现了别人的优点，我会称赞他/她。 (A B C)
2. 别人乐于向我诉说。 (A B C)
3. 我情绪不好的时候，根本不想理任何人。 (A B C)
4. 与人交谈时，我会问：为什么？ (A B C)
5. 与人发生冲突后，我会主动言归于好。 (A B C)

6. 我觉得人心难测不可交。 （A　B　C）

7. 我会主动征求别人的意见。 （A　B　C）

8. 与别人看法不同时，我很想让对方听我的。 （A　B　C）

9. 我认为各人干各人的事，关系好坏无所谓。 （A　B　C）

10. 别人说我说话的口气咄咄逼人。 （A　B　C）

11. 我会打断别人的话。 （A　B　C）

12. 我会换个角度将心比心来看别人的做法。 （A　B　C）

13. 我能委婉地表达我的建议或反对的观点。 （A　B　C）

14. 交谈时，我会注视对方的眼睛。 （A　B　C）

15. 我很注意人们无意间身体姿态所流露的心情。 （A　B　C）

16. 别人跟我讲话时，我会东张西望。 （A　B　C）

17. 别人说我表情太严肃了。 （A　B　C）

18. 别人不听我的劝告，我并不生气。 （A　B　C）

对于1，2，4，5，7，12，13，14，15，18题（共10题），如果选A则得1分，选B得2分，选C得3分。对于3，6，8，9，10，11，16，17题（共8题），如果选A则得3分，选B得2分，选C得1分。

将18道题的得分相加，即得到你的人际沟通总分。

总分在40分以上，说明你的人际沟通能力较好。如果总分在30分以下，则说明你的人际沟通存在一些问题，需要改进。

（资料来源：武成莉. 大学生人际关系心理学［M］. 西安：西安电子科技大学出版社，2016.）

人是社会动物，我们每个人不能离开社会独自一个人生活。从来没有哪个时期像当下这样对人际关系有这么高的要求。网络世界不断挤压现实生活与交往的空间，便捷的交通使得迁移越来越频繁，我们发现，牢固人际关系的建立变得十分困难。不过，只要我们正视人际关系，并相信通过努力可以改变这种状态，我们与他人的互动就会变得自然和谐。

心理小测验

人际关系综合诊断量表

这是一份人际关系行为困扰的诊断量表，共28个问题，每个问题做“是”（打√）或“非”（打×）两种回答。请你根究自己的实际情况如实回答，答案没有对错之分：

1. 关于自己的烦恼有口难言。（ ）
2. 和生人见面感觉不自然。（ ）
3. 过分地羡慕和妒忌别人。（ ）
4. 与异性交往太少。（ ）
5. 对连续不断的会谈感到困难。（ ）
6. 在社交场合，感到紧张。（ ）
7. 时常伤害别人。（ ）
8. 与异性来往感觉不自然。（ ）
9. 与一大群朋友在一起，常感到孤寂或失落。（ ）
10. 极易受窘。（ ）
11. 与别人不能和睦相处。（ ）
12. 不知道与异性相处如何适可而止。（ ）
13. 当不熟悉的人倾诉他的生平遭遇以求同情时，自己常感到不自在。（ ）
14. 担心别人对自己有什么坏印象。（ ）
15. 总是尽力使别人赏识自己。（ ）
16. 暗自思慕异性。（ ）
17. 时常避免表达自己的感受。（ ）
18. 对自己的仪表（容貌）缺乏信心。（ ）
19. 讨厌某人或被某人所讨厌。（ ）
20. 瞧不起异性。（ ）
21. 不能专注地倾听。（ ）
22. 自己的烦恼无人可倾诉。（ ）

23. 受别人排斥与冷漠。　（　）

24. 被异性瞧不起。　（　）

25. 不能广泛地听取各种各样意见、看法。　（　）

26. 自己常因受伤害而暗自伤心。　（　）

27. 常被别人谈论、愚弄。　（　）

28. 与异性交往不知如何更好相处。　（　）

记分表：评分 标准 打“√”的给1分，打“×”的给0分，计总分。

Ⅰ题目 1 5 9 13 17 21 25　小计分数

Ⅱ题目 2 6 10 14 18 22 26 小计分数

Ⅲ题目 3 7 11 15 19 23 27 小计分数

Ⅳ题目 4 8 12 16 20 24 28 小计分数

测查结果的解释：

1. 如果总分是0～8分，那么说明你在与朋友相处上的困扰较少。你善于交谈，性格比较开朗，主动关心别人，你对周围的朋友都比较好，愿意和他们在一起，他们也都喜欢你，你们相处得不错。而且，你能够从与朋友相处中得到乐趣。你的生活是比较充实而且丰富多彩的，你与异性朋友也相处得比较好。一句话，你不存在或较少存在交友方面的困扰，你善于与朋友相处，人缘很好，获得许多的好感与赞同。

2. 如果总分是9～14分，那么，你与朋友相处存在一定程度的困扰。你的人缘很一般，换句话说，你和朋友的关系并不牢固，时好时坏，经常处在一种起伏波动之中。

3. 如果总分是15～28分，那就表明你在同朋友相处上的行为困扰较严重，分数超过20分，则表明你的人际关系困扰程度很严重，而且在心理上出现较为明显的障碍。你可能不善于交谈，也可能是一个性格孤僻的人，不开朗，或者有明显得自高自大、讨人嫌的行为。

总分是从总体上评述你的人际关系。下面将根据你在Ⅰ、Ⅱ、Ⅲ、Ⅳ各横栏的小计分数，具体指出你与朋友相处的困扰行为及可资参考的纠正方法。

1. 记分表中Ⅰ横栏上的小计分数，表明你在交谈方面的行为困扰程度。

如果你的得分在6分以上，说明你不善于交谈，只有在极需要的情况下你才同别人交谈，你总难于表达自己的感受，无论是愉快还是烦恼；你不是个很好的倾诉者，往往无法专心听别人说话或只对单独的话题感兴趣。

如果得分在3~5分，说明你的交谈能力一般，你会诉说自己的感受，但不能讲得条理清晰；你努力使自己成为一个好的倾听者，但还是做得不够。如果你与对方不太熟悉，开始时你往往表现得拘谨与沉默，不大愿意跟对方交谈。但这种局面在你面前一般不会持续很久。经过一段时间的接触与锻炼，你可能主动与同学搭话，同时这一切来得自然而非造作，此时，表明你的健谈能力已经大为改观，在这方面的困扰也会逐渐消除。

如果你的得分在0~2分，说明你有较高的交谈能力和技巧，善于利用恰当的谈话方式来交流思想感情，因此在与别人建立友情方面，你往往比别人获得更多的成功。这些优势不仅为你的学习与生活创造了良好的心境，而且常常有助于你成为伙伴中的领袖人物。

2. 计分表中Ⅱ横栏上的小计分数，表示你在交际方面的困扰程度。

如果你的得分在6分以上，则表明你在社交活动与交友方面存在着较大的行为困扰。比如，在正常集体活动与社交场合，你比大多数伙伴更为拘谨；在有陌生人或老师存在的场合，你往往感到更加紧张而扰乱你的思绪；你往往过多地考虑自己的形象而使自己处于被动、越来越孤独的境地。总之，交际与交友方面的严重困扰，使你陷入“感情危机”和孤独困窘的状态。

如果你的得分在3~5分，则表明你在被动地寻找被人喜欢的突破口。你不喜欢独自一个人待着，你需要朋友在一起，但你又不太善于创造条件并积极主动地寻找知心朋友，而且，你心有余悸，生怕主动行为后遇到“冷”体验。

如果得分低于3分，则表明你对人较为真诚和热情。总之，你的人际关系较和谐，在这些问题上，你不存在较明显且持久的行为困扰。

3. 计分表中Ⅲ横栏的小计分数，表示你在待人接物方面的困扰程度。

如果你的得分在6分以上，则表明你缺乏待人接物的机智与技巧。在实际的人际关系中，你也许常有意无意地伤害别人，或者你过分地羡慕别人以致在内心妒忌别人。因此，其他一些同学可能回报你的是冷漠、排斥，甚至愚弄。

如果你的得分在3～5分，则往往表明你是个多侧面的人，也许可以算是一个较圆滑的人。对待不同的人，你有不同的态度，而不同的人对你也有不同的评价。你讨厌某人或被某人所讨厌，但你却极喜欢另一个人或被另一个人所喜欢。你的朋友关系某方面是和谐的、良好的，某些方面却是紧张的、恶劣的。因此，你的情绪很不稳定，内心极不平衡，常常处于矛盾状态中。

如果你的得分在0～2分，表明你较尊重别人，敢于承担责任，对环境的适应性强。你常常以你的真诚、宽容、责任心强等个性获得众多的好感与赞同。

4. 计分表中Ⅳ横栏的小计分数表示你跟异性朋友交往的困扰程度。

如果你的得分在5分以上，说明你在与异性交往的过程中存在较为严重的困扰。也许你存在过分思慕异性的问题或对异性持有偏见。这两种态度都有它的片面之处。也许你不知如何把握好与异性同学交往的分寸而陷入困扰之中。

如果你的得分是3～4分，表明你与异性同学交往的行为困扰程度一般，有时可能会觉得与异性同学交往是一件愉快的事，有时又会认为这种交往似乎是一种负担，你不懂得如何与异性交往最适宜。

如果你的得分是0～2分，表明你懂得如何正确处理异性朋友之间的关系。对异性同学持公正的态度，能大大方方、自自然然地与他们交往，并且在与异性交往中，得到了许多从同性朋友那里不能得到的东西，增加了对异性的了解，也丰富了自己的个性。你可能是一个较受欢迎的人，无论是同学朋友还是异性朋友，多数人都较喜欢你和赞赏你。

（资料来源：郑日昌. 大学生心理诊断［M］. 济南：山东教育出版社，1999.）

思考题

1. 人际关系的实质是什么？为什么人际关系对我们如此重要？

2. 依恋类型有哪些？萨提亚的人际沟通模型有哪些？

3. 你对宿舍人际关系的期待是什么？如何正确处理宿舍人际冲突？

推荐资源

1. 从扬洋，《找到意想不到的自己——萨提亚模式与自我成长》，武汉大学出版社，2015 年。

从扬洋的萨提亚模式，经历了进一步本土化的吸收，并经过非常有灵性的加工、整合，成为国内好读、易理解、很快产生作用的萨提亚读物。萨提亚模式到底是什么？萨提亚对我会有什么改变？我应该怎么用它？本书帮助读者学会萨提亚基本工具的使用方法，让读者获得关于自我成长、亲密关系改善、沟通等问题的全新认识。

2. 埃伦·伯斯奇德、帕梅拉·丽甘，《人际关系心理学》，李小平等译，上海教育出版社，2019 年。

本书资料丰富，论述详尽，通俗易懂。书中对所有关系领域内各个主题的历史渊源和重大事件都作了详尽的介绍，为读者清晰地勾勒出关系科学的概念演化和方法更新的历史过程，其中不乏对一些重大事件和经典研究的精彩描述。本书几乎涵盖了所有与关系有关的内容。比如，如何对关系进行定义及分类？哪种关系对个体更重要？关系如何产生和发展？为什么有些关系是长久的、幸福的，另外一些关系则是短暂的、痛苦的？人际关系对身心健康有哪些影响？作者拥有丰富的教学经验，能够深入浅出地阐述理论，用恰如其分的比喻或事例帮助读者理解那些难懂或晦涩的概念。

参考文献

[1]［美］埃伦·伯斯奇德、帕梅拉·丽甘．人际关系心理学［M］．李小平，李智勇，译．上海：上海教育出版社，2019.

[2]［澳］福家斯．社会交往心理学：人际行为研究［M］．张宝生，译．北京：中国人民大学出版社，2012.

[3] 艾斯．心理学与生活［M］．北京：中国致公出版社，2017.

第七章　学习之路

在寻求真理的长河中，唯有学习，不断地学习，勤奋地学习，有创造性地学习，才能跨重山越峻岭。

——华罗庚

学习这件事不在乎有没有人教你，最重要的是在于你自己有没有觉悟和恒心。

——法布尔

案例

“魏学霸”，高中时是学校出了名的学神级人物，门门科目全优，因此高考毫无悬念地进入自己理想的大学，美中不足的是被调剂到一个自己并不了解的专业，带着高中老师的名言“进入大学就是天堂了”，开启了在大学天堂般的学习生活：白天一觉醒来，瞟一眼手机，十点多，转身继续睡到十二点，早点、午饭不做区分，待到起床时并作一顿。逃课也已习以为常，平日里基本不去上课，就算是去了教室，也是找末排隐蔽的地方睡觉，更不用提写作业了，整个人的状态就是一看书就犯困，注意力不集中。但到了晚上，才来了精神，窝在宿舍里，跟舍友们“打成一片”，兴致来了经常玩到半夜都不休息。“魏学霸”在游戏世界里叱咤风云，终于在同学面前找到了自己的存在感。期末考试如临大敌，刚开始还能依靠高中基础吃老底，但慢慢地开启了从高数等学科的挂科生涯，一年下来挂了近十门课，挂科科目滚雪球般激增，“魏学霸”着急了！但发现即使像高中那样死记硬背地学仍然问题不断，现在大四了，四级一直不能通过，由于挂科问题严重，导致毕业困难，最后成为“伪学霸”。

同学们，读了这个案例，你是否有过与此类似的经历和感受呢？如果你是他，你将如何应对正在经历的一切？目前，学习问题已经成为大学生迫切需要解决的问题之一。学习决定大学生将来的发展，因此，了解大学生学习的心理机制和特点，客观面对学习中所遇到的各类学习心理问题，切实掌握应对学习问题的心理学方法与技能，都有助于大学生科学地进行大学学习活动，提高学习水平和素养，对个人未来的发展也具有十分重要的意义。

一、大学学习的特点与心理机制

学习是大学生的主要任务和主导活动。“子不学，非所宜。幼不学，老何为。蚕吐丝，蜂酿蜜。人不学，不知恶。”中国历史和文化典籍常用比喻和对比的方式告诉我们有关学习活动最朴素的道理。下面将带大家共同探讨学习的心理学内涵与机制，总结大学学习的特点。

（一）学习的心理学内涵

在不同历史时期，心理学家对学习的界定多种多样。心理学家一般认为，学习有广义和狭义之分。广义的学习是人和动物在生活过程中或通过获得经验而产生的行为或行为潜能的相对持久的适应性变化，是人和动物在生活过程中获得个体经验的过程。凡是以个体经验的方式所发生的个体的适应变化都是学习，它是人类和动物共有的生活中的普遍现象，是个体在生活过程中逐渐发展起来的。狭义的学习专指学生在学校里的学习，是学习的一种特殊方式，指学生在教育活动中，通过经验引起的、符合教育目的或心理相对持久的变化过程，也称学生的学习。即学习是学生在各类学校环境中，在教师系统指导下，有目的、有计划、有组织、有步骤地获得知识、形成技能、培养才智的过程，是在较短时间内系统地接受前人积累的文化经验，以发展个人的知识技能，形成符合社会期望的道德品质的过程。由此可知，本章所指的大学生学习是在狭义的学习心理范畴内所讨论的。

目前，我国多数心理学者认为，学习是个体在一定情境下，由于反复经验而产生的行为或行为潜能的比较持久的变化。首先，学习是以行为或行为潜能的改变为标志的，是有机体获得新的个体行为经验的过程，这种变化不是由先天倾向、成熟、疲劳、药物反应等因素带来的。比如大学生在学习专业知识后，能够从本专业的角度看待日常生活中的事情，利用专业知识寻找问题的解决方法；其次，学习引起的行为变化要维持一个相对持久的时间；最后，学习是练习和经验引起的，比如看到新闻报道酒驾造成交通事故，仅仅一次经历就会使你学习到遵守交通规则的重要性。

（二）学习的分类

学习是一个复杂的系统，由多个部分组成，因此，对学习活动进行分类有利于认识学习的特点及其各类规律，便于提高学习效果。目前学习心理学较权威的学习分类有以下几种。

1. 根据学习效果进行的学习分类

以学习效果为标准可以将学习分为言语信息的学习、智慧技能的学习、认知策略的学习、态度的学习、运动技能的学习。

（1）言语信息的学习

言语信息的学习是指掌握以言语信息传递的内容、事实、有意义的知识，信息的学习和意义的学习结合在一起，构成系统的知识。包括符号表征学习、事实学习（事物之间的关系）、有组织的言语信息学习。言语信息的学习是大学学习的主要内容之一，它是各类知识学习的必要条件，如通过阅读专业知识方面的言语信息，从而掌握专业基础知识；同时，借助有组织、有联系的言语信息学习，为思维提供工具，如撰写专业论文即一种言语信息学习。

（2）智慧技能的学习

智慧技能的学习是指运用符号和环境相互作用的能力，解决怎么做的问题，以处理外界的符号和信息，又称过程知识，包括辨别、概念、规则和高级规则。在大学各种水平的学习中都包含着不同的智慧技能，智慧技能的学习侧重于学习实际操作的技能，存在于各类实践、实习和学习活动中。

（3）认知策略的学习

认知策略是学习者学会加工信息的一些方法和技术，分为复述策略、精加工策略和组织策略等，是学习者用以支配他自己的注意、学习、记忆和思维的有内在组织的才能，这种才能使得学习过程的执行控制成为可能。认知策略的学习就是学习者用来“管理”自己学习的过程，如大学学习的各类学习方法，在大学学习中，为了记住相关知识需要反复阅读，编口诀，针对所学内容画出思维导图，这些都属于认知策略。

（4）态度的学习

态度是指通过学习获得对人、对事的一种倾向性，影响着个人对某种事物、人物及事件所采取的行动。大学中，态度的学习往往是潜移默化的，例如，有的大学生会在学习中逐渐发展出对某个学科的兴趣，立志以研究某学科作为自己毕生的追求，又或在长期关切社会需要和社会目标后，立志学好某学科，为社会作贡献，等等。

（5）运动技能的学习

运动技能的学习是通过练习巩固下来的、自动化的、完善的动作和活动方式。在大学学习中也较常见，较易直观理解，如游泳、打球、体操、舞蹈、电脑操作、作图、操作仪器等，这类学习的效果更多以动态方式呈现。

2. 根据学习层次进行的学习分类

根据学习层次进行的分类，反映了学习者在思考和处理信息时的路径。学习的层次可以分为记忆、理解、应用、分析、评价和创造六个层面。层次越低，就越基本、越关键，层次越高，越复杂。其中，记忆学习是通过机械式的学习或记忆来认知基础知识。如大学里许多基本公式规则都需要记忆的学习；理解学习是用个体的语言来复述信息的学习，借此构建自己所理解的含义和解释。理解在大学里是非常重要的。每一门课程都有一些新的概念、术语、程序和功能。一旦你对新概念有了扎实的理解，就会很容易地明白其工作原理或者运作机制；应用学习需要学习者用以前所学的知识来解决问题。在大学的学习中，应用学习就是要求大学生联系现实，分析或解决问题，把抽象概念与实际情况联系起来；分析学习是在学习者应用知识之后，需要分析或者分解这些知识。在这个层次里，可以判断自己是否真正掌握了所学的内容。掌握了“是什么”“为什么”及其“运作的原理”；评价需要学习者用批判的思维看待所学知识，对其进行判断、评价和评估。在大学学习中，特别鼓励和提倡这种学习，即对所学知识形成个人观点，并能用所知道的信息做决策，或论证个人的观点；创造是学习的最高层次，即把思想重新综合为一种完整的思想，产生新的结论，当大学生们能达到创造学习这一层次时，就可以用创新意识和思维，形成自己的学习体系和学习产品。

（三）学习的心理机制

学会学习是每一位大学生学习的根本宗旨，但要实现这一目标，首先要知道如何学习，即知晓学习的心理机制，因此有必要了解学习的心理机制，从而进行科学的学习。不同的学习心理学派从不同的视角对学习的心理机制给出了不同的分析与解读，本书结合开篇案例选取三种经典的学习理论进行阐述和解读。

1. 行为主义学派的学习机制论

（1）理论视角：学习是一种行为的习得和改变

行为主义学派认为学习的机制是一种外在行为的习得和改变，它很大程度上是受环境事件影响作用的结果，较少关注学习者个人的内在意识，认为学习的发生可能不受学习者的控制。其中，前美国心理学会主席爱德华·李·桑代克（Edward Lee Thorn－dike）的三大学习定律较详细地解释了学习的机制。

A. 准备律

准备律指学习者在学习开始时的预备定式。当某一刺激与某一反应准备联结时，给予联结就引起学习者的满意，反之就会引起烦恼。学习者有准备而又给予活动就感到满意，有准备而不活动则感到烦恼，学习者无准备而强制活动也感到烦恼。

B. 练习律

练习律包括使用率与失用律。前者是指一个学会了的刺激 – 反应（S – R）之间的联结，练习和使用越多，就越来越得到加强。后者是指如果不使用，这种联结力量便会减弱至消失。后来桑代克发现没有奖励的练习是无效的，于是修改为只有通过奖励的练习才能增强联结。可以看出，学习实践是最重要的，想要养成好的学习习惯，就要更多、更主动地练习。任何行为上的小变化都是大进步，最后才会达到自己的终极目标，急功近利往往适得其反。

C. 效果率

效果律指如果一个动作跟随着情境中一个满意的变化，在类似的情境中这个动作重复的可能性将增加，但如果跟随的是一个不满意的变化，这个动作重复的可能性将减少。没有奖励的练习是无效的，联结只有通过有奖励的练习才能增强。导致满意后果的行为被加强，带来烦恼的行为则被削弱或淘汰。在大学的学习中，要培养好习惯，建立到教室就学习、达成目标及时给自己小奖励等反射。同时也要警惕，反射不一定总是好的，坏习惯也会因为被奖励而潜移默化地形成。打破坏习惯需要新的刺激 – 反应联结来取代旧的联结，而不是一味地惩罚。学习时避免其他刺激带来的干扰，当自己完成目标或者有积极行为时及时奖励自己。

（2）理论解读

从行为主义理论反观案例中的“魏学霸”“早上一看手机，不到十二点就继续睡觉”这一行为。由于继续睡觉是令人愉快的正反馈，“魏学霸”出现了更多的类似行为。同理，在过去的经验里，“魏学霸”死记硬背的行为也得到了成绩优异的奖励，因此建立了联结。即使在大学学习中，死记硬背已经不能得到预期的正反馈，但“魏学霸”死记硬背的行为还没有完全消退。“魏学霸”到教室睡觉的行为，弥补了晚上玩游戏导致的睡眠不足，得到奖励。因此去教室睡觉这一行为被强化，教室与睡觉形成了联结，也泛化地引起了在教室犯困，注意力不集中的现象。

2. 认知主义学派的学习机制论

（1）理论视角：学习是具有成就动机的个体的一种有意义学习

认知主义学派认为，学习的机制在很大程度上依赖于学习者个人的成就动机，并建立在有意义学习基础之上的认知学习。美国认知派教育心理学家戴维·保罗·奥苏贝尔（David Pawl Ausubel）首先提出“有意义的学习”，在他所著教育心理学《认知取向》一书的扉页上强调：研究并了解学习新知识之前具有的先备知识，结合学习目的，配以适当方法，从而产生有效的学习。学习者在设定学习目标后进行有计划有步骤的学习，并在心理上有充分准备进行新知识的积累和学习技巧的培养和训练，学习者进行的这种学习是有意义的学习，能更有效、高效地达到学习目的。

同时，奥苏贝尔也十分关注成就动机，即学生试图获取好成绩的倾向。他认为学生的成就动机，主要由认知驱力、自我增强驱力、附属驱力组成。其中，认知驱力是指学生渴望认知、理解和掌握知识，以及陈述和解决问题的倾向。简言之，即一种求知的需要。这是意义学习中最重要的一种动机。它发端于学生好奇的倾向，以及探究、操作、理解和应对环境的心理倾向，是成就动机三个组成部分中最重要的部分。它大都存在于学习任务本身之中的，但它往往随着学习内容的变化而发生变化。当学习的内容不能激发起学生的认知兴趣时，认知驱力就要下降或转移方向。所以，认知驱力对于大多数学生或大多数学科来说，很难起到持久的激励作用。自我增强驱力即自我提高的内驱力，是成就动机的第二部分，是指通过自身努力，胜任一定的工作，取得一定的成就，从而赢得相应社会地位的内驱力。显而易见，自我增强驱力并不直接指向学习任务本身，而属于外部的、间接的驱动力。对于学生个体来说，在学习期间，自我增强驱力可以促使学生去追求优秀的学习成绩或较高的排列名次，把学习的目标指向将来要从事的理想职业或学术上的成就，面向未来，从而更加努力地学习。虽然自我增强驱力属外部动机，但它的作用时间往往比认知驱力还要长久。附属驱力是成就动机的第三部分，是指个人为了保持长者（家长、老师等）或权威们的赞许或认可，而表现出来的一种把学习或工作做好的内驱力。这种动机也不是追求知识本身，而是追求知识之外的自尊满足（家长和老师认可），所以也是一种外在的学习动机。

（2）理论解读

从认知学习理论视角反观“魏学霸”的学习，“他被调剂到一个自己并不了解的专业”，仍一味沿用高中时的学习方法，由于在心理上没有充分准备进行新知识的积累和学习技巧的培养和训练，也就无法高效学习，即没有进行有意义的学习。同时，他所学的知识让他提不起兴趣，导致他理解和掌握知识的动机减弱，他也不再从获得好成绩上得到成就感和认同，把成就感和认同感的来源变为了电子游戏，因为在游戏中他获得了存在感，这让他在游戏中的成就动机增强，离不开游戏。加上他考入了理想的大学，觉得已经实现了自己的目标，认为“进入大学就是天堂了”，不再想追求优秀的学习成绩，也欠缺对未来理想和职业的规划和考虑。“魏学霸”如果立足于现实，把现在的学习和之后的职业和人生发展结合起来，从学习中获得成就感和认同感，就可以帮助自己恢复学习的成就动机。

3. 建构主义学派的学习机制论

（1）理论视角：学习是学习者主动建构的过程

建构主义学派认为，学习的机制是个体在原有知识经验基础上积极主动地进行意义建构的过程，即根据自己的经验背景，对外部信息进行主动选择、加工和处理，从而获得自己的意义。建构学习更强调学习过程的主动性，学生依靠自己的力量去获得新知识、寻求解决问题的一种学习方法，建构学习不再是对趋同与封闭的标准答案的追求，而是对未知的开放性答案的探索，这种探索是没有终点的，也是对现存事物的加工改组以及已知的各种要素的重新配置，发现与寻求人类尚未知晓之事物，用自己的头脑亲自获得知识。

大学学习的特点非常符合建构主义学派提出的建构学习，大学生通过建构学习充分发挥自己的主观能动性，统筹规划，合理安排自己的学习内容，根据自己的需要、兴趣选择性地听课学习，确定适合自己的学习方式，以便在有限的时间内获得较高的学习收获。主动学习可以拓宽大学生的学习空间，有利于大学主动探索、主动发现、主动思考，掌握自学的本领，为以后不断吸取新知识及进行创造性的工作打下坚实的基础。

（2）理论解读

建构学习需要学生有内在的推动力进行自主学习，这一点从“魏学霸”一例中可以明显看出，由于他对于学习的内在动力不足，可能是由于高中习惯于“接受学习”，到了大学之后老师并不会把现成的学习内容呈现在自己面前，靠死记硬背也没有办法提高成绩，从而使他对于学习的方式不适应。特别是在毕业论文写作或毕业设计阶段，没有较强的建构学习能力，学生较难完成学业。这就要求大学生在进入大学后主动转变学习的方式，适应大学的学习环境，自主学习的同时改变学习方法，了解知识结构和体系，多进行探索学习。“魏学霸”对于本身专业不了解，更使他失去了学习的主动性。他需要对自己的专业进行深入的了解，从中找到自己的兴趣和发展方向，主动进行探索和思考。

（四）大学学习特点

大学生在心理上进入发展的高峰期，加上专业化的教育和时代的发展，学生在进入大学之后，无论是从学习内容还是学习方式，都发生了很大的变化，与以往相比，学习的模式并不一致，大学生的学习主要有以下特点。

1. 大学学习的专业性

专业性是大学学习的主要特点，是大学生学习与中学生学习的明显不同之处。大学是职业教育阶段，大学生的学习是为了将来走上工作岗位，适应社会需求所进行的学习活动，每一位大学生在步入大学后，都要根据自己的兴趣爱好以及特长选择一个确定的专业方向进行学习。各专业间在教学安排、课程设置、教学内容以及培养目标上存在较大差异，大学生一旦选定了专业，确定了主攻方向，必须对该专业知识进行深入的了解和掌握，以满足学校培养专门人才目标的需求。大学学习的过程本身也是成为一名职业人的过程，充满职业化的色彩，学生在大学时期选择的专业，很大程度上和将来的职业选择息息相关，高度的职业倾向性是大学学习不同于中学学习的一大特点。当然，专业性不等于单一性，也不等于说大学生的学习必须基于某一学科或专业，那样也无法达到很好的效果，因为学科之间是有联系的，是相互渗透的，这就意味着大学的学习不光要学好本专业知识，也需要广泛涉猎各学科领域，扩展自己的知识面，才能实现“一专多能”，更好地满足社会对人才的需求。

2. 大学学习的多元性

大学学习的多元性首先表现在课程方面，相较于中小学来说，除比较注重基础知识外，更强调知识的广博和精深。大学生往往需要通过学习不同层次的多门课程来加强和巩固专业知识，而且，不同专业的大学生学习的课程不同，加之在广博的基础上求专长，在专业学习的基础上求拓展和创新，还要兼顾学习相关学科的知识，如人文课程的选修，等等，这都使得大学生的学习内容广泛，学习任务远比中学重得多。

其次，大学学习的途径也与中小学不同，虽然课堂教学仍是主要的学习途径，但已不像中学那样，几乎是唯一的途径，大学生的学习不仅基于课堂，还要开辟课堂外学习的途径和形式，例如参加专题性讨论，社会调查，参观考察，查阅文献资料等丰富多彩的教学和教辅活动，甚至是参加各种组织活动，社团工作等，通过多种形式拓宽视野，扩大知识领域。

最后，大学学习的多元性还表现在学习方法上。中学老师是手拉手，领着教；而大学则是老师在前，学生在后，跟着走。大学学习主张学生自主学习，逐渐向从“要我学”向“我要学”转变。大学学习提倡勤于思考，采用多种方法，生动活泼的学习。大学学习不仅要掌握理论知识，还要注重实践技能，不仅要学习先前成果，还要探索最新研究，不仅要学会专业知识技能，还应了解相关领域的知识和技能。这些多元化的学习内容，除了通过课堂讲授的方法，学习方式还有专题讨论、课程设计，包括社会调查，咨询服务等。

3. 大学学习的自主性

自主性是指在学习过程中，大学生主观能动性作用的增强，只有改变中学时代学生对教师的依从，大学生才能完成从被动学习向主动学习的逐步转化，当然只有在教师的正确指导下，这一过程才能顺利完成。高中教师和家长们经常对高中生说，上了大学就轻松了，上了大学就解放了，实质上，大学生可供自己支配的时间增多了，轻松与不轻松，关键在于你对自己如何定位，如要想学得好，实际上并不轻松，无论在学习内容、学习时间还是学习方式上，应强调个体在学习活动中担当角色。此外，中小学时期的学习以教师组织教学为主，但大学还为学生学习提供了丰富的课堂外环境：图书馆、实验室以及课外科研活动等。大学的教学计划中，安排了大量的教学实践、实习、社会调查、毕业设计等教学环节，这些都预示着大学生的学习很大程度上是以学生自主学习为主，教师引导为辅进行的，因此大学生的学习应该有一定的创造性，学生不仅要懂得举一反三，还要能提出自己的独到见解，能灵活运用所学的知识。

4. 大学学习的探索性

大学的学习具有研究和探索的性质。大学的课堂教学已从阐述既定结论逐步转变为介绍各学派理论的争论、最新学术动态等。大学学生的学习和思维慢慢从死记硬背、正确再现教学内容逐渐向汇集众家之长、确立个人见解的方向转变。其中，高年级学生学习活动的探索性特点更为突出。此外，学校安排的社会调查、实验项目等实践教学内容作为大学生学习的重要内容和方式，也为学生的探索性学习提供了支持。在大学生活中，大学生有大部分的自主支配时间，这为学生开展和从事专业实践和其他社会实践提供了时间和客观保障。高校大学生有更多接触社会的机会，这也为大学生的探索实践学习增添了不少的可能性。

知识的学习与能力素质的培养同等重要，目前正在进行的高等教育改革一再强调知识技能的学习与智慧能力的培养。大学的学习不仅要广博而精深，还要在广博的基础上，求拓展和创新，现在很多高校鼓励学生参与教师科研项目或申报大学生科技项目，鼓励高层次的专业论文发表，强调科研创新价值。大学所学课程中，许多理论和内容处于学科最前沿，发展的前沿尚处于研究阶段，探索阶段，这就决定了大学学习不仅是一般的专业知识的学习和技能的掌握，大学生还应了解当前学科发展的现状、存在的问题及发展趋势，对书本之外的新观点进行寻求和钻研，并将所学内容学以致用，完成理论和实践的结合，在学和用的过程中形成自己的观点和新思路。

二、大学学习存在的常见问题

可以说，大学学习开启了学习的新模式，也正是由于它与高中学习方式的不同，大一新生往往会出现各种学习问题。开篇案例中的“魏学霸”身上就存在着许多大学学习的常见问题，比如由于专业不了解而缺乏学习动机；盲目听信“进入大学就是天堂了”，学习方法还停留在死记硬背阶段，学习认知不足；不认真学习、缺乏学习的意志力；对于学习成绩、游戏人生的情绪不稳定问题等。下面将为大学生系统地梳理大学学习中常见的问题。

（一）学习动机存在的问题

学习动机是学习行为发生和维持的内部动力，它包含学习需要和学习诱因两方面的因素。前者是个体内部动机，包括个体的成就欲望、爱好及好奇心、求知欲、探索欲等。后者是外部动机，指激发行为的外部环境因素，如考试分数、奖学金、“三好”学生的荣誉等，它促使学生把自己的行为指向学习的目标。学习动机是学生学习活动的主观意图，是推动个人进行学习的内在力量。苏联心理学家列昂捷夫说：“学生学习的自觉性和动机是分不开的。事实上，有正确学习动机的学生才有主动性，学习劲头大，能克服困难，提高学习效果。”学习动机虽不是提高学习效果的唯一心理因素，但却是极其重要的因素。

对大学生学习研究的结果显示：31.36%的学生每学期至少旷课1~3次，从不旷课的学生只占30.29%，61.50%的学生有迟到早退现象。68.14%的学生从来不进行课前预习和资料准备，61.00%的学生从不进行课后复习；37.50%的学生在课堂上不认真听讲和做笔记。课后经常与老师、学生交流心得的学生仅有10.36%，课堂上经常或者有时会向教师提问的有12.86%；25.14%的学生会偶尔提问，62.00%的学生则根本不向老师提问题①。这表现出学习兴趣不浓厚、主动性学习较差、“逃课”的情况比较严重；另一方面，也有一部分大学生注重现实，学习的功利性和价值性越来越浓，选课只求好过，不求兴趣，或者只选对就业有帮助的课程，不注重提升人文精神与科学素养，或者把学习的精力投入到各种证书考试中，不了解知识经济时代知识更新的速度，缺乏不断摄取知识的动机

① 刘小平，唐贵忠．大学生学习态度的现状及新特点——基于重庆市6所高校的调查［J］．重庆与世界：学术版，2015（7X）：100－103．

等短视行为。因此，学习动机存在的主要问题包含学习动机缺乏和学习动机过强两个方面，其中学习动机缺乏问题最为突出。

1. 学习动机缺乏

学习动机缺乏的主要表现为无明确的学习目标，为学习而学习甚至厌倦学习和逃避学习。学习动机不强的学生常常学习动机不正确，社会责任感不强，价值观念不强，学习态度不端正，学习毅力不强，对专业不感兴趣，对自我的学业期望不足，学业自我效能感低。尤其是有些学生一直是在家长、老师的严格督促下不得不努力学习，本身并没有培养出良好的学习习惯和浓厚的学习兴趣，一旦外界约束的力量下降，趋乐避苦的本能便占了上风，对困难的逃避自然而然地便出现了。

2. 学习动机过强

学习动机过强的主要表现为成就动机过强，奖励动机过强，学习强度过大。个体学业期望过高，自尊心强，对自己的学习能力缺乏恰当的估计，因而造成学业自我效能感下降，心理压力大；渴望学业成功而又担心学业失败，受表面的学业动机的驱使，渴望外在的奖励与肯定，特别是由于学业优秀带来的心理满足使学生更看重自己的学业优势，因而造成学习强度过大，引起心理疲劳。尤其是有些学生受过磨难之后，或者受到强烈的成功思想的影响，急于通过学习改变命运，达到成功。急于求成，结果欲速则不达，反而导致学习效率下降。

（二）学习认知观念上存在的问题

1. 对大学学习缺乏正确的认知观念

由于大学的学习生活与中小学有很大的差别，部分中国的家长和学生存在大学前后的学习“观念落差”，常常错误地认为高考前的学习是最苦的。寒窗苦读，很多时候是被动的苦，带着功利的苦，而不是在其中有着浓厚兴趣的苦。不少大学生经过高考的“独木桥”后，开始在大学校园里舒舒服服地等着毕业，上课想逃就逃，考试临时抱佛脚。甚至有些家长也是从小灌输给孩子这种思想，让孩子认为，所有的学习都是为了高考。于是，高考结束，学习变得不再重要了，于是思想观念上放松，主要精力放在了玩要和娱乐上。此外，大学和中学的教学模式和学习方式大不相同，已经由原来的以教师为核心的教学模式变成了以学生为核心的自学模式。大学的教育方式和教学模式的改变，要求大学生必须从教与学这两方面改变原有的学习观念。在教方面，大学的教师不再面面俱到，而是抓住理论要点进行教学，讨论的话题也不局限于教材，涉及的面会更广。对于学生来讲，除了要理解课堂上的内容外，还要阅读大量的相关书籍和资料，而且大学里的学习材料要远远多于中学时代，老师不再为学生安排学习日程、悉心关注学生学习的每一个步骤，而是改由学生自己决定要学的专业、学习的重点和发展的方向等，这一变化使一部分学生无法适应。

2. 对学习目标缺乏明确认知观念

我们在中学时的学习目标就是考大学，目标很明确，因而为之努力奋斗多年，目标得以实现。进入大学后，很多学生却不清楚“我为什么上大学”“学习为了什么”，因而感到很茫然。大学的学习目标又是什么呢？为了找一份好工作，为了拿到一张文凭，还是为了人生的理想？很多大学生的人生理想缺乏社会责任感，没有高尚的情怀，只是单纯地将大学当作人生历程的一个跳板。因此，他们在学习上缺少近期目标和长远目标，只求混个文凭，在学习上得过且过；而另外一些同学则目标过多，不知道该如何选择，进而产生迷茫、困惑。

3. 对学习的困难性缺乏认知

进入大学后，很多大学生对分数已经不再像中小学时那么看重了，甚至很多人抱着“六十分万岁，多一分浪费”的观念对待大学的学习，单纯地认为进入大学就等于获得了半张文凭，只要不违反校规校纪，混个文凭就没问题；还有的因为家庭经济条件优越，认为“背靠大树好乘凉”。因此，这些学生没有对学习的兴趣和求知欲，缺乏上进心和成就感，上课无精打采，课后也不再预习、复习，作业不独立完成，很少去图书馆，考试往往“临时抱佛脚”，主要精力都放在“怎么玩”上。还有些学生在以往的学习过程中喜欢找捷径和窍门，希望无论学什么都能够轻松愉快地掌握，但是却忘记了“任何有价值的事情都不可能轻易得到”这个最质朴的道理。如果学习中不存在什么难度，即所有人都能成为大学生，那么大学生还有特殊的价值吗？当发现自己在学习、能力等方面与他人产生差距，甚至达不到学校的要求后，部分学生会产生失落、忧虑、紧张、自卑的情绪，陷入自我怀疑、自我否定的困惑之中，挫折感强烈。不能正确认识、合理分析自己的学习情况，很容易会陷入学习认知瓶颈中。

4. 对学习原因缺乏合适的认知归因模式

归因是指人们对自己或他人的行为找原因的过程。不同的人对相同的事件可能会出现不同的归因。如考试失败，有的学生把原因归结为自己不够努力，今后需要更加努力；有的学生认为是老师故意刁难，考题出得太难；还有的学生认为是自己运气不好，没有复习到考试的内容等。当学生把失败归因于自己的能力与努力时，学习行为就会增强；当学生把失败都归因为外部因素时，往往就会原谅、忽视自己的内在不足，学习行为就会减弱。这样的归因方式很容易让自己轻易放弃，因为这些外部因素自己无力改变，所以一改过去的学习方式，变得对学习漫不经心，得过且过，同时在娱乐和谈朋友上倾注大量精力。大学生逃避与自己成长与发展关系最密切的学习环境，而投入到其他活动中去，结果到最后发现，这个重要的问题不是想逃就能逃得了的，最终还必须要面对。

5. 受外部因素影响的错误认知观念

随着市场经济体制的建立和经济全球化的深入，金钱冲击了传统的学习观念，知识很大程度上成为功利的、世俗的工具。人们急功近利，什么专业好找工作、挣钱多就选择什么专业。专业的选择不是根据个人的性格特征和爱好，而是根据专业的“含金量”，这也造成了学生对学习价值认知的偏差。

（三）学习行为存在的问题

学习行为存在的问题是指在学习过程中由于学习方法的使用不当造成学习行为的偏差。大学学习的一个重要特点就是学习的自主性，这时候，老师不再是领路人而是指路人，学生成为学习的主体和主人，需要自己规划学习的内容和方式。大学学习除了模式改变之外，还有很强的专业性，这使得很多同学没有行之有效的学习方法，这种变化导致很多大学生不能适应，走了不少弯路，找不到适合自己的学习方法，学习效果不理想，主要表现如下：

1. 没有学会自学

大学生在校期间的学习以自学为主，但有一部分学生不知道如何自学，常常把“自学”当作“自习”，把对课堂知识的“复习”当作“自学”，忽视了对知识的拓展和深化。换句话说，就是不知道除了课堂和教材之外还该学些什么？怎么学？

2. 抓不住学习的重点

很多大学生常常感到要学习的东西太多，什么都想学，但抓不住重点；刚学会这个，又想学那个，甚至这个没有学会，又去学那个了。还有的学生过分看重社会上的各种“证书”，甚至为了“考证”不惜牺牲专业知识的学习，在专业课考试上亮起了“红灯”。这部分学生由于学习抓不住重点，造成了学习过程中主次不分的后果，尽管疲于奔命，但学习效果却不理想。

3. 不会迁移

大学里专业学习的一大特色就是理论与实践相结合，这就要求学生具有很强的迁移能力。迁移是指先前学习或训练的内容对后来类似的学习或训练内容的影响，通俗地讲就是“举一反三”“触类旁通”。一部分学生在学习的过程中缺乏正迁移的能力，即无法将原有的知识与新学习的知识联系起来形成正迁移，造成学习上的困难。

4. 缺少学习规划

学习规划是实现学习目标的重要保证，而有些大学生对自己的学习毫无计划，缺乏有效的时间管理能力，整天被动地忙于应付作业和考试，不会主动地、自觉地学习，看什么、做什么、学什么都心中无数。存在这类问题的大学生总是在考虑“老师要我做什么”，而不是“我要做什么”。

(四) 学习情绪存在的问题

1. 学习情绪低落

学习情绪低落是指大学生由于不能很好地处理学习中的问题与要求，表现出倦怠、沮丧、缺乏兴趣等情绪特征。其中比较突出的是对专业兴趣的缺乏。许多学生在进入大学之前，并不了解本专业，也不清楚自己是否适合，上大学之后勉强接受现实，不得不来学习，学习时会表现出逃课、上课不听讲、迟到、早退、不交作业等行为，与其他学生紧张而有节奏的学习生活相比，他们如同局外人，与学习群体不相融。

学习情绪低落会引起学习倦怠。学者曹美兰发现，27.46%的大学生存在学习倦怠[①]。显然，学习倦怠不利于大学生进行正常的学习，影响学习效率，甚至导致学业终止。学习情绪低落表现为以下“三低”。

（1）专业承诺水平较低

专业承诺是指大学生对所学专业的认同、喜爱，愿意付出相应努力的积极态度和行为。但目前研究表明，很多大学生对所学专业有较低意愿，对自身能力、素质估计不足，认为所学专业不能发挥自己的特长，不利于实现自己的理想和抱负，对专业的规范和要求仅仅是出于义务和责任去遵守，而不是自愿遵循。

（2）自我效能感水平较低

自我效能感是著名心理学家阿尔伯特·班杜拉提出的概念，是指个体对自己的学业能否取得成就的主观判断，也就是说在结果还没有到来之前，自己对自身能力素质的一种自信程度。高自我效能感个体，学习还没开始就已经成功了一半，而低自我效能感个体，学习还没开始，认为自己不行，先“趴下了”。研究表明自我效能感越低，越容易形成学习情绪低落。

（3）成就动机水平较低

成就动机水平较低指大学生在学习过程中有低成就的感受，或指完成

---

① 曹美兰．地方院校大学生手机成瘾与学习倦怠的关系［J］．中国健康心理学，2018，26（6）：953－956．

学习任务时能力不足所产生的学习能力上的低成就感。有的学生不管怎么努力也不能取得较好的成绩，由此产生学习情绪低落。美国心理学家戴维·麦克利兰（David C McClellan）和约翰·威廉·阿特金森（John William Atkinson）提出了成就动机的概念。它是指个体追求自认为重要的有价值的工作，并使之达到完美状态的动机，即一种以高标准要求自己，力求取得活动成功的动机。阿特金森提出了成就动机的两个维度，即“追求成功”与“避免失败”。积极追求成功的学生，能战胜学习中的种种困难和障碍，从而取得优良成绩。研究表明，学习倦怠与成就动机较低有关，这些人更多地关注导致失败的方面，选择失败可能性较小的目标，或者消极地做出可能失败预期的学生，更可能形成学习情绪低落。

2. 学习情绪焦虑

学习情绪焦虑的主要表现是考试焦虑。考试焦虑通常是指考试过程中，由于过度担心自己考试失败有损自尊而产生忧虑的一种情绪反应。适度的考试焦虑有助于调动学生的心理能量和生理能量，使之全力以赴，注意力更集中，记忆力更强，思维更敏捷，对考前的复习具有积极的促进作用。过度的考试焦虑则会造成高度的忧虑和紧张，产生负面影响。过度考试焦虑主要表现为：考前紧张恐惧、心烦意乱、喜怒无常、失眠、记忆力减退、注意力不集中、学习效率下降等。

造成大学生考试焦虑的原因，既有客观因素也有主观因素，但以主观因素为主。客观原因是大学的学习课程多、难度大、要求高。大学学习无论在内容的深度还是知识范围的广度上都是高中学习所不能相比的，这样的学习任务不是能够轻松完成的。学习的难度增大了，这是使大学生产生学习焦虑的原因之一。许多大学生习惯了高中时老师严格按照书本讲解，课后带领大家划重点、做试题，一到了大学发现老师的讲课方式完全不同，照本宣科的老师极少极少，课本成了参考书，自己不知道要学什么，每节课的内容更是远远地超过了高中时期的信息量，所以复习时感到无从下手，当然更害怕考试。通常来说，考试越重要，考题越难，竞争越激烈，越容易引发考试焦虑，比如，评奖学金、评选优秀学生等都十分看重学生的成绩，学生之间相互攀比成绩，也客观上推动了考试焦虑氛围的形成和考试压力的传递。主观方面，考试期望过高、对考试外在价值过分重视、考前准备不足以及性格内向、敏感、缺乏安全感和自信心以及做事追求完美的大学生，更容易出现考试焦虑。

(五) 学习意志存在的问题

学习意志是指学习者能够自觉地制定学习目标，支配自己的学习行为，克服学习困难，以实现预定的学习目标的心理过程。学习意志品质是指个体在学习过程中自我克制、自我约束的能力。很多人在学习过程中常随心所欲、做事拖沓、懒散，遇到情况发生变化，学习状况就乱了方寸，难以像往常那样坚持下去，这都是缺乏学习意志品质的表现。

研究显示，大学生学习的注意力不集中、自觉性不强、缺乏学习的坚定性、学习惰性强，这些都是学习意志方面存在的主要问题。其中，学习意志最常见的问题是注意力不集中。

注意是心理活动对一定对象的指向，具有指向性、选择性和集中性。注意在学习过程中具有重要意义，有人把注意比喻为知识的窗口，没有它，知识的阳光就照射不进来。注意力集中是大学生搞好学习的基本心理条件。注意力涣散的表现多种多样，比如上课思想开小差，不能专心听课，胡思乱想，目光呆滞，反应迟钝，或易受无关刺激影响，东张西望，心神不定，心猿意马，左顾右盼，不能专心做功课，或参加一项活动或因某事兴奋之后，长时间沉浸其中，不能及时把注意力转移到学习上来。

注意分为无意注意和有意注意。无意注意是一种自然而然发生的、不需要作任何意志上的努力的注意。比如大家正在上课，一个人忽然搞出动静，大家都不由自主地去看他，这就是无意注意。有意注意是一种自觉的目的、是需要作一定意志上的努力的注意。比如“我”正在专心看书，这时听到别人谈话中有“我”感兴趣的内容，但“我”想到要把这部分内容看完，经过一定的努力，仍旧把注意集中到书上，这就是有意注意。这是一种主动的、服从于一定目的和要求的注意。大学生注意力涣散实际上是无意注意增强，有意注意减弱的结果。一方面无意注意增强使学生很容易被无关事物吸引注意力，注意力难以集中在学习上，另一方面，有意注意减弱使学生学习的自觉性和意志力降低，容易疲劳，不能保证较长时间的学习活动。

注意力不集中的主要表现为：

1. 无法专心

上课不能专心听讲，大脑常常开小差，盯着黑板却心猿意马，自己不能控制，思维飘逸。

2. 易受干扰

易受环境的干扰，教室外的小小动静都能引起注意力的转移，而且长时间不能静心。

3. 沉浸娱乐体验

参加活动之后，如参与体育运动或看一场电影后，久久沉浸在回忆之中，没有办法快速地从中抽离出来，把精力投入学习上。

三、解决学习问题的常见心理方法

虽然大部分学生在进入大学后不会像“魏学霸”一样面临多重的学习问题，但是无论从学习的内容还是学习的方法上，学生或多或少都会有些困惑，那在面临这些学习问题的时候，我们应该怎样科学应对呢？下面将针对常见的学习问题，从心理学角度提出一些解决办法。

（一）确立合理的学习目标

大学生要确立自己的学习目标，可以将大的学习目标分解为一个个小的学习目标，逐步实现。世界著名的撑杆跳高名将乌克兰运动员谢尔盖·布勃卡，人称“空中飞人”，在其辉煌的运动生涯中，从 5.70 米到 6.15 米，35 次打破男子撑竿跳的世界纪录，是世界田径史上打破纪录次数最多的人。布勃卡几乎每次都将世界纪录提高 1 厘米，因此被冠以“一厘米先生”的称号。在他成功地越过 6.15 米后，他感慨地说：“如果我当初就把训练目标定在 6.15 米，没准儿会被这个目标吓倒。”

就大学的学习而言，大学生需要制定个人本科四年的长远目标和短期目标，长远目标要思考完成哪些必修课、选修课，通过哪些途径和方法锻炼和培养自己各方面的能力、品格、修养，着重培养哪些能力欠缺的部分，使自己在毕业时成为高素质的优秀人才。短期目标即每一学期的学习，完成哪几门课等。

（二）加强自学的计划性

独立学习的能力是大学生在学习实践过程中不断练习培养起来的，其关键是学习要有目的性、计划性。大学新生在学习时应意识到，在大学里，很少有人监督，更少有人主动指导自己；也没有人帮自己制定具体的学习目标，考试一般不公布分数、不排名次，每个人都在独立地面对学业。

自学过程中，不同年级有不同的学习计划：处于探索阶段的大一，课程设置均为基础课，而基础知识是今后学习、学术深造的依据，因此，大学新生必须重视基础、扎实学习，同时多读一些社会科学相关书籍，建立自己的知识结构。二年级是专业定向阶段，一方面基础学习仍不能放松，另一方面确定专业方向后，要注重专业能力的培养。三年级是自我定位阶段，考研还是就业需要做出选择，决定考研，就选定目标学校，准备学习资料；选择就业，就要在专业知识学习的同时，考取与职业目标相关的职业资格证书，并积累一些专业实践的经验和求职技巧，查漏补缺，检查当下与毕业后目标的差距，及时采取纠偏措施。不论是考研还是就业，四年级均处于关键时期，进入冲刺阶段。

（三）激发学习动机

学习动机的激发是指利用一定的诱因，使已经形成的学习需要由潜在状态变为活动状态，提高学习的积极性。学习的动机直接影响学习效果。人们总是希望提高学生们的学习动机，认为学习动机越高，考试的成绩就会越好。其实不然。美国心理学家耶克斯和多德森认为，中等程度的动机激起水平最有利于学习效果的提高。同时，他们还发现，最佳的动机水平与任务难度有密切关系。任务较容易，最佳激起水平越高；任务难度中等，最佳激起水平也适中；任务越困难，最佳激起水平越低，这便是有名的“耶克斯-多德森定律（The Yerks - Dodson Law）”。此定律可以给大学生们的启示是：将学习动机和学习任务难度相匹配。如果学习任务难度太高，例如一些重要考试、比赛，大一些的重要活动，其动机水平太高反而不好。所以大学生要根据学习任务难度，恰当控制学习动机水平。

（四）掌握科学的学习方法

1. 管理时间，统筹安排

人的一生说到底是一个支配时间的过程，是否能在某个方面有所成就，很大程度上取决于能否管理好自己的时间，能否有效利用时间。

心理学的研究表明，并不是所有人的新陈代谢高峰期都出现在一天中的同一时间内，而是有的出现在早上，有的出现在晚上，还有的出现在整个白天。大脑的工作效率是有时间差异的。研究表明：一般人的大脑每天有四个记忆高潮。第一个高潮是早晨起床后，这时大脑没有记忆干扰，认记清晰；第二个高潮是上午 8～10 点，这时人的精力旺盛，认记效率高；第三个高潮是下午 6～8 点，这时是一天记忆的最佳时期；第四个高潮是临睡前的 1 小时，因为记后入睡，大脑具有严谨、周密思考的能力，下午 2 点的思维速度最敏捷，但逻辑推理能力减弱[①]。

大学生们应当注意调节用脑时间，善于转换兴奋中心，使学习紧张而有弹性，防止大脑疲劳。注意将重要的事情放在精力充沛时完成，事务性工作可以放在其他时间去做。大学生们应当珍惜时间，重视零星的时间，积零为整。

2. 张弛有度，劳逸结合

俗话说：“不会休息的人就不会工作。”学习不能打“疲劳战”，大学生应当从高中时代的死记硬背模式中走出来，培养自己的创新学习能力，养成良好的生活和学习习惯，合理安排学习、娱乐、交往、睡眠等，做到张弛有度，这样不仅能减少脑细胞能量的消耗，还能调节大脑区域的活

---

① 刘笑．巧用时间，提高学习效率［J］．数学大世界（中旬），2015（z1）：22－22.0

动。对于大学生来说，每天保证7~8小时的睡眠是非常重要的。

3. 加强锻炼，平衡营养

大脑必须要有足够的能量予以补充，一日三餐要注意按时吃，并且营养要丰富。早餐对于用脑的学生来说很重要，有些大学生经常不吃早餐或随便吃一点，这都是对身体没有好处的。同时要注意加强体育锻炼，因为只有健康的体魄才能使大脑保持活跃，使精力充足，从而促进智力的发展。此外，人的情绪同大脑也有着密切的关系，因此要保持心情舒畅。如果经常处在精神紧张或忧郁、苦闷的状态，就会使脑细胞过度消耗，使大脑陷于衰竭状态，影响智力发展。

（五）改善注意力

俄罗斯教育家康斯坦丁·德米特里耶维奇·乌申斯基曾指出："注意是我们心灵的唯一门户，意识中的一切，必然都要经过它才能进来"。注意对学生的学习效果、生活质量都有着十分重要的作用。改善注意力可以从以下几个方面入手：

1. 不对抗"注意力不集中"

心理学研究证实，人的注意力很难长时间集中，且易受外界环境以及内心情绪波动的干扰而"走神"，这是人的正常心理现象，也是每个人都会遇到的。把正常的心理现象当成异常，越是苛求自己要注意力集中，注意力越是容易转移到"怕被干扰""怕注意力不集中"上，导致对外界刺激过于敏感，结果真的"注意力不集中"了，于是就会出现越想学，越静不下心来的情况。这种情况出现后，不要恐慌和焦虑，不要刻意去阻止或对抗，要允许静不下心来的情况存在并坚持学习，以这种不怕、不理、不主动克制的态度去对待，会在不知不觉中把注意力集中到学习上去。

2. 增强学习材料的吸引力

学生喜欢电视剧、喜欢游戏，不是因为对象的重要性，而是学习对象本身具有比较强的吸引力，有了吸引力就有了喜欢，有了喜欢就有了兴趣，有了兴趣就有了注意力。因此，首先可以根据个人特点寻找一些有吸引力或有一定挑战性的材料来增加学习的兴趣。其次，可以利用对喜欢对象的注意进行对比迁移、置换规则等，将对游戏的注意迁移到对学习的注意上来。比如有些学生喜欢唱歌，可以把要记的知识用歌曲旋律串联起来，把对音乐的注意转移到文字知识上去。

3. 自我提示

找几张卡片，写一些提醒自己的警句，置于平时学习时容易看到的地方，以起到提醒自己的作用。或者在手腕上戴一个橡皮筋，当“沉不下心”“分神、跑神”时，就及时拉橡皮圈弹击自己，提醒自己把心思转移到学习上来，适时提醒自己集中注意学习。

4. 借助心理学工具训练注意力

设置一些训练注意力的材料进行练习。心理学有很多关于注意力训练的工具，比如最常用的就是“舒尔特方格（Schulte Grid）训练”。舒尔特方格既是注意力测试工具也是注意力训练工具：在一张方形卡片上画上1cm×1cm的25个方格，格子内任意填写上阿拉伯数字1~25等共25个数字。训练时，要求用手指按1~25的顺序依次指出其位置，同时诵读出声，并在一旁记录所用时间。数完25个数字所用时间越短，注意力水平越高。每日可以利用5分钟时间来观察和训练注意力。

（六）调节焦虑情绪

当出现学习焦虑的情况时，应充分发挥自我调适的能力来控制焦虑的程度。

1. 提高自身适应能力

进入角色，熟悉生活，提高自身适应能力。在现实生活中，每个人都要随着外界环境的变化，不断地调整自己的位置，使自己的需求和发展与社会的需求和发展相一致。这就是说，随着大学环境的变化，要使自己进入“角色”，在新的大学生活中寻找自己的方位，确立最佳位置。由于大学是人才云集之处，这就不可避免地使学生过去的优势不复存在。在现实的变化面前，学生容易因心理的落差超出承受能力，产生了自卑感，甚至失去学习的信心。因此，培养自信心对大学生学习来说尤为重要。

2. 合理制定学习目标

正确认识和评价个人能力，确立切合自身实际的学习目标。进入大学，新的理想目标等待着自己去确立，这种新目标的确立要根据大学的学习规律，结合自己的实际来进行。在目标的确定中应该注意使个人目标与社会责任联系起来，把近期目标与长远目标结合起来。很多同学入校后由于成绩相对下降，其他方面表现得相对不突出，往往产生强烈的自卑感，为此感到焦虑不安。在这种情况下，大学生应该首先认识到造成这一情况并非个人因素的影响。“人外有人，天外有天”，一个人不可能永远第一，只有认识到这一点，才能客观评价自己和他人，保持平衡、稳定的心态，确立切合自身实际的学习目标。不急躁，循序渐进，才能学业有成。

3. 转移注意力，培养积极向上的情绪

培养积极向上的情绪，正确处理学习与其他活动的关系，适当转移注意力。焦虑本身就是一种消极的情绪体验。因此，培养积极向上的健康情绪，完全可以抑制或消除学习焦虑。一方面，学生应学会调节、控制自己的消极情绪，积极参加丰富多彩的文体活动，使学习中的焦虑情绪得到缓解和释放，并从中感受快乐的情绪体验；另一方面，学生也应学会增加自己积极的情绪体验，劳逸结合，经常对学习新知识保持浓厚而新鲜的兴趣，在学习水平不断提高中体会成功的喜悦。

4. 保持适度的自尊心，降低对胜败的敏感度

作为一名大学生，应该有意识地培养和锻炼自己的心理承受力。保持适度的自尊心，做到“胜不骄、败不馁”，正确对待自己在学习中遇到的困难。只要以坚强的意志勇敢面对学习中的挫折，就能反败为胜，克服焦虑心态。尤其是一帆风顺的学生，如果未受过严重的挫折，一旦遭受挫折会有强烈的不适感，情绪波动异常剧烈。如果想提高自己的抗挫折能力，尽量在生活和学习中去寻找受挫折的机会。“百炼成钢”，没有磨炼是难以造就栋梁之材的。

5. 总结学习方法，提高学习效率

摸索总结一套适合自己的学习方法，不断提高学习效率。因为智力、

心理以及在高中时所处教育环境的不同，在进入大学后，原来在高中名列前茅的同学，很可能会变得成绩平平。在这种情况下，就需加强心理调节，保持情绪愉快和稳定，探索、掌握切合自己特点的学习方法，不断提高学习效率和学习能力。

6. 预防、消除心理疲劳

最劳逸结合是预防心理疲劳的重要措施。学习一段时间，应该休息放松片刻；学习之余，多参加一些文体活动，培养广泛的兴趣和爱好；保证充分的睡眠时间，养成科学用脑的习惯。

7. 正确对待考试，提高应试技巧

考试只是教师检验学生所学知识的一个手段，并不能完全反映学生的整体素质。大学生一方面要重视考试，另一方面应以辩证的思想看待考试。考试成绩只是某一阶段的学习考核，并不能代表全部，包括能力。因此，大学生要正确评价自我，确立恰当的学业期望，不与他人攀比成绩。只求掌握知识，不求成绩高低；享受学习过程，看淡考试结果。

大学生要把握一定的应试技巧，有计划、有安排地认真复习，做好考前准备。临考前保证充足的睡眠，以清醒的头脑和充沛的体力迎接考试。考试时，先易后难，保持大脑的兴奋程度。学习和掌握一些考前放松的方法，可以有效地缓解因考试而产生的紧张和焦虑，从而提高心理健康水平。

（七）改善记忆

1. 要明确学习任务

心理学的实验证明，有明确的任务，记忆效果就会好。任务明确，就能调动心理活动的积极因素，全力以赴地实现记忆的任务。任务越明确、越具体，记忆效果就越好。例如，英语单词不好记，但又必须记住，可以把生词写在小卡片上，规定每天必须记住 20 个生词，并及时进行复习与检查。这样，日积月累，词汇量就会大增。

2. 高度的注意力

注意力是记忆成功的必要条件。从心理学上分析，学习时注意力集

中，脑细胞兴奋点强烈，对事物的印象深刻，容易记住。记忆时只要聚精会神、专心致志，排除杂念和外界干扰，大脑皮层就会留下深刻的记忆痕迹而不易遗忘。如果精神涣散，一心二用，就会大大降低记忆效率。

3. 有愉快而稳定的情绪

情绪是人对客观事物是否符合主观需要而产生的体验，也就是对外界事物的体验。如果外界事物符合和满足自己的需要，人就会产生肯定的情绪，如愉快、满意等，这时接受知识的能力比较强；反之就会产生否定情绪，如失望、忧愁等，这时接受知识的能力就会弱一些。所以在平时调节好自己，使自己保持稳定情绪，才能让我们的头脑保持最佳效率。

4. 通过思维过程多方面构架记忆力

在头脑中运用存储在长时记忆中的知识经验，对外界输入的信息进行分析、综合、比较、抽象和概括的过程，就是思维过程。当你对整个事物思考得越清楚，你的记忆能力就越强。

5. 联想记忆

将新的知识和你已知的旧的知识联系起来。把性质相同、相近、相反的事物特征进行比较，记住它们之间的区别联系，再回忆时，只要想到一个，便可联想到与之相关的知识。

自我探索

Sarason 考试焦虑量表（TAS）①

Sarason 考试焦虑量表（Test Anxiety Scale，TAS），由美国华盛顿大学心理系的临床心理学家 Irwin G. Sarason 教授于 1978 年编制完成，是目前国际上广泛使用的考试焦虑量表之一。TAS 共 36 个项目，涉及个体对于考试

---

① SARASON I G，SARASON B R. Test anxiety［J］. Handbook of Social & Evaluation Anxiety，1990（1）：475－495；王才康. 考试焦虑量表在大学生中的测试报告［J］. 中国心理卫生杂志，2001，15（2）：96－97.

的态度及个体在考试前后的种种感受及身体紧张等。

请仔细阅读每一道题，根据自己实际情况进行作答：每一道题都有两种答案（A. 是 B. 否）请从两种答案中选择一个适合你的，在答题过程中不得漏题，在同一题上不得斟酌太多时间，根据看完题后的第一反应进行作答。有些题目可能与你不符或你从未思考过，如有这情况请选出一个符合你个人倾向的答案。

1. 当一次重大考试就要来临时，我总是在想别人比我聪明得多。

A. 是　　B. 否

2. 如果我将要做一次智能测试，在做之前我会非常焦虑。

A. 是　　B. 否

3. 如果我知道将会有一次智能测试，在此之前我感到很自信很轻松。

A. 是　　B. 否

4. 参加重大考试时，我会出很多汗。

A. 是　　B. 否

5. 考试期间，我发现自己总是在想一些和考试内容无关的事。

A. 是　　B. 否

6. 当一次突然袭击式的考试来到时，我感到很怕。

A. 是　　B. 否

7. 考试期间我经常想到会失败。

A. 是　　B. 否

8. 重大考试后我经常感到紧张，以致胃不舒服。

A. 是　　B. 否

9. 我对智能考试和期末考试之类的事总感到发怵。

A. 是　　B. 否

10. 在一次考试中取得好成绩似乎并不能增加我在第二次考试中的信心。

A. 是　　B. 否

11. 在重大考试期间我有时感到心跳很快。

A. 是　　B. 否

12. 考试结束后我总是觉得可以比实际上做得更好。

A. 是　　　　　　　　　　B. 否

13. 考试完毕后我总是感到很抑郁。

A. 是　　　　　　　　　　B. 否

14. 每次期末考试之前，我总有一种紧张不安的感觉。

A. 是　　　　　　　　　　B. 否

15. 考试时，我的情绪反应不会干扰我考试。

A. 是　　　　　　　　　　B. 否

16. 考试期间我经常很紧张，以致本来知道的东西也忘了。

A. 是　　　　　　　　　　B. 否

17. 复习重要的考试对我来说似乎是一个很大的挑战。

A. 是　　　　　　　　　　B. 否

18. 对某一门考试，我越努力复习越感到困惑。

A. 是　　　　　　　　　　B. 否

19. 某门考试一结束，我试图停止有关担忧，但做不到。

A. 是　　　　　　　　　　B. 否

20. 考试期间我有时会想我是否能完成大学学业。

A. 是　　　　　　　　　　B. 否

21. 我宁愿写一篇论文，而不是参加一次考试，作为某门课程的成绩。

A. 是　　　　　　　　　　B. 否

22. 我真希望考试不要那么烦人。

A. 是　　　　　　　　　　B. 否

23. 我相信如果我单独参加考试而且没有时间限制的话，我会考得更好。

A. 是　　　　　　　　　　B. 否

24. 想着我在考试中能得多少分，影响了我的复习和考试。

A. 是　　　　　　　　　　B. 否

25. 如果考试能废除的话，我想我能学得更好。

A. 是　　　　　　　　　　B. 否

26. 我对考试抱这样的态度：虽然我现在不懂，但我并不担心。

A. 是　　　　　　　　　　B. 否

27. 我真不明白为什么有些人对考试那么紧张。

A. 是　　B. 否

28. 我很差劲的想法会干扰我在考试中的表现。

A. 是　　B. 否

29. 我复习期末考试并不比复习平时考试更卖力。

A. 是　　B. 否

30. 尽管我对某门考试复习很好，但我仍然感到焦虑。

A. 是　　B. 否

31. 在重大考试前，我吃不香。

A. 是　　B. 否

32. 在重大考试前我发现我的手臂会颤抖。

A. 是　　B. 否

33. 在考试前我很少有“临时抱佛脚”的需要。

A. 是　　B. 否

34. 校方应认识到有些学生对考试较为焦虑，而这会影响他们的考试成绩。

A. 是　　B. 否

35. 我认为考试期间似乎不应该搞得那么紧张。

A. 是　　B. 否

36. 一接触到发下的试卷，我就觉得很不自在。

A. 是　　B. 否

37. 我讨厌老师喜欢搞“突然袭击”式考试的课程。

A. 是　　B. 否

项目及评定标准：

TAS 共 37 个项目，涉及个体对于考试的态度及个体在考试前后的种种感受及身体紧张等。各项目均为 1 – 0 评分，评分时，“是”计 1 分，“否”计 0 分，其中第 3、15、26、27、29、33 题为反向计分，即“是”计 0 分，“否”计 1 分。

统计指标及结果分析：

TAS 只统计总量表分，把所有 37 个项目的得分加起来即为总量表分。

12 分以下考试焦虑水平较低；12 ~ 20 分属于中等程度的考试焦虑；20 分以上属于考试焦虑较高水平。15 分以上表明被试者的的确确感到考试带来的相当程度的不适感。

课堂活动

（一）学习计划

1. 活动简介：

思考并制订自己的学习计划，与他人进行讨论并完善学习计划，有助于提高学习效率，保证学习的有效进行。

2. 活动步骤：

（1）每人发一张白纸，花 5 分钟思考并写出自己的学习计划，计划中需要包括：时间安排、学习内容安排、完成时的奖励方法（5 分钟）。

（2）写好后和身边的人讨论并分享计划的内容，设计是否合理，如何保障计划能够完成（10 分钟）。

（二）快速记忆

活动简介：分享记忆策略，学习他人有效的记忆方法，提高自己的记忆效率。

活动步骤及时间安排：

1. 请同学们用最快的速度背诵下列词组，最先背完并举手，背出的同学可以得到老师给的小奖励。(5 分钟)

苹果　时间　快乐　风车　奶盖　冠军　青蛙　乌龟　猎狗　热狗

2. 听听周围人的记忆窍门，分享你使用了怎样的背诵方法（10 分钟）

思考题

1. 大学生学习有什么特点？

2. 你存在哪些学习上的困扰？

3. 你学会了哪些策略去应对学习出现的问题？

推荐资源

1.《如何高效学习》

作者：斯科特·扬（Scott H. Young），译者：程冕，出版社：机械工业出版社

推荐理由

本书是对学习方法的全面介绍，其中包括整体性学习策略的核心思想和具体技术，详细介绍了快速阅读法、流笔记法、比喻法、内在化等七大方法，并为高效学习提供了从生活到时间管理的整体解决方案。

2.《大学生学习方法与指导》

作者：王中华，出版社：中国财富出版社

推荐理由

本书内容是关于大学生学习方法方面的，主要围绕“为什么学习”“什么是学习”和“怎样去学习”展开，详述了学习的必要性，学习思想，学习定律，学习观念以及学习方法等内容。作者基于丰富的教学经验与实践编写此书，对大学生学习具有一定的指导性作用。

3.《如何成为有效学习的高手》

作者：卡尔·纽波特（Cal Newport），译者：林虹、方雅婕，出版社：中国青年出版社

推荐理由

本书作者在对多所高校的精英领袖们进行深入采访后，反复试验进而总结出精进学习法，这些方法简单实用，立竿见影，能够一步一步指导读者有效学习，用较短的时间获得较大的成效，回答了如何管理时间，如何克服拖延，如何让学习效果事半功倍，如何整理学习资源，如何有效记忆，如何及时解决问题，如何高效写作等学习问题。

参考文献

[1] 张曼华. 大学生心理健康教育. 2 版. [M]. 南京：江苏凤凰科学技术出版社，2018.

［2］简妮·爱丽丝·奥姆罗德. 学习心理学. 6 版. ［M］. 北京：中国人民大学出版社：北京，2015.
［3］秦小刚. 大学生心理健康教育［M］. 北京：北京师范大学出版社，2015.
［4］江美芬. 普及化背景下以扎根理论解决大学生学习困难问题［J］. 教书育人（高教论坛），2017（15）：7－9.
［5］张恒. 大学生学习困难的心理成因及对策探析［J］. 创新创业理论研究与实践，2019，2（21）：137－138.
［6］陈晓蕾. 大学生学习状态问题及其应对策略［J］. 高教学刊，2016（18）：59－60.
［7］贺双艳. 大学生心理健康教育［M］. 北京：高等教育出版社，2019.

第八章　阳光心态

案例

大一新生小王刚入学不久，刚刚摆脱高中沉重学业压力的他，对大学生活充满了憧憬和期待，同样青春期的他也开始向往美好的恋爱。通过一段时间的适应，同班的同学间开始熟悉了起来，小王也喜欢上了班里的一位女同学。在宿舍卧谈时，小王将自己对这位女同学的喜欢告诉了几个室友。在一次班级聚会后，在室友的鼓励下，小王在全班同学面前向这位女同学表白，可是，匆忙的表白却遭到女孩的拒绝。

表白被拒之后，本来精力充沛的他，怎么也高兴不起来，最近两个月以来，情绪一直非常低落，郁郁寡欢，常常失眠或者早醒，白天难以专心学习，记忆力和注意力似乎都下降了，而且总是觉得自己特别疲乏，胃口也大不如以前，甚至以前有兴趣的事情也懒得做了。

上述案例中表白被拒的情况在大学中是很常见的现象。案例中的小王同学除了产生负面的情绪以外，还表现出睡眠、饮食方面的一些问题，学习状态也受到了影响。因学业压力、恋爱问题等情况引发的情绪问题，在大学生活中很多同学都会遇到，那么应该如何去应对呢？同时，大学校园里还存在哪些危机事件，怎么样面对和解决？这些都是大学生需要了解和掌握的知识。接下来，本章内容带领大家了解什么是情绪，帮助大家学习如何应对危机。

一、情绪与阳光心态

大学校园里充满了新鲜事物，大学生有机会接触更多的人，经历更多的事，在这个过程中，同学们会体会到自己在待人处事时各种各样的情绪。当同学们选课选到自己喜欢的课程时，会非常开心；当同学们考试成绩不理想时，会感到难过。当然还有一些情况，同学们无法描述自己的情绪，或者想要逃避自己当下的情绪。无论如何，情绪与同学们的生活紧密相连。

随着互联网的发展，交流的方式发生着翻天覆地的变化，从书信、电报，发展出了固定电话、移动电话，到如今各类社交软件。各种表情包、网络流行语也应运而生。人们在表达自己情绪时不仅会使用开心、难过、紧张、害怕等情绪词语，还可以使用表情包更加形象生动地表达自己的情绪。

（一）情绪的概述

情绪是什么？《礼记·礼运》中有这样一句话：“何为人情，喜、怒、哀、惧、爱、恶、欲，七者弗学而能。”情绪就是人们常说的喜怒哀乐。从心理学角度来说，情绪是人对客观世界是否符合或者满足自己的需要而产生的一种内心感受。例如，小王在想到要向心仪的女同学表白时，会表现得十分紧张，鼓起勇气表白后却遭到拒绝会让他心情沮丧，甚至影响他的正常生活。这种紧张或沮丧就是小王同学的情绪。

情绪又是如何产生的呢？从生理机制来看，情绪很大程度上是天生的。达尔文认为，人类的大部分基本情绪是具有适应性的进化产物。例如，恐惧会增大对肌肉的血液供应，使人类更便于跑动；惊讶迫使眉毛抬起来，结果使眼睛睁大，让人类有更大的视野，可以收集到更多的情报；厌恶能够收缩面部肌肉，堵住鼻孔，使人类闻不到臭味。这些伴随着情绪出现的表情和身体反应，能够让人们更好地适应环境变化。

结合第五章知识可以得知，情绪的产生与两个因素有主要关系，一是客观因素，即诱发事件；二是一个人的信念、认知和思维方式。某一事件发生后，影响个体行为和情绪的原因不是事件本身，而是个体对情境所做出的评价，这些评价受个体的信念、认知、思维方式等认知因素的影响。后者在情绪体验中是一个非常重要的因素。相同的情境，如果做出的认知评价不同，就会产生不同的情绪体验。

（二）你幸福吗

关于幸福的定义，因人而异，每个人的定义都不同。苏格拉底认为幸福和智慧应该在一起，幸福由智慧和知识决定，有了智慧和知识的人必定是完美的人，是幸福的人。柏拉图却认为幸福是善的理念的传递，认为精神需求远远高于物质需求，他主张：摆脱现实世界的束缚，人们才能到达幸福的精神世界。可见，这些早期的学者主要将幸福的定义限定在个体的主观感受上，将幸福与各种主观因素结合起来。

心理学上对于幸福的研究也是越来越热门。依据不同的概念与理论，心理学将幸福主要分为三类：主观幸福感、心理幸福感以及社会幸福感。

主观幸福感主要是指主体主观上评价自己已有的生活是不是自己心目中理想的生活状态而产生的态度和感受。主观幸福感是一个人对自己的生活状态、生活及工作的环境、发生在自己周围的事件的主观满意度，同时也是发生这些事件时个体的情绪体验。积极的情绪体验高于消积的情绪体验，可由此界定个体的主观幸福感是比较高的；反之，则较低。主观幸福感是评价者根据自定的标准对其生活质量的整体性评估。

主观幸福感有三个主要特征：主观性，以评价者内定的标准而非他人标准来评估；长期性，主要测量长期而非短期情感反应和生活满意度，这是一个相对稳定的值；整体性，是综合评价，包括对情感反应的评估和认知判断。比如，同样得到60分的考试成绩，对于总是不及格的学生来讲，就是一种积极的情绪体验，但对于总是拿高分的同学来讲，就是一种消极的体验。主观幸福感与个人对事件的期望值有着直接的关系。

心理幸福感是个体根据自定的标准，通过对自我生存质量进行综合评价而产生的一种比较稳定的认知和情感体验。心理幸福感认为幸福并不只是情感上的体验，而更应该关注个人潜能的实现。其评价指标包括自我接受、个人成长、生活目标、良好关系、环境控制、独立自主、自我实现、生命活力等一系列维度。

社会幸福感是指由于个人能乐观自信地完成自己对社会关系网络和人际沟通的功能而表现出的积极状态。20 世纪末期，凯斯提出了幸福感的第三种研究思路——社会幸福感。凯斯认为主观幸福感忽略了认知，因为个体会根据社会标准评估他们自己的生活质量和个人机能。积极心理功能包括挑战和社会任务。凯斯试图从更为广阔的社会领域去探索人的良好存在状态，实现了幸福感研究的重大转变。社会幸福感包括五个维度：社会整合、社会认同、社会贡献、社会实现、社会和谐，这五个维度反映了人们所面临的社会挑战。

主观幸福感注重人的感性，强调个体的幸福即是快乐；心理幸福感更侧重于人的理性，认为幸福是人完美潜力的实现；社会幸福感从人的社会存在考察人的良好存在，关注公共领域。不同取向的幸福感研究增进了对幸福感的实质理解，体现了幸福感是快乐与愉悦、享受与发展、主观与客观、个人与社会的统一。

著名心理学家卡尔·古斯塔夫·荣格曾说过，让自己愉悦一生是很重要的能力。这也体现了人们追求幸福的本性。普通人眼中的幸福可能不能够将三种概念的幸福感区分出来，但是不同幸福感的描述中都离不开情绪的概念。每一种幸福感都包含一种或者多种情绪，而情绪的体验也正是幸福感的不同程度的体现。

想要获得幸福，其实就是获得各种良好的情绪体验。人之所以会产生负面情绪，感觉不到幸福，主要是由于不合理的信念作祟。一个人的信念、认知和思维方式是受到多方面因素影响的，例如，经验、经历、年龄、性别、所拥有的知识、所得到的信息、文化背景、生理需要的满足程度、个人习惯等。

大学生应该学会去寻找自己的不合理信念，用阳光的心态去面对它。这里所说的阳光心态就是和谐的、平衡的、积极的、宽容的、感恩的心态。拥有阳光心态的人并不是没有黑暗和悲伤的时候，只是他们追寻阳光的心灵不会被黑暗和悲伤遮盖罢了。如果一个人一直被负面情绪的阴霾所笼罩，就有可能像本章开头案例中的情况一样，产生情绪问题，严重的会导致心理障碍。

二、如何拥有阳光心态

大学生在日常生活中经常会遇到不开心的事情，这些问题不可避免地会发生在大学生身上，例如考试成绩不理想、和同学闹矛盾、与男/女朋友分手等。当这些事情发生时，大部分人会感到压力、心情不好。产生这样的情绪并不是事件本身所引起的，而是看待事件的心态、思维方式导致的。如果能够用积极的心态去对待这件事，有此遭遇的大学生大多都能够改善自己的情绪。例如，把成绩不理想当成一种学习上的警醒，督促自己改变学习方法，从而取得更好成绩；与同学闹矛盾以后找机会沟通问题，更好地了解自己和对方，从而加深同学关系；失恋后更加了解恋爱，思考自己的不足之处，寻求更美好的爱情。如果大学生能够在遇到问题时用更加阳光的心态去思考、认识当下发生的事件，很大程度上能够让自己的情绪变得更好。

拥有阳光心态就是能够在挫折的情境下挖掘出积极意义，形成积极的思维和认知，这能够让大学生发现自己原有的力量，能够帮助大学生应对人生路上的各种崎岖。下面就来介绍几种充满阳光的新想法。

（一）发现新的可能性

大学生活是丰富多彩的，大学生不应该局限于定式思维，不要有盲目从众的心态。例如，很多大学生在对大学专业不是很了解的情况下选择了到该专业学习，后来又发现兴趣不足，在不能转专业的情况下，认为自己未来无望从而消沉堕落。但是当代大学生完全有机会突破专业的限制，利用业余时间，通过学校、社会的资源去学习更多感兴趣的事情，如果能够和所学专业相结合的话，甚至会发展得更为全面。在当前情境下找到新的可能性，不仅能够让大学生摆脱现在的困境，还会迎来更美好的未来。

（二）变悲观为乐观

“自古逢秋悲寂寥，我言秋日胜春朝”，唐代诗人刘禹锡很好地诠释了变悲观为乐观的心态，别人眼中的凄凉惨淡，在他眼里却是诗情画意。大学生同样也应该有这样的意识，善于以乐观的心态去看待事物。自己的乐观不但可以改变自己，同样也能传染给身边的人，当然，多去接近乐观的人，自己也会更加乐观。

（三）发掘挫败或弱点的积极意义

大学生应该从挫折事件中找到成长的意义，不被眼前的挫败或者失误所打败，认识到当前所经历的一切都将有利于成为更好的自己。

（四）失败也是成功的一部分

失败是成功之母，大学生在进入大学独立生活前，绝大多数都是在父母的陪伴下成长的。很多事情不用过分操心，因为父母都已经安排好了，当然也没有机会体会失败的滋味。进入大学后，大学生除了学习，有更多的时间去参加活动、组织活动。独立面对也好，合作完成也好，这个过程中失败在所难免，重要的是不要让失败成为打击，而是要当成锻炼和经验，把失败当成下次成功的开始。

（五）调整个人的期待和抱负水平

大学生应学会适当调整个人的期待和抱负水平。过高的期待往往让人不能接受现实，同样在这种情况下也会压力倍增。压力虽是动力，但是要适当。大学生之所以经常不快乐，往往是因为期待过高，过于追求完美，适当降低期待，结果也会变得更容易接受。

（六）耐心等待下次会更好

当一次次的尝试都未能如愿时，当所有努力都付诸东流时，不妨尝试适当地放下，耐心等待，好的结果终将到来。

（七）从未来/过去的视角看今天

很多人有记录生活的习惯，以前写日记比较普遍，现如今发展成了朋友圈、微博等。当多年前的记录被找出来的时候，很多人会觉得当时自己非常幼稚，或者有些可笑。无论是从过去视角还是从未来视角来审视今天，每个人都会发现问题不是想象的那样，都会拥有不同的认知，通过这种做法，是不是能够解决当下的问题呢？

众多阳光的新想法只是面对痛苦或者挫折方法的一部分，重要的是要明白，不要只局限于从一个视角看待痛苦或挫折，要学会从多个角度去思考，当发生这样的改变时，情绪自然而然也变了。

三、大学生心理危机管理

俗话说，人生在世，不如意事常八九。每个人的一生都不会是一帆风顺的，在人生的各个阶段都可能遇到一些大大小小的挫折。在高中学习阶段，学习占用了很大的精力，一次考试失利可能会带来很大的打击。高考过后，当拿到大学录取通知书，进入大学校园以后，大学生所处的环境和高中会有很大的差别。身边同学的差异，生活学习环境的差异，都可能会给大学生带来一定的困扰，严重的情况下，这种困扰就会成为大学生不得不面对的危机事件。

（一）心理危机的含义

危机，通常有两个含义，一是指出乎意料发生的突发事件，这时的危机是指事件本身，如地震、海啸、空难、疾病暴发等；二是指人面对这些突发事件时身心所处的应激状态。心理危机指的是人处在紧急应激状态时或遭遇重大问题或变化而感到难以解决、把握时，原有的心理平衡状态被打破，进而出现无所适从，导致情感、认知、行为功能的失调而进入的一种失衡状态。危机意味着平衡稳定的破坏，引起混乱或者不安。危机出现是因为个体意识到某一事件和情境超过了自己的应付能力，而不全是因为个体经历的事件本身。当个体处于危机状态时，生理、情绪、认知和行为都会发生变化，如果变化较长时间得不到调整，便会引发心理障碍，导致自伤或伤害他人等过激行为的发生。

对于个体是否达到了心理危机的程度，一般有三个判断标准。一是个体存在着具有重大心理影响的事件，如突然遭受严重的自然灾害、重大家庭变故或者精神方面的压力。二是个体出现极性情绪扰乱或者认知、躯体和行为等方面的改变。三是当事人或患者用平常解决问题的手段暂不能应付或应付无效。

常见的危机反应包括以下几点。

（1）认知方面：问题解决能力与应对机制暂时受到打击，如否认、注意力不集中、危机情境再现、失去信心、内疚自责、丧失安全感等，危机中人的主要认知特点是认知狭窄，即局限于问题和困难，看不到其他可能性、资源和希望。

（2）情绪方面：在暂时性的震惊之后，出现混乱、害怕、恐惧、沮丧、麻木、怀疑、悲伤、绝望、无助、羞愧、易怒、平静不下来等，危机中人的主要情绪特点是极端的负面情绪和情绪失控。

（3）行为方面：攻击、社交性退缩、逃避、食欲不振、哭泣、酒精和药物使用量增加、坐立不安、过度警惕等。危机中人的主要行为特点是反常和易失控。

（二）心理危机的分类

1. 根据危机刺激的来源分类

根据危机刺激的来源可以将心理危机分为发展性危机、境遇性危机和存在性危机三种。

（1）发展性危机

发展性危机，又称为内源性危机、内部危机、常规性危机，指正常成长和发展过程中的急剧变化或转变所导致的异常反应。心理学家埃里克森认为人生是由一系列连续的发展阶段组成的，每个阶段都有其特定的身心发展课题。当一个人从某一发展阶段转入下一个发展阶段时，他原有的行为和能力不足以完成新课题，新的行为和能力尚未建立起来，发展阶段的转变常常会使他处于行为和情绪的混乱无序状态。这方面的例子如儿童与父母的分离焦虑，身心发育急剧变化的青少年的情感困惑，青年期的职业选择和经济拮据，对婚姻生活缺乏足够心理准备和处理夫妻角色能力的新婚夫妇，缺乏足够育儿本领的父母面对第一个孩子的诞生；中年职业压力、下岗失业、婚姻危机、子女离家、父母死亡；以及习惯于忙碌的退休老人、衰老、配偶离去、疾病缠身等。如果没有及时为承担新角色培养新的能力和应对方式，每个人都有可能产生发展性危机。如果一个人没有及时建设性地解决某一发展阶段的发展性危机，他未来的成长和发展就会受阻碍，他就会固着在那一阶段。

发展性危机被认为是常规发生的、可以预期的，又是独特的，在生命发展的各个时期都可能存在。对于大学生而言，虽然大学期间的心理危机种类很多，但是特定的阶段某些心理危机出现的概率会提高，如新生主要会出现适应性危机，毕业生主要会出现求职等方面的发展性危机。如果个体有足够的时间和机会对发展性转变做出适应性的调整，如获得有关信息，学习新技能，承担新角色，就会减小危机对个体心理上的冲击和损害。但是，如果个体缺乏处理危机的经验、对挫折的耐受能力差、缺乏自信、不会与人相处等，发展性危机对他的冲击就会很严重。

（2）境遇性危机

境遇性危机，也称外源性危机、环境性危机或适应性危机，是指由外部事件引起的心理危机，即出现罕见或超常事件，且个体无法预测和控制时出现的危机，如地震、火灾、洪水、海啸、龙卷风、疾病流行、空难、战争、恐怖事件等。境遇性危机具有随机性、突然性、意外性、震撼性、强烈性和灾难性，往往对个体或群体的心理造成巨大影响，如 2008 年 5 月发生在我国四川的“5・12”汶川大地震给民众造成的心理危机就是境遇性危机，这种危机发生突然，影响面广，影响程度深，影响时间长，需要进行及时有效地干预。

卡颇兰根据危机产生的原因，进一步将境遇性危机分为三类：①丧失一个或多个满足基本需要的资源。具体形式的丧失包括亲人亡故、失恋、分居、离婚、使人丧失活动能力的疾病、肢体完整性的丧失、被撤职、失业、财产丢失等；抽象形式的丧失包括丢面子、失去别人的爱、失去归属感、失去特定身份等。丧失引起的典型情绪反应是悲痛和失落。②存在丧失满足基本需要资源的可能性。比如得知自己有可能下岗、离退休等。③应付生活变化对个体原有能力提出更高的挑战。常见的情况是本人地位、身份及社会角色的改变所提出的要求超过了个体原有的能力。例如，由中学升入大学的生活适应、毫无准备的职位升迁等。典型的情绪反应是焦虑、失控感和挫折感。

（3）存在性危机

存在性危机指伴随重要的人生问题，如关于人生目的、责任、独立性、自由和承诺等出现的内部冲突和焦虑。存在性危机可以是基于现实的，还可以是一种压倒性的、持续的空虚感和生活无意义感。

2. 大学生常见的心理危机

学生在大学的每一个阶段都会面临不同的压力，根据不同的压力来源，可以将大学生面临的危机分为以下几类。

（1）学业危机

学业危机是指学生在成长过程中由于学习因素而导致的各种情绪或者行为问题。对于刚刚进入大学校园的新生而言，大学虽不像是高中老师所说的自由天堂，但是在一定程度上大学更为自由。大学生的学习、生活和娱乐时间可以自己支配，一部分大学生把大部分时间都花在了娱乐上，进而出现逃课、挂科等现象，如果不及时纠正，最后导致的结果往往是留级、肄业，甚至退学。这种情况往往会伴随着烦恼、焦虑、压抑等情绪以及厌学、逃学甚至轻生等行为。

（2）情感危机

因为恋爱而造成的情感危机，是大学生发生校园危机事件的重要因素之一。情感危机是指人在情感遭受重大打击的情境下，产生的极度悲伤、焦虑、忧郁等不良情绪。大学生正处于青春期发展的中后期，这是一个从青年人向成年人的过渡时期，虽然生理上渐趋于成熟，但是由于阅历较浅，社会经验相对不足，情感方面认识也不全面，所以在这样的情绪体验下，大学生可能会无法控制自己的想法、情感和行为，甚至会精神崩溃，进而影响正常的生活和学习，非常容易导致精神疾病，如抑郁症、双向情感障碍等，更为严重的会出现自杀、报复伤人等恶性事件。

（3）人际关系危机

“有朋自远方来，不亦乐乎”，大学校园中，来自五湖四海的同学，相互认识，相互交流。由于生活习惯、成长环境、家庭氛围、成长阅历等不尽相同，大学同学之间的人际关系也充满了各种可能性。每一个大学生都向往着在大学里能够处理好各种人际关系，但是由于现实中各种因素的影响，往往会出现人际关系的问题，严重时可能导致大学生的心理健康受到影响。在高校中，经常会出现因人际关系冲突而导致的危机事件。想要避免各种程度的人际关系危机，大学生需要在相处时学会换位思考，发生矛盾时积极沟通，求同存异才是保持良好同学关系的基础。

（4）师生关系危机

师生关系危机也是现在大学校园中比较常见的问题。学生从高中步入大学，对大学生活、对老师都抱有较高的期待。而由于老师的授课形式、高校政策等与高中时存在差异，也导致一些师生关系庸俗化、师生关系冷漠化，个别学校师生关系极端化等问题，如果不能合理地解决这样的问题，可能会导致师生关系的紧张，学生的学业、生活受到一定程度的影响，从而产生焦虑、烦躁等情绪，更为严重的情况下还可能产生心理问题。正确处理师生关系，是每位大学生需要思考的问题。

（三）心理危机的特征

现实生活中的危机涉及面很广泛，既有不同群体的各种不同危机，也有同一群体不同时期遭遇相同的危机。对于大学生而言，一个人在大学不同时期会面临不同的危机，如大一时会面临适应性危机，大四时会面临发展性危机。而不同的大学生由于个人情况的不同也会面临差异性的危机。不同的心理学家对危机所具有的特征持不同的观点，归纳起来，主要有以下特征。

1. 普遍性

心理危机的产生、发展及激化经历着复杂而微妙的心理过程。几乎每个成长中的个体都不同程度地经历过心理危机，但心理危机并非必然导致极端行为。事实上，心理危机并不像想象的那样神秘，它就在大学生的身边，甚至正存在于某些大学生的心里。就整体而言，大学生中普遍存在学业危机、情感危机等心理危机现象。心理危机从一定意义讲是每个人成长过程中都会遇到的事，没有人能够幸免。虽然在人生中危机是不可避免的，但是只要能够把握机会、设定目标、形成计划、妥善处理，每个人都是可以渡过危机的。

2. 机遇性

危机意味着风险，又蕴藏着机遇。一方面危机是危险的，因为它可能导致个体严重的病态，包括对他人和自我的攻击；另一方面危机也是一种机会，因为它带来的痛苦会驱动当事人寻求帮助，解决问题，从而使自己得到成长。当大学生遇到心理危机时，如果能够成功地把握危机，及时得到适当、有效的心理危机干预或帮助，可能就学会了新的应对技能，不但重新得到了心理平衡，还获得了心理上的进一步成熟和发展。比如，因为严重挂科而遭遇学业危机的同学，当其及时发现问题并积极寻求学业以及心理上的帮助后，能够很大程度上解决学习和心理上的问题，同时也能避免在以后的大学阶段产生类似的问题，提高危机的“免疫力”。没有危机，就没有成长，如果大学生能够有效地利用这一机会，就会在危机中逐步成长并达到自我完善。

3. 危机的复杂性

心理危机是复杂的，它可以是生物性、环境性或社会性危机，也可以是情境性、过渡性和社会文化结构性危机。而造成危机的原因可能是生理的，也可能是心理的和社会性的。另外，由于个性不同，个体面临危机也会采取不同的反应，例如，有的同学能够自己有效地应对危机，并从中获得经验，使自己变得成熟；有的同学虽然能够渡过危机，但并没有真正地解决问题，在以后的生活中，危机的不良后果还会不时地表现出来；而有的同学在危机开始时心理就崩溃了，如果不提供及时、有效的帮助，就可能产生有害的、难以预料的后果。一旦危机出现，便会有很多复杂的问题卷入其中。

4. 动力性

焦虑和冲突总是伴随着危机出现的，这种情绪导致的紧张为变化提供了动力。也有人把危机看作大学生成长的机会或催化剂，它可以打破大学生原有的定势或习惯，促使新的变化发生，寻求新的解决问题的方法，增强挫折的耐受性，提高适应环境的能力。大学生在成长和追求的同时，可能会遭受到生活、学习、工作等各方面的挫折，如能及时调整，适应变化，则能产生动力，促进心理健康发展。

5. 困难性

当个体处于危机中时，其可供利用的心理能量降到最低点，有些深陷危机的个体拒绝成长，危机干预者需要帮助处于危机中的个体重建新的平衡。这就需要运用专业的心理学支持，常用的方法有“支持治疗”“认知领悟疗法”“家庭治疗”“合理情绪疗法”等。这也是经常应用于大学生心理咨询的方法。但无论哪种方法，都有其独特的适用范围，没有治疗心理危机的通用方法。

一般情况下，每一个大学生可能都无法避免地遇到危机事件，或早或晚，或轻或重，这并不是悲观，而是想告诉每一个大学生，只要积极主动，每个人都能够坦然面对生活给我们带来的问题。认识和了解心理危机，就是为了让每一个大学生能够有勇气去面对危机，有信心战胜危机。

（四）心理危机干预

1. 认识心理危机干预

心理危机干预最早出现在美国、荷兰等地。危机干预又称危机管理、危机调停或危机介入。它是指对经历危机、遭遇挫折、处于困境及将要发生危险的人采取行之有效的办法，为其提供心理支持和帮助，使之恢复心理平衡，获得健康，重新适应生活。

危机干预的目的是阻止极端应激事件发生后出现自伤或者他伤的恶性后果，同时也是为了帮助当事人调整失衡的认知和情感反应，使之恢复稳定，获得安全感、尊重和价值感。

大学生心理危机干预是从关注大学生的外在言谈举止、生活习惯的角度入手，逐渐深入到关注学生深层的心理危机的过程。主要目的是要帮助大学生改善人际关系，增进个人成长的成就感和幸福感，优化心理品质，提高心理健康水平。促进大学生个性的完善和心理的健全，以防止危机的进一步发展。这一过程还能帮助大学学习并掌握新的应对技巧，恢复甚至超过危机前的功能水平。

每个人对危机事件都会有所反应，但不同的人对同一性质事件的反应强度和持续时间都不尽相同。一般的应对过程可以分为三个阶段：第一阶段为立即反应阶段，当事人表现麻木、否认或者不相信；第二阶段为完全反应阶段，当事人感到激动、焦虑、痛苦和愤怒，也可能有罪恶感、退缩或者抑郁；第三阶段为消除阶段，当事人逐渐接受事实并为将来做好计划。危机过程持续时间不会太久，如亲人或者朋友突然去世，沮丧反应一般在6个月内消失，否则应视为病态。

2. 重点关注对象

大学生应该重视心理危机问题，养成心理危机识别和预防的意识。心理危机可能会在大学生本人或者身边同学出现。及时发现问题，就能够及时解决问题，将危机事件消灭在萌芽状态。根据大学生心理危机的主要影响因素，可以将大学生心理危机重点关注对象分为以下几类。

（1）遭遇突发事件而出现心理或行为异常的学生，如家庭发生重大事故，遭遇性危机、受到自然或者社会意外刺激的学生。

（2）患有严重的心理疾病，如患有抑郁症、恐怖症、强迫症、癔症、焦虑症、精神分裂症、情感性精神病等疾病的学生。

（3）既往有自杀未遂史或家族中有自杀者的学生。

（4）身体患有严重疾病、个人很痛苦、治疗周期长的学生。

（5）学习压力过大、学习困难而出现心理异常的学生，如第一次出现不及格科目的优秀学生、需要重修多门功课的学生、将试读的学生、将被退学的学生、完成毕业论文有严重困难的学生等。

（6）个人感情受挫后出现心理或者行为异常的学生，如失恋者、单相思而情绪失控的学生等。

（7）人际关系失调后出现心理或行为异常的学生，如当众受辱、受惊吓、与同学发生严重人际冲突而被排斥或受歧视的学生、与老师发生严重人际冲突的学生。

（8）性格过于内向、孤僻、缺乏社会支持的学生。

（9）严重环境适应不良导致心理或者行为异常的学生。

（10）家境贫困、经济负担重、深感自卑的学生，如需要经常向亲友借贷的学生。

（11）由于身边的同学出现个体危机状况而受到影响，产生恐慌、担心、焦虑、困扰的学生。

（12）其他有情绪困扰、行为异常的学生。尤其要关注上述多种特征并存的学生，其危险程度更大，应成为重点干预的对象。

了解重点关注对象的分类，是为了让大学生日常生活和学习中能够做好识别工作，能够及时为自己或他人寻求帮助，而不是为了给这样的同学贴上标签。给予的应该是帮助和关怀，而不是异样的眼光和过多的关注。

3. 心理危机干预的实施

（1）心理危机干预的模式

贝尔金等提出三种基本的危机干预模式，即平衡模式、认知模式和心理社会转变模式。

心理危机干预模式为不同的危机干预策略和方法奠定了基础，为危机干预的实践提供了理论依据。下面先对几种危机干预模型做简单的介绍。

平衡模式认为危机中的个体处于心理失衡状态，原有的应付机制和解决问题的方法不能满足他们的需要，干预的目的在于帮助他们获得危机前的平衡状态。平衡模式最适合于早期干预，此时危机者失去了对自己的控制，分不清解决问题的方向且不能做出适当的选择，除非个人再获得一些应对的能力。危机干预的重点应放在稳定病人心理和情绪方面，以帮助他们恢复心理平衡状态。

认知模式认为，危机植根于对事件和境遇的错误思维，而不是事件本身或与事件和境遇有关的事实。在危机事件中，持续的、折磨人的处境使人衰竭，推动其对境遇的内部感知向越来越消极的自言自语发展，直到再也不能使他们自己相信，在他们的境遇中还存在积极的成分。接着，他们的行为会跟随消极的否定性的自言自语，自以为对境遇是无能为力的。这种消极思维使危机持续存在下去。该模式的基本原则是，通过改变思维方式，尤其是通过认识其认知中的非理性和自我否定部分，练习和实践新的自我说服，使个体的思想改变更为积极，更为肯定。这种模式通过获得理性，强化思维中的理性和自强的成分，使人们能够获得对自己生活中危机的控制。认知模式最适合危机稳定下来并回到了接近危机前平衡状态的求助者。

心理社会转变模式认为人是在不断变化的社会环境中成长和发展的，危机不是一种单纯的内部状态，而是会受到内外因素影响的。危机的产生与内部的（心理的）和外部的困难有关，危机干预的目的在于与求助者合作，以确定与危机有关的内部和外部困难，帮助他们选择替代他们现有行为、态度和使用环境资源的方法，比如，可以使用来自同伴、家庭、职业和社区等方面的资源。结合适当的内部应付方式、社会支持和环境资源的方法，以帮助他们获得对自己生活的自主控制。心理社会转变模式最适合已经稳定下来的求助者。

（2）心理危机干预“六步走”

危机干预模型是对危机干预方法的高度总结，当大学生自己或者身边的同学或者朋友出现心理危机时，应该怎样进行危机干预呢？

危机干预一般常用的是六步法，即确定问题、保证当事人的安全、给予支持和帮助、提出应对的方式、制订计划、得到承诺。

① 确定问题

危机干预的第一步是从当事人的立场出发，确定和理解当事人的问题。此时同学们可以用积极倾听技术、开放式提问、同感、理解、真诚、接纳以及尊重等方式去帮助当事人探索和确定问题。在关注当事人的语言信息的同时，也要积极关注其非语言信息，如面部表情、肢体动作等。

② 保证当事人的安全

在危机干预过程中，要以当事人的安全为首要目标。这里的安全是指对自我和对他人的生理和心理的危险性降低到最小。一方面需要和当事人积极沟通建立良好的关系，使其获得安全感；另一方面则需要排除当事人身边的危险因素，如可以伤人的刀具、危险的药品、远离危险环境等。

③ 给予支持和帮助

危机干预强调与当事人沟通和交流，通过语言、语调和躯体语言让当事人认识到对方是能够给予其关心帮助的人，让当事人相信有人愿意帮助他渡过危机，而且是以真心的、无条件的、积极的态度去帮助他。

特别需要注意的是，对于当事人的行为不要做作任何评价，无条件地以积极的方式接纳所有的当事人。还应注意发挥社会支持系统的作用，让当事人多与家人、亲友、同事接触和联系，尽量避免独处。

④ 提出应对的方式

帮助当事人探索可以利用的替代解决方法，促使当事人积极地搜索可以获得的环境支持、可利用的应付方式，启发其改变思维。当事人知道有哪些人现在或过去能关心自己，有哪些可变通的应对方式可供选择。

⑤ 制订计划

帮助当事人做出现实的短期计划，通过帮助当事人获得新的信息或知识，发现另外的资源和提供应对方式，敦促当事人接受帮助和治疗，确定当事人可理解的、自由的行动步骤。包括另外的资源的提供方式。同时要让当事人意识到这是他自己的计划，自己有能力恢复到正常水平，帮助其建立自信。

⑥ 得到承诺

在前几步顺利完成后，还需要做的就是获得当事人的承诺。可以通过让当事人复述自己的计划，承诺和保证自己能够按照计划执行。这是当事人本人躯体、认知、情感、行为和精神的统一的表现，帮助其接受现状变自愿改变。

心理危机是每一个人都在所难免的。了解心理危机及心理危机干预的措施，能够帮助每一位大学生，在自己或者身边发生此类情况时，正确地、积极主动地采取措施自助或者为别人提供帮助。

四、常见的心理障碍

作为特殊的社会群体，大学生在从校园走入社会的过程中，同样会面临很多压力和竞争，在处理不当的情况下，可能会表现出一些心理障碍。心理障碍有很多种，在我国广泛使用的《中国精神障碍分类与诊断标准(第3版)》中有较为详细的介绍，本节主要介绍几种，有兴趣的同学可以查阅相关资料和书籍继续学习。需要注意的是，不要随意对号入座，尽管学习了相关知识，但是仍没有资格给自己或同学下结论、贴标签。如果有需要，还需到专业机构就诊，咨询专业人员。

（一）抑郁症

抑郁症是一种常见的心境障碍，可以由各种原因引起，以显著而持久的心境低落为主要临床特征，且心境低落与其处境不相称，可以从闷闷不乐到悲痛欲绝，甚至发生木僵，严重者可出现自杀念头和行为。多数患有抑郁症的人有反复发作的倾向，每次发作大多数可以缓解，部分可有残留症状或转为慢性。

抑郁症主要以心境低落为主，并可能伴有以下至少4项症状。

兴趣丧失、无愉快感：兴趣的消退和与快感的丧失是抑郁症常见的特征之一。

精力减退或疲乏感：主要表现为行为缓慢，生活被动、疏懒，不想做事，不愿和周围人接触交往，常独坐一旁，或整日卧床，闭门独居、疏远亲友、回避社交。

精神运动性迟滞或激越：表现为不爱活动、走路缓慢、言语少。

自我评价过低、自责，或有内疚感：产生无用感、无望感、无助感和无价值感，常伴有自责自罪，严重者出现罪恶妄想和疑病妄想，部分抑郁症患者可出现幻觉。

联想困难或自觉思考能力下降：思维联想速度缓慢，反应迟钝，思路闭塞，自觉“脑子好像是生了锈的机器”“脑子像涂了一层浆糊一样”。临床上可见主动言语减少，语速明显减慢，声音低沉，对答困难，严重者交流无法顺利进行。

反复出现想死的念头或有自杀、自伤行为：严重的抑郁症患者会存在自杀念头。对于他们而言，自杀是一种解脱的有效方式，

睡眠障碍：早醒，一般比平时早醒2～3小时，醒后不能再入睡，这对抑郁发作具有特征性意义。有的表现为入睡困难，睡眠不深；少数患者表现为睡眠过多。

其他症状：主要有食欲减退、体重下降、便秘、身体任何部位的疼痛、性欲减退等。

抑郁症是世界四大疾病之一。迄今为止，抑郁症的病因并不非常清楚，但可以肯定的是，抑郁症是受遗传、生物化学、环境、性格等因素的交互作用所影响的。

根据本节所介绍的常见抑郁表现，同学们可以提高自身的警惕性，如果自己或者身边的人出现了上述多个类似症状，就应提高关注程度。面对抑郁症，每一位大学生都不应该恐惧、逃避或者歧视，抑郁症并不是洪水猛兽，只要及时发现，积极寻求专业的帮助，照样能够早日痊愈。

（二）焦虑症

焦虑症是一种以焦虑情绪为主的神经症。主要分为惊恐障碍和广泛性焦虑两种。需要注意的是，焦虑症的焦虑症状是原发的，凡继发于高血压、冠心病、甲状腺机能亢进等躯体疾病的焦虑，均应诊断为焦虑综合征。

但是如果个体因为其他精神病理状态，如幻觉、妄想、强迫症、疑病症、抑郁症、恐惧症等产生焦虑的，不应将其诊断为焦虑症。

焦虑症患者会明显表现出不愉快的情绪。症状较轻者会感到紧张、不安；较重的则会感到担心、忧虑或害怕；病重者会感到恐惧或惊恐。在行为方面，焦虑患者会伴有坐立不安、心神不定、搓手顿足、踱来走去、小动作增多的表现。焦虑症患者会具有暗示性、灾难性的思维定式，认为所有不幸的事都会降临到自己和家人的身上，导致情绪常处于紧张的症状。

这样的病症也会引发焦虑症患者心跳加快、胸闷、呼吸不畅，甚至有窒息的濒危感。

焦虑和焦虑症并不是一个概念。二者看似相似，实则区别很大。焦虑属于人的一种情绪，而焦虑症是一种心理疾病。焦虑反应是有积极意义的，而且绝大多数焦虑都是由一定原因引起的，也是可以理解的，属于正常焦虑。适度的焦虑可以促进积极思维，并促进机体调用资源应对问题，提升动力，如大学生在临近考试周时的焦虑能够提升学习动力和学习效率。然而，过度的焦虑会演化为焦虑症，给人带来影响和伤害。

（三）强迫症

强迫症是指一种以强迫症状为主的神经症，其特点是有意识的自我强迫和反强迫并存，二者强烈冲突使病人感到焦虑和痛苦。患者体验到观念或冲动系来源于自我，但违反自己意愿，虽极力抵抗，却无法控制。患者也意识到强迫症状的异常性，但无法摆脱。患者表现以强迫思想为主，包括强迫观念、回忆或者表象，强迫性对立观念、穷思竭虑、害怕丧失自控能力等，同时一般伴有强迫行为（动作），包括反复洗涤、核对、检查或询问等，如强迫洗手、锁门等。这些强迫症状起源于患者内心，不是被别人或外界影响强加的，同时这些强迫症状反复出现，患者虽认为没有意义，并感到不快，甚至痛苦，因此试图抵抗，但不能奏效。

强迫症的病因复杂、尚无定论，目前认为主要与心理社会、个性、遗传及神经－内分泌等因素有关。另外，近年来大量研究发现，强迫症的发病可能存在一定遗传倾向。

对于强迫症的治疗，可以采用精神分析法、认知行为疗法，通过自有联想、移情分析，把患者潜意识当中的冲突带到意识层面，尝试接纳自己的观念，降低内心冲突的程度，如患者很怕脏、必须反复洗手以确保自己不会得病，在暴露反应预防中，他就需要在几次治疗中逐步接触自己的汗水、鞋底、公共厕所的门把手及马桶坐垫而不洗手，因患者所担心的事情实际上并不会发生，强迫症状伴随的焦虑将在多次治疗后缓解，直至消退，从而达到控制强迫症状的作用。

（四）自杀

自杀是指有意识地、自愿直接结束自己生命的异常行为。自杀一般包括三个方面的内容：自杀意念，即曾经想过或计划过自杀，但并未采取实际行动；自杀未遂，即已采取实际行动，但未导致死亡；自杀死亡，自杀死亡是心理危机的极端表达。

世界卫生组织首份预防自杀报告显示，每年约有80万以上的人死于自杀，每40秒就有一人死亡，还有更多的人企图自杀。因此，每年有数以百万计的人经历自杀带来的丧亲之痛或受此影响。自杀在整个生命过程中都有可能发生，它是2012年全球15~29岁人群的第二大死因。大学生虽不是自杀高发人群，但数量在上升。

1. 关于自杀的误解

我们首先需要明确几个有关自杀的误区和真相。

误区一，没有人能够阻止一个自杀行为，自杀是一种生物疾病，是不可避免的。事实上，自杀并不是一种病，也不是由基因和遗传决定的。如果处在危机中的人能够获得他们需要的帮助，他们可能再也不会想到自杀了。

误区二，跟一个人直接讨论自杀的问题会导致他们真的去自杀。事实上，与一个人直接交流自杀意图，会降低其焦虑水平，打开交流的局面，并降低其实施冲动举动的风险。

误区三，只有危机干预专家才能预防自杀。事实上预防自杀与每个人有关，任何人都可以帮助他人，预防自杀悲剧的发生。

误区四，那些谈论自杀的人并不会真正去自杀。事实上，从危机干预的角度来看，讨论自杀的人可能是在呼救，如果得不到帮助，就会去尝试自杀，甚至真正完成自杀。

2. 自杀的征兆

一般来说，自杀可以分为两种：冲动性自杀和蓄谋已久的自杀。冲动性自杀一般是在自杀念头出现后不久采取的自杀行为。自杀行为发生与否受当时环境因素的影响很大，如当时身处高楼、高桥、河边或湖边等，身边很容易找到自杀工具，则易在急性冲突下迅速自杀。对于这样的自杀行为，其自杀征兆是剧烈冲突后的情绪变化（如盛怒、伤心欲绝或一反常态的冷静），征兆还包括扬言要死或说出自杀的言语。蓄谋已久的自杀可能会有一段时间表现异常，如出现郁闷消沉、缺乏兴趣、疲乏无力或烦躁不安、注意力不集中或记性差、脑子反应慢、缺乏自信甚至自责、没有胃口或吃得多、失眠或睡眠过多等抑郁症状；突然与人谈论、网上搜索或打听自杀相关问题，如自杀方式等；言语上流露出生不如死的感慨；突然安排财产、子女或老人等相关事宜，将自己贵重的东西送人；流露出自己是别人的负担、如果没有自己他们会过得更好等想法；甚至直接与人谈论自己的自杀念头和计划；一些人亦会出现过分的担忧害怕，甚至认为有人在迫害他之类不同寻常的感觉或想法等。一个人如果曾经出现过自杀行为，亲人或熟人有过自杀行为，生活学习工作中长期有不如意的地方，最近又出现剧烈的人际冲突或其他压力，有抑郁症状，那么其自杀的危险性就远高于其他人。

3. 遇到自杀怎么办？

大学生如果遇到存在自杀倾向的个体，应该努力帮助他们化解危机。大学生虽然不是专业人员，但并不代表对此无能为力。大学生可以做的包括以下三点。

一是要询问。明确他是否有自杀意向。如何去询问自杀问题呢？同学们可以这样问他：你最近不开心吗？你最近非常不开心，以至于你想要结束自己的生命吗？你有没有想到睡过去从此不再醒来？同时要避免这样询问自杀的问题：例如，你不会想要自杀，对吧？你不会干傻事的，对吧？自杀是一个愚蠢的想法，你怎么能这么做呢？这种提问方式会让对方回避你。

二是要陪伴。当发现身边同学有自杀倾向时，同学们需要陪在他身边，需要温和而坚定地拿走或者控制住所有他能用来自我伤害的工具，如绳索、刀具、药品，等等。同学们能做的就是帮助他去解决他认为无法解决的问题，帮他找到资源去应对危机，让他看到希望。

三是要转介。陪伴是制止自杀的关键做法，这样做可能已经帮助到了

80%的人，但是由于缺乏专业的知识和培训，同学们最后应该做的是要及时把学生的情况报告老师，可以是你认识的任课教师、辅导员或者是学校的心理咨询师，可以是任何能提供帮助的老师。在这个过程中，最佳的处理方式是直接带同学去找到提供帮助的老师。

当然，如果未能挽留住自杀的人，心里也需要明白，这并不是自己的错，不要把责任归咎于自己，必要的时候需要寻求专业的心理咨询师进行排解。

五、如何帮助自己

当大学生出现心理问题时，很多人会自己解决问题，也有人会找朋友、家长等倾诉，或者想到去专业的心理咨询机构寻求帮助。求助是强者的行为，大学生身边其实存在很多资源能够有效解决心理问题，这需要每一个大学生积极寻找。下面先通过一个心理测验来评估一下，当面临困难或挫折时，你的态度和做法的积极与消极程度。

心理小测验

简易应对方式量表

以下列出的是当你在生活中经受到挫折打击，或遇到困难时可能采取的态度和做法。请你读每一项，选择最符合你的选项并计分，不要漏选。

序号	态度或做法	不采取	偶尔采取	有时采取	经常采取
	积极应对维度				
1	通过工作学习或一些其他活动解脱	0	1	2	3
2	与人交谈，倾诉内心烦恼	0	1	2	3
3	尽量看到事物好的一面	0	1	2	3
4	改变自己的想法，重新发现生活中什么重要	0	1	2	3
5	不把问题看得太严重	0	1	2	3
6	坚持自己的立场，为自己想得到的斗争	0	1	2	3

续表

序号	态度或做法	不采取	偶尔采取	有时采取	经常采取
7	找出几种不同的解决问题的办法	0	1	2	3
8	向亲戚朋友或同学寻求建议	0	1	2	3
9	改变原来的一些做法或自己的一些问题	0	1	2	3
10	借鉴他人处理类似困难情景的办法	0	1	2	3
11	寻求业余爱好，积极参加文体活动	0	1	2	3
12	尽量克制自己的失望、悔恨、悲伤和愤怒的情绪	0	1	2	3
总分					
消极应对维度					
13	试图休息或休假，暂时把问题（烦恼）抛开	0	1	2	3
14	通过吸烟、喝酒、服药和吃东西来解除烦恼	0	1	2	3
15	无法改变现状，唯一要做的便是等待	0	1	2	3
16	试图忘记整个事情	0	1	2	3
17	完全依靠别人解决问题	0	1	2	3
18	接受现实，因为没有其他办法	0	1	2	3
19	幻想可能会发生某种奇迹改变现状	0	1	2	3
20	自己安慰自己	0	1	2	3
总分					

该量表共有20个题目，包括积极应对和消极应对两个维度。第1～12题是积极应对题目，得分越高，积极应对倾向越明显。第13～20题是消极应对题目，得分越高，消极应对倾向越明显。

（资料来源：贺双艳．大学生心理健康教育［M］．北京：高等教育出版社，2017.）

通过量表的测验，同学们一定对自己有了进一步的了解。积极应对倾向明显的同学，需要学会选择更为有效的应对方式，从而产生积极的效果，而消极应对倾向明显的同学，则需要学会运用前面学习的知识，积极调整心态，同时学会寻找资源去应对所面临的挫折。

需要注意的是，量表中所谓的积极和消极是相对的。使用积极的应对方式并不一定就会产生积极的后果，使用消极的应对方式并不一定就产生消极的后果，如量表中将“接受现实”和“自己安慰自己”设置为消极应对，现实中这样却有可能会缓解压力，减缓焦虑。面对个性化的差异，还需要做具体的分析和研究。

无论应对困难是积极的还是消极的，最关键的是要知道，在遇到问题时身边有哪些资源可以为我所用，下面将大学生身边可利用的资源进行总结，帮助大家遇到问题时能够有效地利用。

（一）可利用的外在资源

外在的资源是指个体的社会支持系统，涉及资源的质量、适当性以及可利用性。在学校中，大学生的外在资源都有什么呢？大学生的外在资源主要包括家庭支持、同辈支持以及社会支持。

1. 家庭支持

家庭是给予孩子最初安全感的场所；是提供温暖、爱与接纳的场所；是提供鼓励和支持的场所。家庭的支持来源于父母、兄弟姐妹以及其他亲属。通过对原生家庭知识的了解，同学们应该能够发现心理危机的出现与原生家庭存在一定的联系，当然，家庭更是大学生在出现心理危机时应该首先想到的支持系统。家庭所提供的关怀、理解与鼓励是帮助大学生顺利渡过危机最有力的支持。

2. 同辈支持

同辈群体主要是指大学生身边的同学、朋友。同辈群体是距离心理危机学生个体最近的人群，一般也是大学生寻求支持的第一选择。同辈群体间在思维方式、价值观、性格特点上都有着很多相同点，因此更能够给予心理危机对象更多的理解和支持，同辈支持在解决心理危机事件中发挥着不可替代的作用。

3. 社会支持

这是所说的既包括学校的支持，也包括社会上相关机构的支持。在学校层面，同学们的任课教师、辅导员、班主任、导师等，都是可以提供帮助的。另外，高校的心理健康与咨询中心能够给同学们提供更加专业的心理咨询。社会相关机构可以有心理咨询机构、专科医院以及相关网站和热线。

这些社会支持都是我们身边可以利用的资源，大学生在遇到心理危机时，如果能够充分调动社会支持，不同的社会支持相互配合，能够产生积极的作用和效果，更好地化解大学生面临的心理危机。

心理小测验

社会支持评定量表

下面的问题用于反映你在社会中所获得的支持，请根据你的实际情况做出选择。

1. 你有多少个和自己关系密切，可以得到支持和帮助的朋友：（单选）

（1）一个也没有（2）1～2个（3）3～5个（4）6个或6个以上

2. 近一年来你的居住方式：（单选）

（1）自己一个人住（2）没有固定的住所（3）和同学、朋友住在一起（4）和家庭成员住在一起

3. 你与同学之间的关系：（单选）

（1）大家之间互不关心（2）遇到困难可能稍微关心（3）有些同学很关心你（4）很多同学都很关心你

4. 你与邻居之间的关系：（单选）

（1）大家之间互不关心（2）遇到困难可能稍微关心（3）有些邻居很关心你（4）很多邻居都很关心你

5. 你可以从哪些家庭成员那里获得多大程度的帮助和支持：

A. 恋人（1）没有（2）较少（3）一般（4）大力支持

B. 父母（1）没有（2）较少（3）一般（4）大力支持

C. 兄弟姐妹（1）没有（2）较少（3）一般（4）大力支持

D. 其他家庭成员（1）没有（2）较少（3）一般（4）大力支持

6. 在过去遇到不好的情况时，你从哪里曾经获得过物质支持和实际的帮助：

（1）无任何来源

（2）下列来源：（可多选）A. 恋人 B. 父母 C. 朋友 D. 亲戚 E. 同学

F. 党团工会等官方或半官方组织 G. 学校社团等非官方组织 H. 其他（请列出）

7. 在过去遇到不好的情况时，你从哪里获得过宽慰和关心：

（1）无任何来源

（2）下列来源：（可多选）A. 恋人 B. 父母 C. 朋友 D. 亲戚 E. 同学 F. 党团工会等官方或半官方组织 G. 学校社团等非官方组织 H. 其他（请列出）

8. 在你遇到困难和烦恼时，会采用什么样的倾诉方式：（单选）

（1）不会跟任何人诉说

（2）只会跟自己关系好的朋友诉说

（3）假如有朋友询问，就会诉说

（4）会主动跟他人说，从而获得理解

9. 当你遇到困难和烦恼时，会采用的求助方式：（单选）

（1）只依赖自己，不需要别人帮助

（2）一般很少会请求别人帮忙

（3）有时会请求别人帮助

（4）经常会向朋友、亲人、同学请求帮助

10. 对于团体（如社团活动、学生会等）组织活动，你：（单选）

（1）从来不会参加

（2）偶尔会参加

（3）经常参加

（4）积极主动参加

计分方法：

（1）第1~4题、第8~10题，每题只选一项，选择1、2、3、4项分别计1、2、3、4分。

（2）第5题分A、B、C、D四项计总分，每项从“没有”到“大力支持”，分别计1~4分。

（3）第6、7题，如回答“无任何来源”计0分，回答“下列来源”者，有几个来源就计几分。

评定方法：

1. 总分：10 个题目计分之和。

2. 客观支持分：第 2、6、7 题评分之和。

3. 主观支持分：第 1、3、4、5 题评分之和。

4. 对支持的利用度：第 8～10 题评分之和。

分数越高表示社会支持状况越好。

（资料来源：贺双艳. 大学生心理健康教育［M］. 北京：高等教育出版社，2017.）

国内外研究表明，社会支持对大学生的身心健康有显著的影响，即社会支持的多少可以预测个体身心健康的结果。从已有的研究结果看，《社会支持评定量表》的测定结果与身心健康结果具有中等程度的相关性。良好的社会支持与社会技能、工作绩效、自我概念的正向发展有显著的相关关系；缺乏社会支持与惰性、焦虑、压抑等负性情绪之间有着显著的相关关系。

这样一个心理测验，除了可测验大学生的社会支持状况外，也可帮助大学生罗列出当前阶段可以利用的社会支持资源。我们不是缺少资源，而是缺少发现资源的眼睛。每一位大学生要知道的是，任何问题都是可以解决的，如果还没有解决的话，那就是没有找到合适的资源。

（二）学会求助

大学是人生的关键时期，走好大学的路，也是人生之路顺畅走完的一个重要组成部分。在遇到困难的时候，向他人求助是一个不错的选择。不要把求助看作是脆弱的、不自信的表现。求助反而是有效利用身边资源的一种表现，一种积极自信的人生态度。

当大学生遇到心理危机事件时，大多数人最先想到的是向家人、同学、老师等寻求帮助，很少有人不主动寻求帮助。这些被求助者的确能够对处于挫折、冲突中的人有所帮助，但是有些问题过于严重，或者无法得到根源性解决，这时候就需要去寻求专业人士的帮助。如大学校园里的心理咨询中心，社会上的心理咨询机构等。

心理咨询中，咨询师可以协助求助者解决各类心理问题。对于很多没有走进过心理咨询室的大学生来说，心理咨询是神秘的，这种神秘往往令人望而却步。心理咨询是心理咨询师运用心理学原理以及相关知识，遵循心理学原则，通过各种技术和方法，帮助人们解决心理问题的过程。心理咨询能够使求助者学会正确了解、面对、接纳作为一个人的自己，并帮助求助者学会对自己所面临的问题或困难正确地了解、分析、评估和应对；促进求助者自我的成长；帮助求助者实现思维、情绪和行为的改变，特别是从消极情绪向积极情绪的转变。它并不神秘，只要同学们做好心理准备，就可以充分利用学校心理咨询中心或者校外正规机构的资源，进行自我探索，促进自身成长。

1. 走出心理咨询的误区

心理咨询在我国起步较晚，对于很多人来说心理咨询还是一个新鲜事物，人们对心理咨询还存在一定的误解。真正地走出对心理咨询的误区才能够更好地接受心理咨询，让心理问题得到更加有效地解决。

（1）精神病患者才需要心理咨询

许多人会以为，只有患有严重精神疾病的人才需要接受心理咨询，这是一个很大的误解。心理咨询要求求助者本身的心理功能不能太差，例如其至少要具有相当程度的表达能力、理解能力、人际交往能力等。因此，心理咨询的对象主要是在日常生活中遇到困难或挫折而产生心理困扰的正常人群。心理障碍患者只是咨询的一小部分，发病期的精神病人不属于心理咨询的范畴。心理咨询是正常缓解心理压力与提高心理承受能力的好办法，去做心理咨询并不代表你“不正常”“思想有问题”，也并不“丢人”“软弱”。相反，现在很多思想进步、开放的人已经毫无顾虑地走进心理咨询室来促进个人成长。

（2）心理咨询师是替人解决问题的人

许多人认为，心理咨询师会为遇到问题的人提供有效的解决办法，例如很多人会以为心理咨询师会帮人找工作，帮人找对象等。这其实也是对心理咨询的误解，因为心理咨询师的主要工作是帮助个体了解自我，进而发挥个体的潜能去处理生活中的人际问题，去为自己做最好的决定，去过自己想过的生活。

（3）心理咨询的谈话内容会绝对保密

基于职业道德，心理咨询师通常会对来访者的谈话内容加以保密，即心理咨询师未经来访者同意，不会将来访者的谈话内容告诉其他人。同时，心理咨询的专业保密也是有限制的，当来访者企图自杀或伤害自己、来访者企图伤害他人或危害公共安全、来访者的行为涉及家庭暴力或儿童虐待时，心理咨询师会打破保密原则，与有关人员或部门联系。

（4）心理咨询师会读心术

心理咨询师没有特异功能，没有透视人心的本领。心理咨询师对来访者的理解，是建立在专业知识的学习和咨询经验的积累上的。因此，如果期望在咨询中得到咨询师的帮助，就需要来访者和心理咨询师建立良好的咨询关系，与咨询师紧密合作，给予咨询师充分的信任，真实地表达自己，与咨询师一起进行自我探索。

（5）好的心理咨询应该是做一次就有效

心理咨询不是特效药，很少能做到一次就药到病除。大部分求助于心理咨询的人，都是带着经年累月所形成的心理问题走进心理咨询室的。常言说“冰冻三尺非一日之寒”，要解决这样的问题，来访者要有正确的心态，心理咨询需要一个长时间的过程让来访者认识自己、接纳自己，这至少需要几个月的时间，甚至是几年的时间。

（6）心理咨询无所不能

在咨询中很多来访者把问题抛给心理咨询师，期待心理咨询师为自己开出“良方”。实际上，咨询师在咨询中所做的工作是，通过关注、支持、反馈以及澄清等方法，帮助来访者看清自己的问题，引发其思考，促进其人格的成长。在咨询中真正帮助来访者的是他们自己，一个优秀的心理咨询师是不会代替来访者去直接解决问题的。

2. 需要咨询的时刻

很多人在身体出了问题的时候会去医院，当“心理出了问题”的时候，却不愿意去寻求专业帮助。其实，身体保健和心理保健的道理是相同的，都要把工夫花在平时，重在预防。

在大学中，每个人都会遇到问题。如果同学们的生活出现下面的状况，那么可以考虑进行心理咨询：

（1）在某些时候觉得孤独或者想找人说说话。

（2）在工作、生活、情感等方面压力过大，例如失恋、工作挑战太大、同伴相处不良等，觉得有点胸闷难受、心区疼痛（但到医院检查又查不出身体问题）、焦虑不安、容易发火、心情忧郁、失眠。

（3）不管什么原因，感觉自己被某种不良心情压抑超过两周时间，且这一情况还在持续。

（4）对于某些特定的物体和行为出现异常反应，例如与人交往困难，怕猫狗；或者在面对一些社会场景，例如广场、商场；或者没有特定对象场景的情况下，会觉得焦虑不安，甚至呼吸困难、心跳加速。

（5）某些行为，例如洗手、关煤气，表现出十次以上的反复，或者对于某一事物的思维反复顽固地出现而无法摆脱，这样的情况已经持续了一段时间。

（6）被一些性问题困扰，例如青春期手淫问题、暴露性器官、获取异性衣物等情况。

（7）有物质依赖，例如吸烟、酗酒、上网。

（8）有对于食物的障碍，例如出现暴食然后呕吐、厌食等。

（9）遇到被非礼、人质危机、自然灾害、其他威胁等突发事件之后一个月，继续经常被这些事件的记忆干扰生活，甚至会经常做噩梦、哭泣。

（10）因为以上这些原因，正在医院方面接受药物治疗，但很少获得谈话式的心理咨询。

（11）人际关系一直遭遇有原因或没有原因的挫折，觉得自己的性格有点格格不入并让自己感到迷惑或痛苦，例如经常严重猜忌别人是否说自己的坏话，或因害怕随时随地会遭受批评而回避与别人交往，或经常和很要好的朋友反目成仇，或经常以自伤和极端事件要挟亲密的人，或觉得自己的情绪经常没有原因地突变而影响了生活。

善于求助是一种能力，坦然接受他人帮助更是一种自信，这种自信是相信自己有能力回报他人并坚信自己值得帮助。同学们应该学会求助、乐于助人、懂得感恩，这会使人生更加精彩！

思考题

1. 你在学校遇到过哪些事情使你产生了不合理情绪？你是如何调节的？

2. 如果你身边的同学出现了心理危机，你会怎么帮助他？

推荐资源

1. 阿尔弗雷德·阿德勒，《自卑与超越》，沈阳出版社，2016.

推荐理由

本书是人类心理学先驱阿尔弗雷德·阿德勒的巅峰著作，全书立足于个体心理学观点，从教育、家庭、婚姻、伦理、社交等多个领域，以大量的实例为论述基础，阐明了人生道路的方向和人生意义的真谛。

该书语言朴实，译文精练、流畅，结构严谨，不仅对心理专业人士具有借鉴作用，对普通读者也具有积极的指导意义，是值得拥有的一部心理学经典作品。

2. 岳晓东，《登天的感觉：我在哈佛大学做心理咨询》，北京联合出版公司，2018.

推荐理由

岳晓东博士在心理健康、创新心理、咨询心理、幽默心理和青少年偶像崇拜等方面做出了大量的研究，成绩斐然。他先后在国内外的各类学术刊物上发表学术论文150余篇，影响深远。

《登天的感觉》是国内第一本以案例方式介绍心理咨询的著述。书中写了10个在哈佛大学做心理咨询的个案，通过案例科普了心理咨询的入门知识和技巧。在书中你会发现，原来哈佛学子也有着与我们同样的苦恼，原来心理不适与咳嗽感冒一样，是对心理病毒的正常病理反应。而心理咨询有时就像感冒药一样，赶走疾病，让心情保持舒畅和快乐。

参考文献

[1] 周莉，刘海娟. 大学生心理健康教育. 2版. [M]. 北京：中国人民大学出版社，2015.

[2] 刘春艳. 大学生常见心理问题及危机干预策略探究 [J]. 兰州教育学院学报，2017 (2).

[3] 张燕花. 大学生心理危机的识别与判断 [J]. 知识经济，2011 (13)：176 - 176.

[4] 黄国梅，简平，周小利，等. 高职护理专业学生心理健康状况及原生家庭相关影响因素分析 [J]. 预防医学情报杂志，2019 (5)：428 - 431.

[5] 陈晓楠. 合理情绪疗法在高校大学生情绪管理中的应用 [J]. 智库时代，2019，190 (22)：231 - 232.

[6] 王莹华. 如何在人际交往过程中保持良好心理状态——评《人性的弱点》[J]. 中国教育学刊，No. 274 (2)：133.

[7] 李丹. 试论幸福心理学在思想政治教育工作中的运用策略 [J]. 邢台职业技术学院学报，2017 (4).

[8] 段雅萍. 心理学的应用及对幸福的理解 [J]. 科学之友 (B版)，2010 (1)：103 - 104.

[9] 吴东红，向勇，刘北. 幸福心理学刍议 [J]. 山西师大学报 (社会科学版)，2014 (s5)：28 - 29.

[10] 曹瑞，李芳，张海霞. 从主观幸福感到心理幸福感、社会幸福感——积极心理学研究的新视角 [J]. 天津市教科院学报，2013 (5)：68 - 70.

第九章　成为自己：感悟生命的意义

案例

小茹出生在一个教师家庭，从小父母就告诉她，“只要好好读书就能得到想要的一切”。于是小茹努力学习，一直都是班级中的尖子生，很好地扮演了“成功的女儿”这个社会角色，学业上出色的表现令她获得了老师的喜欢和同学的羡慕。但高考的失利令小茹大受打击，她上了根据成绩所能上的最好的学校，但是被调剂到了不喜欢的专业，学习突然变成了一件不擅长的事情。因为对专业不感兴趣，她平时上课浑浑噩噩，即使努力学习，学习效果也与理想中的相距甚远。她不知道自己存在的价值，对生活也失去了兴趣，连大家常做的追剧、看小说等消遣娱乐都会让她感到索然无味。这让小茹很痛苦、孤独和茫然，她迫切地想知道自己应该怎么办？

一、生命的意义

奥地利著名心理学家维克多·弗兰克尔认为，追寻生命的意义是人类的一种基本需要，在于精神层面的价值感的获得。人们会反复思考：自己是为了什么而生活？如何努力实现自己的生命目标？该怎样去生活才会过得更有价值？随着年龄的增长，这些人生课题就越来越多地摆在了大学生的面前。

哲学三问：我是谁？我从哪里来？我要到哪里去？

（一）认识生命

什么是生命？从生理上来讲，生命主要包括新陈代谢、生长、发育、遗传、变异、感应、运动等，生长和发育是生命的基本过程。婴儿刚生出来时浑身都是皱巴巴的，但是他来到人世间的第一声啼哭，就会让他的父母满心欢喜，充满了无比的幸福感。个体一天天长大，变得越来越可爱，越来越有个性，越来越美好。人类不断地探索这个世界，生命是感知，是存在，是体验，是一个过程，而不是一种存在状态，是一个方向，而非一个目的地。

1. 生命教育

（1）探索生命的意义

探索生命的意义是人类的一个特殊本能，也是心理健康的重要标志。人类具有意志自由，需要在不断的探索和发现中去实现自己的价值，而如果人的生命意义获取受阻，就会出现空虚感，找不到生活的目的。弗兰克尔认为，现代社会的心理疾病已经不再是因为弗洛伊德时期的性挫折引起，而主要是由于无意义感等生存挫折导致。

对于当今大学生来说，从小被家庭和社会的主流价值观“成绩至上”所引导，很难有动力去独立思考“我是谁，我要成为怎样的人，我的生命意义是什么”等问题，而是被动接受甚至认同了“好好学习，考好大学，读好专业，找好工作”这样的单一价值观。有些成绩一贯优异的学生，在上了大学之后，生活学习方式发生巨大转变，突然想不明白自己到底想要什么，也因缺乏人际沟通和应对社会历练的能力，在缤纷多彩的大学生活中格格不入，不知道自己除了学习之外还有哪些方面能够获得大家的关注和认可，因此感到厌烦和空虚。这种没有经过探索、发现和反思的生命意义目标，会在个体为之奋斗的过程中带来迷茫和痛苦，而单一价值追求的人，也更难适应多元、高压的社会，因此出现网络成瘾、酒精成瘾、毕业后宅家啃老，甚至自伤自杀等各种形式的逃避行为。

根据弗兰克尔的意义观，生活总是有意义的，人不能用狭隘的成败或绝对的外部标准来衡量自己的人生意义。人生境遇的高潮和低谷都是生命的组成部分，目前经历的痛苦或许就可以成为下一次意义获得的源泉。有研究表明，经历过中等程度人生逆境的个体比没有逆境经验的人更能应对近期的压力事件，就像打过疫苗后身体就会产生抗体一样，研究者生动形象地将其命名为“预防接种理论”。该理论认为，面对当前挫折，要有更为积极的态度，并从过去的经验中吸取策略与经验去应对压力，从而对未来的应激事件能够做到提前有所准备，减少焦虑和不安。

那么，大学生应该如何寻找自己生命的意义？弗兰克尔认为，获得生命意义的途径有三种：第一种是通过创造和工作实现创造性价值。对于大学生而言，对工作的创造反映在对课堂知识的学习和运用到未来工作中的能力上，如果学生能在学习过程中发掘乐趣与意义，那么他就获得了学习所具有的创造性价值。第二种是通过体验某种事物实现经验性价值，包括体验爱与责任、理解与关照等。大学生开始逐渐经历更多除了学习之外的内容，比如对人际关系互动和社会实践活动的体验，对积极和消极情绪的感受和调控，这些都能让学生不断获得经验性价值。第三种是面对无可避免的痛苦与磨难时，所获得的态度性价值，当面对困难时，重要的是人们用怎样的态度来承担困难。大学生可能会被失恋、学业成绩不理想、被同学孤立甚至欺辱、身体疾病或意外丧失等磨难所困扰，态度性价值能够为学生提供看待挫折的新视角，将苦难转变为人们的成就。

自我探索

生命意义感量表（MLQ）

答题说明：请先思考一下生活中什么对你很重要。然后仔细阅读每个题目，选择下面描述的内容与自己实际情况相符合的程度，1～7 计分（完全不符合 =1，完全符合 =7），在相应的选项上打“√”。答案无好坏之分。

1. 我正在寻觅我人生的一个目的或使命。						
○完全不符合	○很不符合	○稍不符合	○不确定	○稍符合	○很符合	○完全符合
2. 我的生活没有明确的目的。						
○完全不符合	○很不符合	○稍不符合	○不确定	○稍符合	○很符合	○完全符合
3. 我正在寻找自己生活的意义。						
○完全不符合	○很不符合	○稍不符合	○不确定	○稍符合	○很符合	○完全符合
4. 我明白自己生活的意义。						
○完全不符合	○很不符合	○稍不符合	○不确定	○稍符合	○很符合	○完全符合
5. 我正在寻觅让我感觉自己生活饶有意义的东西。						
○完全不符合	○很不符合	○稍不符合	○不确定	○稍符合	○很符合	○完全符合
6. 我总在尝试寻找自己生活的目的。						
○完全不符合	○很不符合	○稍不符合	○不确定	○稍符合	○很符合	○完全符合
7. 我的生活有一个清晰的方向。						
○完全不符合	○很不符合	○稍不符合	○不确定	○稍符合	○很符合	○完全符合
8. 我知道什么东西能使自己的生活有意义。						
○完全不符合	○很不符合	○稍不符合	○不确定	○稍符合	○很符合	○完全符合
9. 我已经发现一个让自己满意的生活目的。						
○完全不符合	○很不符合	○稍不符合	○不确定	○稍符合	○很符合	○完全符合
10. 我一直在寻找某样能使我的生活感觉起来是重要的东西。						
○完全不符合	○很不符合	○稍不符合	○不确定	○稍符合	○很符合	○完全符合

计分与解释：第 2 题反向计分后，计算全部题目的总分。

20 分以下：对自己的生命意义认识不足，较为迷茫；

21 ~ 44 分：生命意义感尚不够充分明确，正在寻找生活的方向；

44 分以上：对生活感到有目的、有意义，并感到满意；

（资料来源：刘思斯，甘怡群．生命意义感量表中文版在大学生群体中的信效度［J］．中国心理卫生杂志，2010（6）：85 – 89.）

（2）生命与生活

第一，关于"吃货"的快乐。马斯洛的需要层次理论认为，生理需求是个体最基本的需要，如果连食物果腹都很难做到，那个体将难以追求其他的更高层需要。喜爱享用各种美食的人，一定有着热爱生活的样子，"没有什么事情是一顿火锅解决不了的，如果有，那就两顿"。

第二，关于探究的乐趣。也许有的同学是这样的一个人：具有好奇心，想要探索未知的世界，想要去没有去过的地方，想要学习没有学习过的东西，无论是知识还是技能。人与生俱来就有探究新鲜事物的本能，第一个吃螃蟹的人是很令人佩服的，因为他敢于尝试，勇于创新。

第三，关于亲密的幸福。希望在看的每位同学都能体会到亲密的家庭关系，体会到和所爱之人在一起亲密相处的幸福。每个人都曾是家庭中的孩子，在未来将成为丈夫、妻子，甚至成为爸爸、妈妈，愿你一直有牢固的支持作为后盾，也有承担起家庭责任的勇气。

第四，关于友谊与伙伴。从小到大，很多人在不同的时期都拥有过一些朋友，可以一起烤串，一起旅行，一起交流、谈天说地，一起踢足球或者逛街……和伙伴在一起时就能享受到很多的快乐。

第五，关于爱情与性。与自己深爱的人互相吸引并在一起，享受人世间最大的快乐，并带来钟爱的后代。在合适的时间遇到一个合适的人是件很幸福的事情，但也不必太过强求，若是有缘，时间空间都不是距离，若是无缘，总是相聚也无法合意。

第六，关于游戏的人生。还记得自己幼时最喜欢的游戏是什么吗？也许是“捉迷藏”“过家家”，或者是“老鹰抓小鸡”？每一个人都喜欢游戏，男孩和女孩也许喜欢的游戏类型不太一样，但是每一个人都喜欢玩，玩的背后是一个多么美妙的人生，通过玩耍享受游戏的快乐。

第七，关于社交与联结。之所以人类要比其他动物更加先进，是因为人类还会有社交行为，所以人和人之间会有非常密切的、越来越广泛的联系。互联网的兴起与其说是技术革命的胜利，不如说是满足人发自内心深处的、需要与更多人发生联系的本能。

所有这一切其实再普通不过了，它们是每一个人都在享受的日常生活。个体陷入危机和困难的时候，往往只会看到自己所经历的糟糕的事情，忘掉了生活中99%的事情有那么多的快乐。任何一个人，哪怕是最严重的抑郁症患者，绝大多数时间都是美好和快乐的，这就是为什么要活着的最根本、最简单的原因。

2. 生命的组成因素

人的生命由三个因素构成。

（1）生物性

人有生物性，是生命的心理性和社会性存在的基础和前提。个体携带基因，表达自己遗传的特点，同时生长和发展也要服从生物界的规律，生老病死是每个人必须经历的，也是无法逃避的。

（2）心理性

人有心理性，每个人都有各自不同的性格和情绪，有人冷静，有人激越，有人豪情万丈，有人沉着踏实……我们规划自己的人生，创造自己的价值，人类所具有的认知能力、情感和意志，让我们能够更好地认识世界、改造世界。

（3）社会性

人有社会性，一个人可以是父母的孩子，是孩子的父母，是同事的同事，是同学的同学，每个人都扮演着很多不同的社会角色。正是因为这种社会性的存在，个体在面对千变万化的社会生活时，能够豁达安然地面对人生的别离、爱恨、聚散和得失。

3. 生命的特性

古今中外，人们对生命都有一些基本的看法，比如说对中国文化影响最大的儒家认为，宇宙的本质就是天地有好生之德，天地创生万物也滋养万物，所以人应该有生生不息的精神，要珍惜生命，注重修养身心以配天德。西方也是如此，马克思做过这样的评论，“全部人类历史的第一前提就是有生命个体的存在以及延续”。

（1）不可逆性

生命是不可逆的，从胚胎起生命便一直生长、发育，以迄衰亡。正是生命的这种特征，才使得人们更加关注、珍惜和呵护自己的生命。对死亡的研究有这样的评述，“也许正因为有死亡，所以生命才如此可贵”。瑞士精神分析学家荣格认为，人的潜意识不仅本能地意识到自己会死这一事实，而且会接受这一事实。

（2）不可再生性

生命是具有不可再生性的，从古至今，对任何人来说都只有一次，而这种不得复生的特点也使生命显得尤其珍贵，促使人们在有限的生命中积极生活，努力创造，以实现自己生命的意义。当遭遇艰难险阻、万念俱灰时，有人会认为有权处置自己的生命，但生命是无价的、仅有一次，在任何时候都不能够轻言放弃。

（3）不可替换性

生命具有不可替换性，生命为个体所私有，相互不得交换，彼此不可替代。每个人只能为自己而活，没有办法跟别人交换生命。每个人都有自己的人生，有着自己的需要、动机、兴趣和认知思维方式，每个人都可以赋予自己生命以个人化特色的内涵。

（二）热爱生活，珍爱生命

2010 年 7 月 29 日，我国教育部出台的《国家中长期教育改革和发展规划纲要（2010—2020 年）》明确将“生命教育”列入其中，标志着一个崭新的中国生命教育时代的到来。大学生的身心健康关乎社会和民族的未来，需要家庭、学校和社会多管齐下，每个人都责无旁贷。生命教育的实施有利于提高广大青年学生的生命质量，帮助大学生有效处理生活中可能遭遇的各种危机事件，用积极的生命观念实现生命的超越，展示生命的价值。

1. 大学生的生命困惑

“我想要成为什么样的人”“我存在的价值是什么”“我要追求什么样的生活”，这些问题常常是大学生扪心自问，却总是理解不清、思考不透的。如何在人的短短一生中活出精彩，活得有价值有意义，是每个人都需要思考的问题。

（1）生命意义感的缺失

生命意义缺失的个体往往缺乏生命的目标和对自身存在价值的感知，产生无聊和消极情绪的体验，对自身的生活感到不知所措。当步入美丽的大学校园时，有一部分大学生时常体验到迷茫和困惑，没有了中学规律的作息，没有了老师和家长的监督，他们好像失去了生活的目标。从小到大，活着似乎永远是别人告诉“我”应当怎么活，父母说要好好读书，将来考上好大学、找到好工作，出人头地，而自己从来没有思考过生活的意义。

（2）生命目标的失落

当心中缺少明确的生命目标时，人就会倍感焦虑和痛苦，生活也会缺少动力。一些大学生不知道自己学习和生活是为了什么，如果说是为了国家的前途和民族的命运，这个目标又太大、太远，好像很难和自己的现实相联系。那么是为了个人的快乐和幸福吗？好像有些道理，但总觉得太虚、太空了。当找不到一个明确的生命目标时，大学生可能会受到社会浮躁心理的影响，追求名利，或者在虚拟世界中获得短暂的快乐和虚假的充实。

（3）生命价值感的扭曲

当一个人不能正确认识自我、接纳自我，在遭遇挫折和失败时，就容易感到自己毫无价值，倾向于认为“我不够好”“我不值得被爱”，出现自卑心理，全然看不到自己存在的价值，甚至轻易地选择放弃自己的生命。对于大学生来说，要面对的是繁重的学业、复杂的人际关系以及有压力的就业，一些学生不能积极乐观地面对现实生活，害怕和回避生活中的矛盾和冲突，把一次失败看成整个人生的失败，从而难以正视自己的生命价值。

2. 生命之花如何绽放

2005 年央视春节联欢晚会上的舞蹈《千手观音》令观众赞叹不已，而领舞者邰丽华的人生则更让人敬佩有加。邰丽华是中国残疾人艺术团最早的成员，她在很小的时候因为高烧导致了失聪，但她并没有选择让自己的生命也堕入无声世界，而是努力克服苦难，在聋哑学校品学兼优。她从小就热爱跳舞，然而，对于听不见音乐和节拍的舞者来说，可想而知，排练有多困难。但邰丽华硬是凭着自己的毅力和悟性，反复记忆和练习，一开始只能原地转几个圈，半个月后就能转到二三百圈，直到将一曲有七百多个节拍的《雀之灵》完全合上，成功超越了自己。对邰丽华来说，舞蹈就是她的语言，她不能够用嗓音告诉别人自己的想法、感受、信念和价值观，而舞蹈可以帮她做到这一点，人们能从她的舞蹈中感受到她对生命的敬意。

（1）生命存在观

大学生要认识到生命存在的重要性和意义所在，学会有意识地、有效地保存自己的生命，学会热爱和珍惜自己及他人的生命存在。尊重生命是人类共同的价值观，只有对自己生命负责的人，才可能对其他人、其他事情负责。生命中包含了苦难，这是非常有价值的部分，人们通过克服苦难来获得成功，使生命发出耀眼的光芒。

（2）生命独特观

生命是独特的，是自然界伟大的奇迹，每个人的生命，从肉体到精神，都有不同于其他生命的特殊性。例如，个体的身高、体形、外貌、气质类型和能力倾向等，这些先天不同的素质发展成为后天不同的特点。带来诸多批评的应试教育，只以学习成绩和分数来评价个体，学习成绩差就是所谓差生，这违背了基本的生命伦理。

（3）生命品质观

生命是具有品质的，生命品质的高低取决于个体把自己的生命放在一个怎样的位置。当生命从社会和他人当中获得支持的时候，就具备了提高生命品质的前提。学会向关爱你的人倾诉，增加沟通和交流的渠道，就会以更积极的态度去热爱生活，用心感受生活中的点点滴滴。

（4）生命超越观

生命不仅需要存在、需要经历，而且需要超越。人类的生命是一种超越的存在，存在不是生命唯一的和主要的目的，不断地超越和创造才是生命的本质所在。生命是在不断超越自身的过程中体现其真正的价值，个体只有超越才能体验到生命存在的幸福感，才能够意识到社会对其生命存在的认同。

（5）生命责任观

生命不只属于自己，生命责任作为一种普遍的行为要求和行为关系，既可以从个人对自己、对他人、对同事、对亲友、对家庭成员的关系中发生，也可以从个人对集体、对民族、对国家和社会，甚至对人类的关系中发生。大学生要为自己的生命肩负起责任，无论是身处顺境还是陷入逆境，都应该勇敢地面对命运，开掘生命的意义。

课堂活动

我的生命曲线

人生有死亡的终点，人就站在时间的开始和结束之间。通过回忆，我们将过去带到现在；通过期望和想象，我们能接触到未来，从而更好地理解和接纳自我。

活动目的：

对自己一生做评估和展望，体会生命的有限性和宝贵，珍惜生命。

一般说明：

时间：35 分钟。

材料：白纸若干，彩笔及黑笔若干。

地点：教室，团体咨询室。

活动流程：

1. 每人一张 A4 纸，彩笔和黑笔各一支，用颜色区分你的心情（彩笔代表愉快，黑笔代表低落）。将纸横放，从左到右，画一条长长的横线，绘制出你的“生命线”。在这条线的最右边加上一个箭头，让它成为一条有方向的线。

在线的左端，写上“0”这个数字，在线右端的箭头方向，写上您为自己预计的可能寿命（如 90）。在纸张显眼的位置写上你的名字，再写上“生命线”三个字。按照你为自己规划的生命长度，在这条线上找到自己目前的位置，然后标识出来。该点的左边代表着过去的岁月，右边代表着未来的那部分。(5 分钟)

2. 回忆过去发生过的三件事，愉快的用鲜艳的彩笔标注在这条线的上面，不愉快的用黑笔标注在这条线的下面。纵轴代表了事件的情绪程度，如果你觉得这是件快乐的事，请用彩笔（鲜艳的笔）写在生命线的上方，如果你觉得它非常快乐，你就把这件事的位置写得更高些。不愉快的事情也按照这样的方式标记。请这样写下三件过去发生的、对你影响巨大的事情。(10 分钟)

3. 再看看未来你准备做的有哪些事，同样在生命线上写下三件你想做的事情，并注明相应的时间点。把它们可能带给你的快乐或挫折，用彩笔或黑笔标在线的上方或下方。(10 分钟)

4. 完成生命曲线后，看看在过去的时光里哪种颜色的事件居多，你有什么体会和感悟；再看看未来你准备做的有哪些事，有什么想法和打算。小组成员之间分享，并讨论活动感悟。(10 分钟)

二、我要成为怎样的人

维克多·弗兰克曾在《活出意义来》中说道：“一个人一旦了解他的地位无可替代，自然容易尽最大心力为自己的存在负起最大责任。他只要知道自己有责任为某件尚待完成的工作，或某个期盼他早归的人而善自珍重，必定无法抛弃生命。”

（一）什么是空心病

北京大学心理健康教育与咨询中心副主任徐凯文副教授曾在 2016 年提出大学生“空心病”一词，引起高校心理健康教育工作者的广泛关注。“空心病”生动形象地描述了当代大学生群体中常见的一种心理表现，有一类学生往往来自重点高中，成绩顶尖，顺其自然考入“双一流”大学，但当其迈入大学校园时，他们的内心变得越来越空，不知道自己为什么要学习，甚至不知道为什么要活着。

1. “空心病”的表现

“原来虽然站在一块极其不稳定，随时可能四分五裂的小岛上，但至少心里知道自己处在某个地方。现在知道自己原来所在的地方不对，却变成在茫茫大海上漂泊，看不到陆地，时不时感到恐惧。”在中学阶段，学生被“分数至上”的价值观影响，要考上一个名牌大学，尽管不知道考第一有什么意义和价值。真的考上了大学之后，却觉得自己之前的目标和追求是漂浮的、并非真正来自内心，现在却不知道自己究竟想要什么，完全没有了自我。这并不是简单的抑郁情绪或某种心理困扰，更重要的是，这类学生好像内心中没有灵魂，因此徐凯文副教授将这种现象命名为“空心病”。

“空心病”的典型表现为：从症状上可能符合抑郁症的诊断，包括情绪低落、兴趣减退和快感缺乏等，但他们的抑郁表现程度没有那么明显，所以周围人不会注意到他们真的已经有非常严重的抑郁。他们会有强烈的孤独感和无意义感，觉得跟这个世界没有任何联系；做的所有事情都是别人要求的，从来没有感受到为自己而活。人际关系良好，因为他们从小就是好学生、乖孩子，需要维系在他人眼中良好的自我形象，但那个自我并不是真正的自己。对药物及生物治疗不敏感或者无效，难以改变内心中的孤独和抑郁感受，因此他们会有很强烈的自杀意念，但这并不一定是想要死，而是不知道为何要活着。缺乏支撑其存在感和意义感的价值观，不知道什么可以让内心感到充实和有力量。早期症状是迷茫和自我认同问题，不知道自己要成为什么样的人、人生要往哪里走。通常病史较长，这种状况可能在初中甚至于小学的时候就开始了，随着年龄的增长，似乎迷茫越来越严重。对此，传统意义上的西方心理咨询与心理治疗均疗效不佳。

2. “空心病”的成因

徐凯文提出，“空心病”是一种由价值观缺失所致的心理障碍。这类大学生一般来说没有典型的心理创伤、依恋或家庭问题，他们可能家庭很和睦，父母亲子关系也很不错，而痛苦在于不知道为什么活下去。之所以会出现这样的状况，很多学者认为与现在功利的应试教育有关，社会缺乏支撑个体生存与发展的意义系统，基础教育的缺失导致人们只关心分数和升学率，忽视或放弃对人的培养和价值观的教育。

正如北京大学钱理群教授所说的那样，“我们现在的实用主义、实利主义、虚无主义的教育，正在培养出一批绝对的、精致的利己主义者”。在这样的教育环境中，学生需要不断地让自己排名上升，以得到所谓的一切，而在光鲜成绩背后，隐藏的是极度焦虑、缺乏目标感，以及对未来的一片迷茫。当教育成为一个商品的时候，它本身的价值观就被扭曲了，失去了教育最基本的功能——培养、充实和塑造。

自我探索

生命愿景问卷

阅读下列句子，与自己的情况进行对比，与自己情况很不符合的在括号内填“A”，不符合的填“B”，符合的填“C”，很符合的填“D”。

生命控制感

1. 我感到无助和无望。(　)
2. 生命如浮萍一般不知所系。(　)
3. 考试失败会使我对生活失去信心。(　)
4. 失败使我怀疑自己也怀疑生活。(　)
5. 我觉得生活有方向有着落。(　)
6. 我有被生活抛弃的感觉。(　)
7. 我能应对各种生活。(　)
8. 我找不到生活目标。(　)
9. 我生活得踏实。(　)
10. 我感到生活失去控制。(　)
11. 我能给自己创造快乐。(　)
12. 我难以承受失败。(　)
13. 我对事情放得下。(　)

积极生命意义

14. 我会从丧失中体会丰富的人生。(　)
15. 人生的失去可能比得到更有意义。(　)
16. 丧失教给人们的东西更多。(　)
17. 成败都对人有积极的意义。(　)
18. 能够坦然面对丧失是真正获得了生命的意义。(　)
19. 多一次成败多一层体会。(　)
20. 生活不在于得失而在于丰富。(　)
21. 失败比放弃尝试更有意义。(　)

意义的追寻

22. 我觉得生活就是得过且过。( )
23. 考虑不考虑生命的意义没有区别。( )
24. 我很少去考虑人为什么活着。( )
25. 我有一种人生使命感。( )
26. 我努力把握生命中的每一天。( )
27. 我为自己创造生活目标 ( )
28. 我期望过有意义的生活。( )
29. 我努力使生命有意义。( )

消极生命意义

30. 生活不能如愿以偿就没有意思了。( )
31. 不幸福的人生是没意义的人生。( )
32. 我生怕失去什么。( )
33. 我无法从丧失中体会生命的意义。( )
34. 失去爱情使我对生活近乎绝望。( )
35. 失败带给我的只有失落和绝望。( )
36. 失败带给人的主要是痛苦。( )
37. 丧失使我对生活失去兴趣。( )
38. 我不快乐是因为我达不到目标。( )

评分标准

很不符合计 1 分，不符合计 2 分，符合计 3 分，很符合计 4 分。高分表明具有很高的生命愿景水平，低分表明具有较低的生命愿景水平。

(资料来源：陈月平，吴会东，张彦云. 大学生心理健康教育与发展［M］. 北京：北京师范大学出版社，2017：254－255.)

(二) 展现真实的自我

每个人都拥有独特的自我，人与人的不同让世界变得缤纷多彩。但当人们从小受到无数权威的教导，被反复告知应该怎么做才正确时，内心深处也会逐渐建立起和权威一致的是非标准。一旦做了不符合这些教条标准的事，个体就会受到良心的谴责，误以为自己就是不好的。例如，当小时候被家长教育哭泣是弱小的表现，是不应该的、不被允许的，那孩子在长大后很可能会排斥情绪的外露和表达，在与人交往中换上一副难以被看穿的“面具”表情。试想，压抑和抹杀人类最真实的情感是一件多么辛苦的事情，这样还剩下多少生命力呢？所以，不妨从现在开始，放下那些所谓的权威和教条，充分展示真实的内在自我吧，这会让生命更加融合、有力且富有弹性。

1. 觉察自我

人们常常受到所谓的对错观念的影响，它们有时候就像耳边的杂音，令人烦恼纠结，容易导致个体与自己的内在感受失去联结。此时可以停下脚步，去觉察一下自己在成长过程中所学会的模式，例如幼年所接受的各种规则。当这些内心无形的绳索被觉察到时，人们就有了做出新选择的基础，生命也将因此而改变。

（1）觉察你的冰山

美国家庭心理治疗大师维琴尼亚·萨提亚提出了冰山理论，她认为一个人的自我就像冰山一样，人们看到的行为只是冰山所露出来的一角（见图9.1）。对于大学生来说，在人际和亲密关系中沟通交流更加顺畅，能够表达自己真实的感受，就可以通过向内觉察自我的冰山来练习。

首先，觉察自己的行为背后是什么样的应对方式，即属于哪类沟通姿态，是讨好、指责、超理智、打岔，还是一致？比应对方式更深层的是个体的感受、期待和渴望，当人们受伤时，体会到的感受往往是悲伤、愤怒和恐惧。这与个体如何看待自己、他人和世界有关，如果他人是不可信的、世界也是不可靠的，那么个体就会生活在不安全感和恐惧之中，同时产生相对应的、特有的期待。比期待更深层的就是渴望，每个人都渴望被爱和被接纳，不管外界怎样，心理功能较好的个体都能够爱自己、接纳自己，能采用平和一致的方式与外界保持和谐的关系，不讨好、不指责。冰山的最低层是自己，我是不是一个有价值的、可爱的人？如果一个人认可自己本身就是可爱的、有价值的，那他就不需要通过各种方式来证明自己的价值；反之，如果一个人采取不恰当的方式来满足期待，可能会带来问题和痛苦。

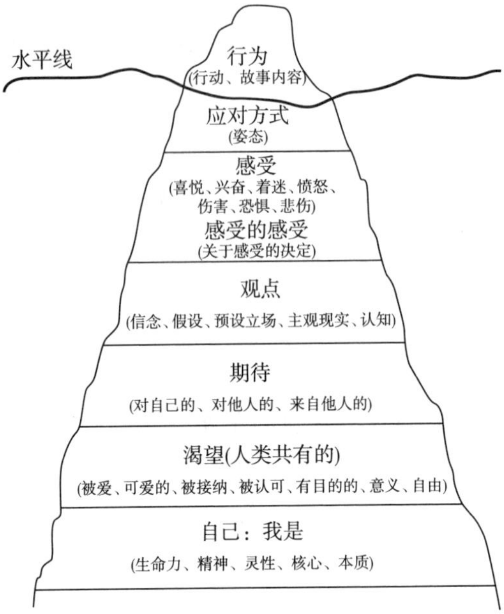

图 9.1　萨提亚冰山理论

（图片来源：邱燕华. 卸下“超理智”的坚硬外壳，勇于探索生命的温度——运用萨提亚个体冰山理论促进自我认识［J］. 职业教育，2017（24）：54－56.）

（2）理解自己的沟通模式

在本书的第二章中，我们介绍了萨提亚的五种沟通姿态在家庭生活中的形成与应用。讨好、指责、超理智、打岔和一致，这些应对方式都是个体为了在最初的家庭关系中生存下来而习得的。当个体的沟通模式在幼年的家庭生活中被培养起来以后，就会在不同的情境中一再重复，功能不良的沟通姿态甚至会对个体的人际、工作与生活带来消极影响。讨好也许是为了想要获得肯定与认可，但可能会忽略自己，压抑愤怒和委屈；指责也许是为了保护自己、获得控制感，但失去了和别人建立关系的机会；超理智的人总是那么聪明、有智慧，注重细节，但可能会隔离自己的情绪和别人的感受，呈现僵硬刻板的姿态；打岔型的人似乎总是“生活在别处”，回避当前情境中感到痛苦和不愉快的话题，内心敏感脆弱，难以表露自我、难以与他人联结；而一致型的沟通模式则能够同时关注到自己、他人和情境，以有创造力、自信、负责任和接纳的姿态做出最合适的回应。

尝试觉察并理解自己的沟通模式以及它背后的真实感受，倾听内在的声音。例如，一位同学来到咨询室，抱怨自己在亲密关系中总是想要讨好对方，搞不懂明明自己做得够多了，但为什么对方最终还是会决然离开。该同学在为对方付出的背后，也许是因为觉得自己是没有价值的、常常被忽视的，他/她渴望被爱、被认可和被接纳，因此会选择讨好的应对方式，期望能够和他人建立紧密的联系，得到关心和照顾，为自己的价值寻找到一个暂且安放的位置。当采取讨好的沟通姿态的时候，他/她体验到的感受可能是不安、恐惧和悲伤，认为这个世界是不安全的，其他人都是不值得信任的，而自己常常面临被抛弃的危险，只能通过超负荷地付出和讨好来维持关系。再更深地向内觉察，看看自己生命中的自我价值是怎样的，也许是“只有别人愿意和我在一起，我才有存在的价值”。然而这种价值体系是如何形成的，又能否被改变，这些问题需要个体勇敢地触碰那些过去所避开的地方，从行为进入到对感受、情绪、信念以及渴望的觉察，直到深层的自我价值，这样就能够做出和以往模式不一样的、更好的选择。

（3）重新做出选择

当个体觉察并了解自己习惯化的行为模式之后，就可以有意识地去思考，这些模式在哪些情境中为自己带来了好的、所需要的结果，又在哪些时候带来了令人不满意的、破坏性的结果。在觉察后，试着打破自己既有的行为模式，从过去的经验中走出去，不再像一个总是做出自动化反应的机器人，就能够发现自己拥有更多不同的选择。

在能够为人生重新做出选择的同时，别忘了感谢过去的那些行为模式，不管怎样，这些模式都是自己为了生存下来而习得的。现在，环境已经变化，过去的模式已经不再适合，个体需要觉察到并做出新的选择。因此，一个拥有真正自由的人，了解自己生命里的每一个结果都是他自己的选择，这样的人将不再怨天尤人，不再将责任推给环境和别人，他会为自己生命里的每一个结果负责。

觉察的目的是重新做出选择，这是个体生命历程中的一个新开始，如此便会发现自己的生命中有越来越多的可能性。就像上文所举的例子一样，该同学一直采用讨好的方式获得爱，认为只有讨好别人才能获得关系，这会带来很沉重的无力和无助感。当意识到或许不用拼命地讨好，他人也会爱自己，因为自己本身就是值得被爱的，则会体验到更多的自由和力量。此时，个体就可以选择一种更加一致的方式去对待他人和自己，而不再像过去一样被自动化的反应所控制，从而成为自己的主人。

2. 接纳自我

（1）面对真实的自我

也许有的同学有过这样的体验：小时候，当你生气、发脾气时，父母很少理解行为背后的愤怒、悲伤或者恐惧，而是想尽办法让你不要生气，因为在他们内心深处觉得那是不对的。随着年龄的增长，你逐渐学会了用同样的方式来对待自己和身边的人，无法尊重自己和朋友的真实感受，习惯了否定这些负面的情绪。但无论被权威告知是正面还是负面、是对还是错、是应该还是不应该的，这些情绪都是个体真实感受到的。如果一味去否定这个世界上许多存在的事实，将让个体离接纳自我越来越远。只有去试着接触、面对真实的自我，承认悲伤和愤怒不是任何人可以否定的，才能为自己的勇气点赞，从而清楚自己的内在真正需求并满足它，由此便接纳了自己。

（2）每个人的生命都是独特的

“世界上没有完全相同的两片树叶”，更没有完全相同的两个人。尼采认为，每个人都有自己独特的生命风格，而个体生命的独特性本身就是它存在的理由。每一个生命都有其独一无二的天赋和兴趣，也拥有独属于自己的思想和情感，有人听音识曲、擅长乐器，有人亲近文字、热爱写作；有人天性开朗、能言善辩，有人心思细腻、体贴入微。正因这种“千人千面”，生命才呈现出不同的特色。

每个人都有自己的特别之处，但在某些时候可能会被自己或他人忽视、否定。当个体犯了错或者和他人不一致，从而受到指责和侮辱时，也许会认同他人给自己贴上“一文不值”的标签，认为自己一无是处、什么都做不好，此时个体真正闪光的价值标签便被揭下来了，被塞进暗无天日的盒子里积尘蒙灰。但实际上，个体有足够的理由与他人表现得不同，在诸多领域存在差异是无比正常的事情，应当学会欣赏这种差异，认识并认可自己的独特之处。

（3）接纳自我

接纳自我要保持阳光的心态，只有当人们开始逐渐能看到，甚至有勇气积极接纳生命中每一个真实的存在，哪怕其中有痛苦和挣扎，才能够得到真正的自由和快乐。对于大学生来说，需要带着关怀和开放的态度来检视自己的价值观，探索自己为何会对某些事物经历产生排斥，面对内心深处的矛盾冲突保持中立，这需要大学生能够灵活看待问题。青少年容易用过于武断的二分法看待事物，做出非好即坏的论断，这会导致个体不承认和不接纳所谓的“负面现象”，也容易忽略那些消极经历背后蕴藏的价值。接纳自我要以发展的眼光看待自己，不对过去的错误或过失耿耿于怀，不以某次的失利而否定自己的努力和进步。在吸取经验教训的基础上建立可行的目标，切实采取行动，积极融入生活，通过可见的成效来鼓励自己，用自信培养自信。

接纳自我，就要无条件地接受自己的一切，无论是成功的还是失败的，都要对自己持肯定和认可的态度，接纳自身的不足与局限，欣赏优点与长处。当个体能够开放自己的感受，出现什么，就接受什么、欣赏什么，就会发现生命是多么多姿多彩。有痛苦、悲伤和眼泪，有欢笑和爱的生命才是有深度、有意义的生命，只有亲近自己的心灵，不否定和排斥真实的感受，生命的力量才会产生。

（三）我要成为怎样的人

1. 自我意识的形成

认识自我是一个复杂的毕生课题。“我是怎样的人”“我要成为怎样的人”“我对自己是否满意”，这些问题都涉及自我意识。自我意识是指主体对自己以及自己对他人、自己与周围世界关系的认识，是个体在社会化过程中逐步形成和发展起来的，它的确立是大学生心理健康发展的重要标志。自我意识的形成经历三个阶段。

（1）生理自我时期（8 个月 ~3 岁）

刚出生的婴儿不能区分自己和非自己的东西；8 个月时开始意识到自己的身体与外界事物的区分，如不再把自己的手当成玩具来咬；2 岁左右的儿童学会用代词“我”来代表自己，这是自我意识形成中的一大飞跃；3 岁左右的儿童开始出现羞耻感和占有欲，自主性也明显增强，自我意识有了新的发展。

（2）社会自我时期（3 岁～青春期）

3 岁到青春期是个体接受社会文化教育的重要时期，儿童在家庭和学校中接受教育，通过游戏和学习等方式逐渐习得社会规范，形成角色观念。10 岁左右，少年开始重视“我是怎样的人”“别人怎样看我”等问题。他们主要以别人的观点去评价事物，认识自己和他人，因此这一时期又被称为“客观化时期”。

（3）心理自我时期（青春期～成年）

步入青春期，个体的自我意识经过分化、矛盾和统一逐渐接近成熟，不但重视“我是怎样的人”，而且开始有意识地思考“我将来要成为怎样的人”和“我如何成为那样的人”。这一时期又被称为“主观化时期”，大学生正处于心理自我阶段，渴望认识自我、肯定自我、发展自我和完善自我。

2. 大学生自我意识的发展

迈过青春期的门槛，大学生步入了人生发展的一个崭新阶段，这一时期大部分同学脱离了与家庭和父母的关系，有了自己的交际圈，希望与他人建立亲密关系。大学生开始积极探索，寻求自我整合，对生命价值和意义产生思考，这一时期关系到大学生个体的信仰、自我概念、自我品质的形成。虽然这一时期自我意识快速发展，但还未完全成熟，可能会出现各种发展偏差，需要自我调适。

（1）大学生自我意识的偏差

第一，过度的自我拒绝。自我拒绝是指个体不能容忍自己的缺点和不足，感到自责和自卑，这种现象在许多大学生中都不同程度地存在。适度的自我拒绝对大学生的自我完善有积极意义，但过度的自我拒绝则把自己看成一无是处，缺乏信心，感到自我否定和厌恶，甚至自我绝望而导致自杀。

第二，过度的自我接受。自我接受又叫自我悦纳，指的是在物质自我、社会自我和心理自我的正确认知的基础上，对自我的优点和长处给予恰当的客观评价，这当然是心理健康的表现。但过度的自我接受则是一种极端表现，将自我的优点和长处夸大化，甚至把缺点和短处也视为优点和长处，容易把别人看得一无是处，从而导致人际关系的紧张。

第三：过度自我中心。在此时期，大学生开始建构自己的人生观、世界观和价值观，自我意识快速发展。但是，有些大学生的自我意识超过了适当的度，盲目自满、颐指气使，将个人的意志强加于他人身上，充满领导欲，且自我感觉良好。这种过度自我中心的自我意识倾向，显然难以在群体中成为领导者，反而容易被群体抛弃。

第四：过分追求完美。一些大学生对自己的要求过高，所有事情都要完成得尽善尽美，如果做不到就会感到挫败、自责。对自己严格要求固然是好事，这可以激励个体不断努力超越自我，但过分追求完美往往会带来很大的压力和心理负担，常活在他人的期望中难以脱身，难以及时调整自身，调整衡量标准和参照体系。

（2）大学生自我意识的调适

过度自我拒绝的调适：大学生应当学会积极地看待成败和优缺点。“失败是成功之母”，失败能够促使个体找到改进的方向，激发个体的潜能；也要尝试体验成功，可以根据自身的情况设置合理的目标，经过努力取得成功，这可以提升个体的自我效能感。另外，对于自身的缺点和短板要试着接受，每个人都有擅长和不擅长的领域，不要过多纠结，可以去找一找其他的优点，“上帝为我关上一扇门，也会给我打开一扇窗”。

过度自我接受的调适：大学生要正确看待自己的优点，学会欣赏他人的长处，对合理的意见要多听多接纳。龟兔赛跑的故事告诉我们，即使有优点和资本，但不努力可能就会落后，就会将优势变成劣势。另外，个体有自我保护的倾向，容易美化自己，很难发现自身的缺点，因此要多倾听别人的意见，合理的意见就多加采纳，对于自己的不足要敢于承认并虚心改正。

过度自我中心的调适：树立平等观念，学会尊重他人，才能够得到他人的尊重。在“发号施令”时，试着站在对方的角度去体会他人的感受，只有将心比心才能拥有健康的人际交往和成功的合作。

过分追求完美的调适：先做到完成，再追求完美，但不必苛求完美。生活中难以控制的事情有很多，有些是不为人的意志而转移的，要学会平静接受。当压力太大时，不妨给自己一个适度放松的机会，要学会适当宽容。

课堂活动

生命中最宝贵的五样

活动目的：

认识到在自己的生命中有哪些非常重要的人、事、物，对自己意味着什么。

一般说明：

时间：35 分钟。

材料：白纸若干，笔若干。

地点：教室，团体咨询室。

活动流程：

1. 请回忆自己生命中最宝贵的、不可或缺的一些人、事、物，有形的或者无形的东西，然后在一张空白的纸上认真写下其中最重要的五样。相互交流，分享各自最重要的五样东西。

2. 现在，你的生活中出现了一个变故，五样中的一样保不住了，你必须舍弃一样，请选择。选好了之后，用黑色的签字笔将它彻底盖住。或者一个方块，或者一个圆，总之你再也看不到它，同时，它在你的生命中也将不复存在。

现在你的五样只剩下了四样。注意，你的生活又面临一次严峻的挑战，现有的四样也保不住了，还要再舍弃一样，请选择。

看着你的三样。生活再次和你开了个不小的玩笑，你必须再放弃一次，请慎重选择。

现在你面前只剩下宝贵的两样了。我们来做最后的、最艰难的选择。请大家保留其中的一个。

好了，现在你的纸上只剩下了宝贵的一样。

3. 指导者组织成员进行交流分享：你依次舍弃的分别都是什么，为什么？你最终保留了什么，为什么？你认为生命的意义是什么，为什么？

三、如何成为自己希望的人

（一）什么是心理资本

想象一下，当你毕业了，你会希望自己有一份怎样的成绩单呢？在这张成绩单上，每个人都有五门“必修课”，分别是物质资本、生理资本、人力资本、社会资本和心理资本。这五种资本的高低，是大学生进入社会前的准备状态的体现，不仅决定了一个人在起步阶段和其他人相比处于什么样的位置，也将决定他在未来几年甚至更长时间里的发展路线。

1. 资本的类型

（1）人力资本

人力资本回答的问题是“你知道什么”，包括大学生身上所蕴含的知识、技能、经验和理念等，这些可以通过接受教育、积累经验和培训等方法获得提升。大学是专业教育阶段，大学生要学好专业理论与专业技能，为将来的发展奠定基础。要注重学习策略能力的培养，激发自主学习动机，培养学习乐趣，掌握适合自己的、有效的学习方法，同时也要合理安排学习规划与作息时间，在大学四年里度过充实而有收获的生活。

（2）社会资本

社会资本回答的问题是“你认识谁”，是指通过关系、朋友和联系网络等建立起来的关系资源。大学生正处在学习知识、了解社会和探索人生的重要时期，主要活动都是在人际交往的过程中进行的。要了解人际互动的基本原则，建立健康有效的人际沟通姿态，掌握人际交往的基本技巧，从而努力提高自己的社会资本，为未来进入社会打下基础。良好的人际关系是维护个体身心健康的定心丸，也是大学生心理发展的重要基础。

（3）物质资本

物质资本回答的问题是“你有什么”，包括金钱、证券及房产等资金财务，它们在当今的经济时代具有很强的影响力，代表了个体的硬实力。由于个人阅历问题及很少有工作赚钱的机会，大学生的社会资本和物质资本普遍相对较低，而这两类资本可以在工作之后有所提高。

（4）生理资本

生理资本回答的问题是“你身体怎样”，代表了个体的健康状况和外在形象。英国作家斯宾塞写道：“良好的健康状况和由之而来的愉快情绪是幸福的最好资本。”健康和生命是一个人宝贵的财富，每个人都需要感恩生命、珍惜生命。在遇到压力和挫折时要正确面对，认识到压力与动力并存，机遇与挑战同在，个人成长与危机共生。学会预防和应对生命的危机，主动寻找内在的心理资源和外在的社会支持，从而激发生命的潜能，认知生命的意义。

（5）心理资本

心理资本回答的问题是“你是谁”，描述了大学生的自我效能感、对未来的信心和希望、乐观及韧性等心理状态。美国首任总统华盛顿曾说过：“一切的和谐与平衡、健康与健美、成功与幸福，都是由乐观与希望的向上心理产生与造成的。”大学生可以通过建立积极的情感、关系和人生观，从而提高自身的主观幸福感与生活满意度，提升心理资本。

2. 心理资本的构成

心理资本概念的提出者卢森斯教授将心理资本定义为个体在成长和发展过程中表现出来的一种积极心理状态，这种状态是可以改变和开发的。心理资本的构成具体表现为以下四个方面。

（1）自我效能

在面对充满挑战性的工作时，有信心并能付出必要的努力来获得成功。自我效能感高的人相信自己具备取得成功的要素，并能更快地从失败中走出来。

（2）乐观

对现在与未来的成功有积极的归因。有的人好像生来就拥有一种积极的视角，从身边的琐事中找到各种乐趣，使自己更加快乐。

（3）希望

对目标锲而不舍，为取得成功在必要时能调整途径实现目标。无论人世间有怎样的灾难，遭受了怎样的生活磨难，只要手中还握有这可贵的希望，都能够自我激励与命运抗衡。

（4）韧性

当身处逆境和被问题困扰时，能够持之以恒，迅速复原并超越，以取得成功。心理韧性强的个体，在遭遇挫折的时候更愿意向前看，从挫折中寻找意义。

国内外已有大量研究证明，心理资本在个体的工作满意度、工作绩效和生活满意度等方面都有积极影响。培养心理资本是大学四年里非常重要的任务，也是个人的自我选择。

（二）如何提升心理资本

1. 自我效能

“你相信自己吗？你知道自己拥有那些能让你成功的东西吗？你相信你拥有所有这些东西吗?”在心理学家阿尔伯特·班杜拉看来，对这几个问题的回答反映出了个体自我效能感的高低。

（1）什么是自我效能

班杜拉认为，自我效能指的是个体对自己在特定的情境里能够激发动机、调动认知资源并采取必需的行动来完成某一项特定工作的信念。人越能够对生活中的有关事件施加影响，就越能够将自己按照自己喜爱的方式进行塑造。相反，不能对事件施加影响则会滋生忧惧、冷漠和绝望。

自我效能感强的人具备以下特点：为自己设立高目标，并选择困难的工作任务；欢迎挑战，并因挑战而强大；高度自我激励；为实现目标，投入必要的努力；当面对困难时，能够坚持不懈。

（2）如何提高自我效能

有几种方式可以提高大学生的自我效能感：

第一，通过成功经验来开发自我效能。成功并不等同于自我效能，但成功有助于增强信心，对于大学生而言，增强自己在专业上的自我效能，可以把一项项复杂的学习任务分解成若干部分，并且一次完成一小部分，这样就能够更频繁地体验到小小的成功，反过来这也能帮助个体增强自我效能。

第二，通过替代学习或者模仿来开发自我效能。不可否认的是，人们并非都能亲自体验成功，但观察他人成功和失败的经历，也可以增强自己的信心。需要注意的是，为了有效地增强自我效能，所选的榜样必须与学习者有相似之处。比如，室友在篮球上的成功经验就比姚明的经验对自己更有说服力。

第三，可以用“想象的”体验来替代真实的体验。想象自己在一个特定情境中成功了，然后在头脑中排练在面对这一情境的各种可能变化时自己会采取的行动。比如，如果你对考研没有信心，不妨试着想象考研成功后的场景，也可以想象自己在考研路上遇到了各种阻碍，但是经过努力克服了这些困难。实验证明，后者更能增加个体的自我效能感，增强成功的可能性。

第四，专长迁移法也能够增加自我效能感，可以理解为榜样学习的一个具体应用。也许有的同学说过这样的话：“我都不知道从哪儿下手、这方面的东西我不擅长”，此时如果能重视并且利用自己某一方面的专长，也许就会轻松很多。首先，列出完成个体的专长领域的典型任务需要什么关键要素、步骤或者技巧，比如，将踢足球作为自己擅长的领域，那么要素就可以包括球场、球员、裁判和观众等，步骤可以是如何带球过人，如何将球射入球门，而专长可以是体能、柔韧性和速度等。第二步，分析任务，列出所要完成的难题需要什么关键要素、步骤或者技巧，比如把写一篇学术论文的要素分为场合、助手、工具和导师等。第三步，运用专长，找出擅长的任务和所学的内容基本架构之间的相似之处，对比的时候引申得越具体越好。比如，某个同学专长领域是踢球，而要改进的方面是写论文，那就一直回到“踢球和写论文很像，因为……”这个问题上。这个对比可以释放个体的潜能，因为是按照自己熟知的方式来认识写作的过程，专长带来的自我效能感可以帮助个体克服面对困难时信心不足的困境。

第五，提升自我效能的方法可以是关注健康。积极的心理状态能支持与维持个体自我效能的提升，身体健康同样如此。良好的健康状况对一个人的认知和情绪状态，包括对自我效能的信念与期望都会有积极影响；相反，疾病、疲劳及身体不舒服则会有消极影响。为了增强自我效能，适度的体育锻炼是一个有效的策略。

2. 希望

病房里一位生命垂危的病人，从房间里看见窗外的一棵树，在秋风中一片片的叶子掉落下来。病人望着眼前的萧萧落叶，身体也随之每况愈下，一天不如一天。她说："当树叶全部掉光时，我也就要死了。"一位老画家得知后，用彩笔画了一片叶脉清晰的树叶挂在树枝上，于是，这最后的一片叶子始终没有掉下来。而只因为生命中的这片绿，病人竟奇迹般地活了下来。这是欧·亨利《最后一片叶子》中的故事。

（1）什么是希望

希望是人类生活的一项重要的价值，有希望之处，生命就生生不息。美国堪萨斯大学里克·斯奈德教授将希望定义为：在成功的动因（指向目标的能量水平）与途径（实现目标的计划）交叉所产生体验的基础上，所形成的一种积极的动机状态。这个定义包含两方面的含义：第一，设定现实而又有挑战性的目标和期望，然后通过努力来达成这些目标；第二，当最初的途径受阻时，人们就能找到替代途径来实现所期望的目标。

（2）如何提升希望资本

有效的希望必须是现实的，虚假希望是一个潜在威胁，当希望不切实际时，成功的效能可能会急剧下降。有几种方式可以提升大学生的希望资本。

第一，认同目标。自我设定的目标，参与设定的目标或者是被分配的目标，但对目标有合乎逻辑的解释，这三种目标与强制执行但没有任何解释的目标相比，往往能够产生更好的效果。对目标认同的程度不仅会影响一个人的动机水平、做出的选择和努力的程度，也会影响个体为实现目标而寻找创造性途径的意愿和能力。

第二，设立弹性目标。一个好的目标应该是具体的、可测量的、有挑战性的，但又是可实现的，符合这些原则的目标就是具有一定弹性的目标。它既有足够的难度，可以激发个体的兴奋程度和探索精神，激励个体朝着目标前进，同时也是可以实现的。

第三，向目标分步前进。要想实现充满希望的目标，分步前进是一个必不可少的成分。在分步前进的过程中，困难的长期目标被分解成更小、更易管理的里程碑。由于能向较远的目标逐渐前进，动因和途径就增强了。这也为一个人成功地迎接挑战夯实了更具持续性的基础。

第四，设立奖励机制。承诺自己，在实现阶段目标时给自己一些小的奖励，这些奖励是个体很喜欢的，当真的实现小目标时，一定要兑现承诺。针对每天实现的小目标，承诺的奖励可以是休息一会儿、吃特色餐或者给朋友打个电话等。

第五，配置并使用资源。在努力实现目标的过程中遇到障碍是不可避免的，因此找到能维持和增强希望的备选途径就变得至关重要。清楚地确定事情的轻重缓急，并有效地配置资源，这对维持希望和实现目标是非常有必要的。除了显性的物质资源以外，社会支持系统的支持和承诺也是不可或缺的资源。

3. 乐观

一位父亲欲对一对孪生兄弟作“性格改造”，因为其中一个过分乐观，而另一个则过分悲观。一天，他买了许多色泽鲜艳的新玩具给悲观孩子，又把乐观孩子送进了一间堆满马粪的车房里。第二天清晨，父亲看到悲观孩子泣不成声，便问：“为什么不玩那些玩具呢?”“玩了就会坏的。”孩子仍在哭泣。父亲叹了口气，走进车房，却发现那个乐观孩子正兴高采烈地在马粪里掏着什么。“告诉你，爸爸。”那孩子得意扬扬地向父亲宣称，“我想马粪堆里一定还藏着一匹小马呢!”

（1）什么是乐观

乐观是人们谈论最多但理解最少的一项心理优势，积极心理运动之父马丁·塞利格曼认为，乐观是一种归因模式，即用个体的、永久的、普遍的原因来解释积极的事件，而用外部的、临时的、与情境关联的原因来解释消极的事件。例如，当取得好成绩时，乐观者会将该积极事件归因于他们的才智、能力和努力，会对自己很有信心；如果考试成绩不理想，他们很可能会对这一事情做出合理化的解释，比方说“考试时自己状态不佳、考场上有很多干扰、监考老师不够友好”等。

倾向于悲观的人则不这样，当好事发生时，他们倾向于把这归因于暂时性的或者是与当时情境有关的因素；会因为生活中不顺心的事情而责备自己，他们总认为不幸的境遇和消极的事情都是自身的原因造成的，这种糟糕的事情今后还会发生。

（2）如何准确理解乐观

首先需要理解的是，乐观与悲观可以共存。一个人既可以是乐观主义者，也可以是悲观主义者，这取决于他遇到的事件所处的情境。其次，乐观与悲观各有利弊，乐观总是与许多积极的、所期盼的结果联系在一起，因而从直觉上看来乐观是很有吸引力的。然而，盲目乐观的解释风格可能会产生副作用，甚至导致危害性的影响。有研究证明，乐观的人可能会扭曲外界的事实来迎合自己，而悲观的人看世界更准确一些。在某些场合，悲观也可以发挥作用，会帮助人们充分估计到现实中可能存在的风险，从而更有效地应对。

也许，最佳的选择是美国心理学家克里斯·彼得森所说的灵活而且现实的乐观。个体应该对客观现实进行正确的评价，然后选择应用乐观的解释风格还是消极的解释风格。有效的乐观不应该走极端，既不是将成功归于自身原因，试图去控制工作生活的各个方面，也不是将所有的失败都归于外部原因并推脱责任。

（3）如何使用乐观技术

在将悲观的思维方式转化成乐观的思维方式当中，可以使用的技术包括以下几种。

第一，要明确使用乐观技术的时机。人们需要问自己在该情况下失败的代价是什么，如果失败的代价很高，那么就不应该乐观；反之，如果失败的代价很小，那就可以采用乐观的态度。

第二，可以通过转移注意力来应对悲观。首先，要中止消极思维，可以借助动作或语言做到这一点。比如，当消极的想法出现时，默念一声“停”；也有人在手腕上戴一条橡皮筋，当他们开始悲观地胡思乱想时，就用橡皮筋弹自己。当中断了消极想法后，为了防止这个想法再回来，我们可以把注意力转移到别的地方去。比如，拿起手边的一个小物件，仔细地研究它几秒钟，看一看、闻一闻、摸一摸，你会发现这种方法能加强注意力的转移。

第三，可以用反驳的方式来应对悲观。与消极的思维争辩，阻止这样的想法再次出现，这也是让自己乐观的一个有效策略。

首先要做的是寻找证据，反驳消极想法最有效的方法就是去举证，证明这件事情是不正确的、不符合实际的。大多数的时候，个体对一件不好的事情做出悲观反应时往往是反应过度的，此时就要问自己“这么想的证据在哪儿”。这种方法讲究实事求是，它和所谓的心灵鸡汤类的积极思维不一样，后者常意味着尝试去相信乐观的话，这些话没有依据，有时还跟事实相反，并不能真正改善心情或者增加成功率。

除了寻找证据外，寻找其他可能性也是一种反驳消极想法的方式。通常一件事情的发生不会只有一个原因，而是由多个原因引起的，比如考试没考好，可能的原因有试题的难度较大、复习时间短、教师的公平程度以及考试那天的身心状态等。悲观者每次都能找出最永久、最普遍及最人格化的原因，而要反驳习惯性的消极思维，不妨先搜寻一下所有可能的原因，把重点放在可以改变的特定的原因上，这会使个体从消极的思维习惯中慢慢走出来，变得更加乐观。

4. 韧性

“他从来没有见过双亲，出生后就到处流浪，结交不良少年，抢劫、打架。幸运的是，他遇到了一个好老师，教会了很多生存技能，依靠这些技能他逐渐进入上层社会。但是，骨子里的反叛精神让他得罪了掌权者，经过一番斗争之后，他被押在牢狱，经历常人难以想象的时间。但是他没有屈服，释放后重寻自我，经过千辛万苦，最终还是取得了事业上的成功。”

上面这个案例的当事人大家都认识，他就是孙悟空。如果从心理资本的角度来解读，孙悟空无疑是一个韧性很强的个体，哪怕被困在五行山下五百年仍不认输，取经过程中历经各种艰难仍不放弃，最终被封为斗战胜佛，取得了事业上的成功。

（1）什么是韧性

心理资本中的韧性是指一种可开发的能力，它能使人从逆境冲突和失败中，甚至是从积极事件进步以及与日俱增的责任中快速回弹或恢复过来。给人们带来压力的事件未必都是不好的事情，积极的、具有挑战性的事情也有可能让个体体验到压力。相应地，韧性不仅包含从困境中，还包括从非常积极并有挑战性的事情中恢复过来的能力以及超越平凡的意志力。

（2）影响韧性的因素

第一，韧性资产。它指的是个体及其所处情境中，能够带来积极结果的一种可测量的特征。具体来说，一个人的认知能力、气质、积极的自我知觉和生活观念、情绪的稳定性及幽默感等，都是对形成较高韧性有贡献的资产。除了这些，良好的社会支持系统也是一个重要的成分。

第二，危害因素。它指的是那些会提高不良后果发生的可能性的因素，包括明显具有破坏性经历的因素，如酗酒、吸毒、身体上的创伤或者经历暴力事件等，也包括不太明显的、逐步显现但最终有害的因素，如压力、倦怠、不良的健康状况、低教育水平以及失业等。危害因素也有积极的一面，可以刺激成长和自我发展，并帮助人们充分发挥潜能。

第三，价值观。它指的是指导并塑造一个人的认知、情绪和行动，并赋予它们一致性和意义。价值观和信念能够帮助人们提高克服困难的能力，并高效地处理眼前不可避免的事情，让人们相信明天会更好。

（3）如何提升韧性资本

第一，针对关注韧性资产的策略。这些策略注重提高那些知觉到的或实际的韧性资产和资源水平，这样就可以提高积极结果发生的可能性。这些资产可以包括人力资本（如教育、经验、知识、技能和能力等）、社会资本（如人际关系和社会网络等）以及其他积极的心理资本成分（如自我效能、希望和乐观等）。

第二，针对关注危害因素的策略。当现实中存在的危害因素发生时，个体可以选择回避性应对或者处理性应对。例如，在学生会中，某同学从部长变成学生会主席，这可以被看作一件积极的事情，是一个成长和承担责任的机会，但也可以被看作一个无法抵抗的高危害因素，因为它对该同学的能力及时间分配等各方面的要求都提高了很多。如果采取回避危险的策略，该同学可能会拒绝晋升；而如果采取处理性应对策略时，则可以使用各种方法来提高在这个新领域中的自我效能，比如加强与老师的沟通、虚心向上一届主席学习等。这样可以培养与新机会相关的韧性资产，这些资产可以让个体将新的危害因素看成发展机会，使人们能从困境中复原并超越自己。需要强调的是，在一些情境中回避性应对也是有价值的，特别是面对具有破坏性的和不必要的危害因素时（如亲人去世等），这时候适度的回避也是允许的。

自我探索

心理韧性量表（CD－RISC）

请指出从上个月以来，你对以下陈述的同意程度。如果有些特殊情况并未发生，则回答如果真的发生了你的感受会是怎样。请在最能描述你的感受的选项上打钩。

	从不	很少	有时	经常	几乎总是
1. 当事情发生变化时，我能够适应。					
2. 面对压力时，我身边至少有一个亲近且安全的人可以帮我。					
3. 当问题无法彻底解决时，有时命运或上帝能够帮助我。					
4. 无论人生路途中发生任何事情，我都能处理它。					
5. 过去的成功让我有信心去应对新的挑战和困难。					
6. 面临难题时，我试着去看到事物积极的一面。					
7. 历经磨炼会让我更有力量。					
8. 我很容易从疾病、受伤或苦难中恢复过来。					
9. 不管好与坏，我都相信事出有因。					

续表

	从不	很少	有时	经常	几乎总是
10. 不管结果如何，我都会尽最大的努力去做。					
11. 我相信即使遇到障碍我也能够实现我的目标。					
12. 即使看起来没有希望，我仍然不放弃。					
13. 当压力或危机来临时，我知道从哪里获得帮助。					
14. 压力之下，我依然能够集中精力地思考问题。					
15. 解决问题时，我宁愿自己决定，也不愿让别人替我决策。					
16. 我不会轻易被失败打倒。					
17. 在处理生活中的挑战和困难时，我觉得我是个坚强的人。					
18. 如果有必要，我会做出不受欢迎或可能影响别人的决定。					
19. 我能够处理一些不愉快或痛苦的感觉，如悲伤/害怕和生气。					
20. 在处理生活难题时，有时不得不按直觉办事，不考虑为什么。					
21. 我的人生目标很明确。					
22. 我觉得我可以控制我自己的生活。					
23. 我喜欢迎接挑战。					
24. 不管人生路上遇到什么障碍，我都会努力实现我的目标。					
25. 我为自己的成就感到自豪。					

计分方法：心理韧性量表（Connor Davidson Resilience Scale，CD – RISC）是于肖楠和张建新（2007）修订 Connor 和 Davidson（2003）编制的 Connor – Davidson 韧性量表得到。量表采用 5 级评分（1 代表“从不”，5 代表“几乎总是”），总分 125 分，得分越高表示心理韧性水平越高。

（资料来源：于肖楠，张建新．Connor – Davidson 韧性量表（CD – RISC）在中国大陆的应用［J］．第十届全国心理学学术大会论文摘要集，2005．）

思考题

1. 思考一下，你生命中最重要的东西是什么？为什么？
2. 你能够明确地说出自己生命的意义吗？

推荐资源

1. 电影：《流浪地球》，郭帆导演，2019 年。

推荐理由：一部地球危机影片，在不远的将来，太阳急速衰老膨胀，地球面临被吞没的灭顶之灾。为了拯救地球，人类在地球表面建造了上万座行星发动机，以逃离太阳系寻找新的家园，地球和人类就此踏上了预计长达 2500 年的宇宙流浪之旅。在完成这一宏伟计划的进程中，无数人挺身而出上演了可歌可泣的传奇故事。观者能在跌宕起伏的情节中感受到生命的强大，人类一代又一代地繁衍下去，更深层地理解生命超越观与生命责任观的意义。

2. 书籍：［日］日野原重明．活好：我这样活到 105 岁．北京：人民邮电出版社，2018.

推荐理由：作者在本书中表达了对于世界和人生的看法，“如何看待死亡？”“如何面对困难？”“如何发现未知的自己？”36 个问答之中，容纳了一位百岁智者发自肺腑的人生感悟。死亡是生命的一部分，家庭就是一起围着吃饭，困难越大就越能发现那个了不起的自己……读者能从字里行间体验到人生不停探索的乐趣，活出真实的自己，从而领悟生命的意义。

参考文献

［1］陈月平，吴会东，张彦云．大学生心理健康教育与发展［M］．北京：北京师范大学出版社，2017.

［2］周莉，刘海娟．大学生心理健康教育．2 版．［M］．北京：中国人民大学出版社，2015.

［3］何元庆，全莉娟．大学生心理健康教育［M］．北京：高等教育出版社，2019.

［4］秦小刚．大学生心理健康教育［M］．北京：北京师范大学出版社，2015.

［5］贺双艳，常晓薇．大学生心理健康教育［M］．北京：高等教育出版社，2019.

［6］叶琳琳．大学生心理健康教育与心理素质训练［M］．北京：北京师范大学出版社，2016.

[7] 郑赟，林峰. 乐思爱行：大学生心理健康教育［M］. 北京：中国社会科学出版社，2018.

[8] 丁新胜. 大学生心理健康教育［M］. 开封：河南大学出版社，2017.

[9] 金玉熙. 大学生“空心病”现象影响因素研究.（Doctora dissertation），2019.

[10] 邱燕华. 卸下“超理智”的坚硬外壳，勇于探索生命的温度——运用萨提亚个体冰山理论促进自我认识［J］. 职业教育，2017（24）：54－56.

[11] Seery，M. D.，Holman，E. A.，& Silver，R. C. Whatever does not kill us：Cumulative lifetime adversity，vulnerability，and resilience［J］. Journal of Personality and Social Psychology，2010（99）：1025－1041.

后　记

在本书出版之际，感谢本教材的诸位参编人员卢晋波（第一章）、赫子铭（第二章）、李姗姗（第三章）、胡媛 & 乔志勇（第四章）、陈奂（第五章）、陆雪松（第六章）、曲佳（第七章）、张森林（第八章）和刘海娟（第九章），感谢他们不厌其烦，几易其稿的辛苦工作；感谢北京大学研究生杨蕊、首都医科大学研究生黄紫薇、中国矿业大学（北京）研究生肖博和田程，他们做了大量收集、整理、编写、校对等相关工作；感谢知识产权出版社常玉轩编辑给予的鼓励、指导和支持！

本书编者